语言文化探索

修订版

赵宏　封宗颖　董慧敏◎著

華東理工大學出版社
EAST CHINA UNIVERSITY OF SCIENCE AND TECHNOLOGY PRESS
·上海·

图书在版编目(CIP)数据

语言文化探索 / 赵宏，封宗颖，董慧敏著. — 2版(修订本). — 上海 ：华东理工大学出版社，2021.6

ISBN 978 - 7 - 5628 - 6491 - 2

Ⅰ. ①语… Ⅱ. ①赵… ②封… ③董… Ⅲ. ①文化语言学—教材 Ⅳ. ①H0—05

中国版本图书馆 CIP 数据核字(2021)第 073860 号

项目统筹 / 芮建芬
责任编辑 / 刘 颖
装帧设计 / 徐 蓉
出版发行 / 华东理工大学出版社有限公司
地址：上海市梅陇路 130 号，200237
电话：021 - 64250306
网址：www.ecustpress.cn
邮箱：zongbianban@ecustpress.cn
印 刷 / 江苏凤凰数码印务有限公司
开 本 / 710mm×1000mm 1/16
印 张 / 13.25
字 数 / 263 千字
版 次 / 2015 年 10 月第 1 版
2021 年 6 月第 2 版
印 次 / 2021 年 6 月第 1 次
定 价 / 48.00 元

MOOC版教材修订说明

本书为“语言文化探索”课程的配套教材。该课程被定位为“充满趣味的语言理论课”，主要介绍20世纪汉语汉字现代化的历程。和一般语言理论课主要讲授语言学的历史、流派及理论不同，该课程立足于现实语言生活中的各种热点问题，如“汉字落后论”、繁简字、普通话和方言、文言和白话文、“汉语难学论”等，通过语言现象透视其背后的理论争议。同时，该课程力争跳出西方现代语言学的狭小视野，将语言放在文化、历史、哲学的“大人文”背景下进行考察。该课程的教学目标是增进学生对汉语汉字的理解，提高思辨能力和人文素养，树立文化自信，同时培养学生对语言理论的兴趣，增强其对语言问题的敏感性和洞察力。该课程内容贴近学生生活，贴近语言生活，具备较强的科普性，适合作为语言专业基础课和其他专业通识课开设。

2010年“语言文化探索”开课，2015年出版了配套教材《语言文化探索》，2018年9月建成混合式MOOC，在智慧树网和中国大学MOOC共享，2019年立项成为“上海市重点课程”。该混合式MOOC运行近两年来，已有8 000多人参与了学习，他们中有高校学子，有中小学语文教师，也有对语言文字感兴趣的社会公众。该课程宏大的视野、丰富的内容、精心的设计、深入浅出的讲解、生动的形式，受到学习者的广泛好评。

互联网技术带来了教育的变革，大大提升了传统课程的可及性，产生了巨大的规模效应，同时也改变了传统课堂教学的组织方式和教学模式。为了更好地适应新的教学形式，我们对原教材进行了如下修订：(1)删减原教材部分章节，使教材内容集中在汉语汉字现代化这一主旨下，凸显课程主题；(2)依据混合式MOOC线上部分的教学内容，重新编排教材，使各章节内容和线上课程一一对应，便于学生学习和复习线上课程内容，并且教材还在线上课程内容的基础上进行了适当拓展，帮助学生拓宽视野，培养学术兴趣；(3)增加反映汉语汉字规范、使用现状以及相关领域最新研究成果的内容；(4)为各章重新配置练习题，增加和线上测验、线上考试一致的题型，便于学生复习，帮助学生在考试中取得好成绩。

汉语汉字的现代化包括了 20 世纪两场声势浩大的文化运动，即汉语拼音化运动和白话文运动。本书第一章介绍“汉字落后论”，这是汉语拼音化运动的逻辑起点。这场运动主要从三个方面展开，分别是制订和推行拼音方案、简化汉字和推广普通话。本书第二章至第四章介绍拼音化的情况，第五章和第六章介绍简化汉字，第七章和第八章阐释方言和普通话问题。第九章至第十一章介绍白话文运动。最后两章讨论“汉字落后论”的当代余声，即“汉语难学论”。

“语言文化探索”课程教学团队

2020 年 8 月

序

潘文国

收到赵宏寄来的这叠厚厚的书稿,我不禁又惊又喜。喜的是这部书稿里有我的影子,可以说是对我多年前一本书的积极反馈。惊的是这本书的容量和编排独具匠心,远远超出了我的预期。作为一名外语学院的教师,赵宏不像多数人那样心思完全扑在外语上,而能对祖国语言文字问题如此上心,实在难能可贵,而且极富启示意义。

差不多八年前,一位素不相识的出版社编辑来信约我写一本书,题目都给我起好了,叫"危机下的汉语"。这一下触发了我心中沉积多年的思考和忧虑。我不仅痛快地答应了,而且建议把书名改为"危机下的中文",我着意区别"汉语"(口语)和"中文"(书面语),强调正在遭受危机的主要是汉语的书面语(当然也有口语,如方言)。在准备过程中我想到,百年来中国的语言文字变化太快,很多年轻人对一些事件的来龙去脉已经不甚了了,包括学语言学的博士生。参与这本书的写作,也许对他们也是一个很好的训练和提升的过程。因此,我特地为当年的博士生们开设了一门课,专门讨论中文的危机问题。从"危机"的角度出发,我提出了一个个课题:中文生存的危机、发展的危机、语文教学的危机、汉语研究的危机。每个大题目下分成若干个小专题,集中、全面地讨论当前中国社会的语言万象,分析问题的症结所在,并提出解决的办法。因为是边准备边讲,事先只有大纲没有讲稿,所以我要求学生们帮我录音整理并补充收集一些例子。其后我对资料做了全面修订并交出版社出版。这门课在当时就产生了一些作用,最明显的是那年好几个博士生学位论文的选题与此相关。例如,朱一凡所写的《翻译与现代汉语的变迁 1905—1936》,王英姿所写的《译名研究》等。赵宏当时也是听课者之一,并且是帮我搜集网络资料最认真的一个,可以说也是领会最深的一个,但她的论文选题却不与之直接相关,这多少让我觉得有点意外。没想到她还有更宏大的计划,一个更大胆、现在看来也更有意义的思路:回学校开设一门课,让更多的当代大学生参与思考这些事关国家和民族未来的问题。还在博士在读期间,她就在学校开设了一门外语院系前所未有的新课"语言文化探索",并且一开就是几年,以其内容之新颖、材料之丰富、论述之精彩,以及与现实贴合之紧密而广受学生欢迎。我播下的一粒小种子,竟然在她那里开出了一朵绚丽之花。现在她又把几年

编者按:本序为图书第 1 版序,略有调整。

来的讲稿结集成册，准备出版，从而使更多的学子从中受益，实在让人高兴。

赵宏著书既成，请我作序。作序除了谈感想，其实主要是推荐。我想把此书推荐给四种人：

第一是识字的中国国民。这话口气好像太大，其实一点不过分。本书讲的都是发生在我们周围的、与我们息息相关的有关语言文字的事，但很多人可能了解不深。当年我的《危机下的中文》出版时，网上有不少评论，其中有人就说，这本书值得所有受过教育的中国人读一读。如果那本书是如此，这本书就更是如此。因为此书中的例证更丰富，态度更客观，材料也更全面。

第二是大学生。作为一门课程，虽然赵宏的课程开设对象是外国语学院的本科生，但其实我觉得它可以作为全校的公选课，其他高校也可借鉴。作为课程的配套教材，本书涉及学英语和学中文，而学英语现在在中国已远不止是英语专业的事，中文教育更是每个中国人从小就要接受的。

第三是有志于从事科研的教师。什么叫科研？什么叫语言学的科研？据我看来，就文科而言，之所以要做科研，是为了解决相关学科两端的问题，要么就是“上天”，探究高大上的理论问题，赶超国际水平；要么就是“接地”，解决社会生活中面临的现实问题。更好的当然是“通天贯地”，既有创新的理论，又解决实际应用中遇到的问题。而我们现在的很多研究，却与两者都不大相干。而赵宏的这本书，第一不回避现实，她所讨论的问题都是从实际中来的，是当前社会上普遍存在的语言现象。她从中提炼现象背后涉及的语言理论，这就使理论研究有了动力。第二不空讲理论，当前一些围绕语言学理论研究撰写的硕、博士论文，往往是“理论先行”，而且是从理论开始到理论结束：先提出西方某一理论，花相当篇幅进行阐释，然后看其何以能以及如何能联系到中文实际，其中不乏曲为比附之处，玩概念游戏或在术语里兜圈子，最后结论无非证明该理论之正确性。而赵宏是从具体问题引申开去，铺陈事实，追溯历史，最后通过讨论，寻找理论上的解释。而为了说清这些问题，她搜集了大量的资料，翻出了好多尘封已久的史料，让人们来辨别检查，这是老老实实地在做最切实际的科研。读了这本书，人们可以学到怎么找问题，怎么分析问题，怎么提出可能的解决方案。

第四是上选修课，特别是上理论选修课的教师。作为教师，当然人人都希望把课上好，上得受人欢迎，但实际上却往往事与愿违，特别是一些理论性课程如语言学。那么，什么是有效的教学？或者具体地说，语言学这门课应该怎么上？解决这个问题，要从两个方面着手：一是内容，真正明确这门课程的目的和性质；二是方法，合理安排课程的内容和方法。首先是内容。许多人以为，语言学概论之类的课是理论课，理论必然枯燥，爱听不听是学生的事，没法干预。殊不知同样是理论课，理科和文科并不一样，理科的一些基础课如数学、物理，可能确实比较抽象，比较“纯”，而文科除哲学较抽象外，其余都与人们的社会生活紧密相连，就不可能做纯而又纯的研究。那种把丰富问题枯燥化、鲜活内容僵死化的研究和教学只会使人远离。因此,上这门课重要的是把握理论与实际之间的联系。据我的理解,在语言的理论和实践问题上存在着四个层次:语言观与语言哲学、理论语言学、应用语言学、语言实际应用与实践。这四个层次从上到下有决定和逐层指导的作用,如语言观决定语言理论,语言理论决定语言应用理论,语言应用理论指导语言实践。反过来,这四个层次从下到上有反映的作用。语言应用和实践上的问题最终会反映在语言观上。这四个层次紧密相连,即使你讲的是最上层、最抽象的语言观问题,但只要你心里怀着另外三层,照样可以讲得好。如果真正贯通这四个层次,就会发现社会现实为语言研究提出了无数的问题,在各个层次上都大有文章可做。如果能这样深入下去,语言学课程哪会不丰富有趣而又实用呢?赵宏的书正是在贯通上做了努力的探索。其次,有了很好的内容,还要有个具体且有效的教学方法。如何最有效地进行教学,使学生始终保持浓厚的兴趣呢?这门课非常受学生欢迎,原因何在呢?我仔细看下来,发现这本书的编排很有讲究,它的每一讲都由两部分组成:一是正文,二是正文后的单元测验。单元测验中设置了思考题,可别小看了这思考题,以为它跟多数教材中的一样,只不过是正文的附庸,是帮助学生掌握正文的复习或操练。其实远非如此,本书的思考题部分可说是本书最有特色的地方,它甚至可说是全书组织不可分割的部分。正文和思考题互相配合、互相补充,共同完成全书想要达到的目标。这里特别可以见到作者的匠心。她在正文和思考题部分使用了完全不同的语言风格。在正文部分,也就是讲述的部分,她先提出问题,然后引述很多具体形象、生动活泼的材料,又是引史,又是讲故事,娓娓道来,听课者会不由得被吸引住。而在思考题部分,她又显示出研究者的严谨,直接发掘和引用了许多原始材料,有的甚至是针锋相对的观点,让学生自己去比较、去思考、去评判,从而让学生自己上升到理论层面,得出自己的结论。自始至终,作者本人几乎很少直截了当地把她的观点讲出来,而是通过大量材料的讲述、阅读、比较,让学生通过自己的思考得出结论。这些结论看似没有预设,是开放性的,但通篇学下来,明显又有一个诱导方向。语言学课程的这种编法、讲法、学法,以前很少见到,可见本书在教学艺术上有戛戛独造之处。

一篇序言写了这么多,该打住了。推介的话说了很多,不过内容到底如何,还是要读者自己去看的。我真诚地希望读者会喜欢这本书。是为序。

目录

第一章 “汉字落后论”

1. 本章提要

汉语和汉字的现代化，是整个中国社会现代转型的一个窗口。了解 20 世纪汉语和汉字现代化的历程，能让我们更好地理解百年来中国在现代化的进程中，遭遇的困境和取得的成就。这场变革至今仍然决定和影响着中国人的语言生活，只是我们往往“日用而不知”，对身边很多有趣的语言现象习以为常。

19 世纪末 20 世纪初，在西方文化的冲击下，当时的知识界盛行汉字落后的观点，并开始积极寻求变革的途径，由此产生了绵延近百年的汉语拼音化运动。可以说，“汉字落后论”是整个汉语拼音化运动的逻辑起点。

一百年来，中国发生了翻天覆地的变化。我们可能很难想象一百年前，中国的文化精英们会如此真诚地接受汉字落后的观点，为改变中国文化落后、教育落后的面貌，在西方所谓“先进”理论的指导下，积极投身于改造汉语和汉字的社会运动。今天我们对中国文化的信心，是近世以来许多代中国人经过不断努力和奋斗，重新建立起来的。我们应该了解并理解这个充满曲折的艰苦过程，加倍珍惜重建的大国自信。

2. 神圣的汉字

文字的发明，在人类文明的演进中具有里程碑式的意义。在传统的中国社会中，人们将汉字供奉在神坛上，对其心存敬畏，赋予汉字神圣的地位。

2.1 仓颉造字的传说

世界上许多民族拥有关于语言起源的传说。例如《圣经·创世纪》中上帝造人后，接着就创造了语言；人类本来操着同一种语言，上帝的力量使语言产生了分化。中国许多少数民族神话也有关于语言起源的内容，如畲族神话《高辛与龙王》、彝族史诗《阿细的先基》、景颇族的“创世歌”等，都反映了先民对语言起源的种种揣测。①

奇怪的是，作为世界上较早成熟的文明之一，汉文化却没有关于语言起源的传说，但对于文字起源却有不少传说，其中最广为人知的，就是"仓颉造字"。中国的古代著述，对此也多有记载：

古者仓颉之作书也，自环者谓之私②，背私谓之公，公私之相背也，乃仓颉固以知之矣。——《韩非子·五蠹》

黄帝之史仓颉，见鸟兽蹄远之迹，知分理之可相别异也，初造书契……仓颉之初作书，盖依类象形，故谓之文；其后形声相益，即谓之字。——《说文解字叙》

奚仲作车，仓颉作书，后稷作稼，皋陶作刑，昆吾作陶，夏鲧作城，此六人者，所作当矣。——《吕氏春秋·君守》

汉字的产生经历了漫长的过程，自然不可能是一人一时的创造。相传仓颉是黄帝的史官，他很可能为整理和规范汉字做出过很大贡献。《荀子·解蔽》称："好书者众矣，而仓颉独传者，壹也。"鲁迅曾说："但在社会里，仓颉也不止一个，有的在刀柄上刻一点图，有的在门户上画一些画，心心相印，口口相传，文字就多起来，史官一采集，便可以敷衍记事了。"③这些都说明，"仓颉造字"仅是一个流传广泛的传说而已。

然而，仓颉这位整理和规范汉字的史官，在后来的民间传说中，演化出愈发神奇的力量。纬书《春秋·元命苞》记载仓颉"龙颜侈侈，四目灵光，实有睿德，生而能书"，仓颉成了一位天赋异禀的"书圣"。汉字的创制，也成了汉文化史上惊天地、泣鬼神的大事，对此古人也有描述：

昔者仓颉作书，而天雨粟，鬼夜哭。——《淮南子·本经训》

颉有四目，仰观天象。因俪鸟龟之迹，遂定书字之形。造化不能藏其秘，故天雨粟；灵怪不能遁其形，故鬼夜哭。——《历代名画记·叙画之源流》

正如同《圣经·创世纪》中亚当和夏娃偷吃了智慧树上的果子之后，就有了上帝般的智慧，汉字的创制给了汉民族窥探造化灵怪奥秘的神奇力量，故而汉字一出现，就感天动地而"天雨粟，鬼夜哭"。"仓颉造字"固然是神化了的民间传说，但却反映了汉族先民朴素的文字崇拜观念。这种观念不仅赋予汉字本身神圣的地位，同时也将创造汉字的仓颉神化为一位圣人加以供奉。

2.2 敬惜字纸的传统

所谓"字纸"，就是写了字或印了字的纸。在古代中国，纸上有了字，便"身价

① 姚小平："中国的语言起源神话《中国创世神话》读后感"，载《外语教学与研究》1994年第2期；陶阳、钟秀：《中国创世神话》，上海人民出版社1991年版。

② 即"厶"。

③ 鲁迅：《门外文谈》1934，载《鲁迅论文字改革》(原载《且介亭杂文》)，文字改革出版社1974年版，第5-31页。

倍增”，平添了几分神圣的色彩，必须待之以虔诚恭敬之心，不能随意丢弃处置，以免亵渎。敬惜字纸的习俗，至少早在唐宋时期就已经蔚然成风了。古时在衙署、书院、文昌祠、路口、桥梁、码头、庙宇，甚至穷乡僻壤，都建有“惜字炉”“惜字塔”或“敬字亭”之类的建筑，往往刻有“敬惜字纸”的字样，不少至今仍有遗存。写了字的废纸或废弃的书籍，需交给专门收集字纸的人，或亲自送到惜字炉中焚毁。官府甚至禁止回收字纸用于制作灯芯、卷烟等，严禁用字纸包腌肉、纳鞋底，严禁把废旧字纸当成原料去造纸。

敬惜字纸的观念甚至演化出许多传奇的故事。例如明末通俗文学家凌濛初编著的《二刻拍案惊奇》第一卷《进香客莽看金刚经 出狱僧巧完法会分》开篇就批判那些随意处置字纸的人：

> 每见世间人，不以字纸为意，见有那残书废叶，便将来包长包短，以致因而揩台抹桌，弃掷在地，扫置灰尘污秽中。如此作践，真是罪业深重……

而后，又讲了一个颇有迷信色彩的故事加以佐证：

> 宋时，王沂公之父爱惜字纸，见地上有遗弃的，就拾起焚烧，便是落在粪秽中的，他毕竟设法取将起来，用水洗净，或投之长流水中，或候烘晒干了，用火焚过。如此行之多年，不知收拾净了万万千千的字纸。一日，妻有娠将产，忽梦孔圣人来分付道：“汝家爱惜字纸，阴功甚大。我已奏过上帝，遣弟子曾参来生汝家，使汝家富贵非常。”梦后果生一儿，因感梦中之语，就取名为王曾。后来连中三元，官封沂国公。宋朝一代中三元的，止得三人：是宋庠、冯京与这王曾，可不是最希罕的科名了！谁知内中这一个，不过是惜字纸积来的福，岂非人人做得的事？

美国人盖洛著有《扬子江上的美国人》一书，翔实记录了他 1903 年从上海沿扬子江经川滇进缅甸的旅途，其中有一段描写了他途经四川宜宾的所见：

> 我们穿过了一块很大的墓地，那儿有一个人正在拣地上写着字的纸片。他是被一位富有的绅士雇来干这事的，他把这些纸片用火烧掉来祭文神。这个衣衫褴褛的家伙用的篮子上写有两行字：莫扔纸张、敬惜字纸。对汉字表示尊敬的现象是很常见的，在好多店里都有这种篮子专门用来盛废纸。

时至今日，敬惜字纸的传统在华人社会仍然顽强地遗存下来。我们并不赞同将汉字神化的做法，尤其反对古人赋予汉字的迷信色彩和对汉字的盲目崇拜。但是，无论是仓颉造字的传说，还是敬惜字纸的传统，都从不同的侧面反映了传统中国社会珍视汉字、敬畏汉字的朴素观念，也赋予了汉字神圣的地位。

3. 跌落神坛的汉字

19 世纪末 20 世纪初，中国社会开始了由传统向现代转型的进程。传统中国备受敬畏的汉字，似乎一夜之间跌下了神坛，成为文化精英们批判的对象：

> 这种汉字真正是世界上最龌龊最恶劣最混蛋的中世纪的茅坑。①
>
> 我再大胆宣言道：欲使中国不亡，欲使中国民族为二十世纪文明之民族，必以废孔学、灭道教为根本之解决；而废记载孔门学说及道教妖言之汉文，尤为根本解决之根本解决。②
>
> 方块汉字真是愚民政策的利器……汉字也是中国劳苦大众身上的一个结核，病菌都潜伏在里面，倘不首先除去它，结果只有自己死。③

以上的言论，只是"五四运动"前后批判汉字浪潮中的一小部分。当时有广泛社会影响力的陈独秀、胡适、蔡元培、傅斯年、赵元任、周作人、刘半农、吴稚晖、黎锦熙等，都或多或少地批判过汉字，或激烈或温和地对废除汉字表示赞同。温和的大概如胡适④：

> 把文字看作纯粹的教育工具，我们当然诚心的赞成汉字的废除和音标文字的采用。但我又是个有历史癖的人，我的历史眼光使我相信文字是最守旧的东西，最难改革的——比宗教还更守旧，还更难改革……汉字实在是很难学难写的教育工具，所以我始终赞成各种音标文字的运动……我对于用拼音文字替代汉字的运动，虽然诚心的赞成，总没有热烈的提倡。

而态度激烈者，则如钱玄同⑤，不仅要废除汉字，连同汉语也要一并废除，代之以其他语文：

> 至废汉文之后，应代以何种文字，此固非一人所能论定；玄同之意，则以为当采用文法简赅，发音整齐，语根精良之人为的文字 Esperanto。

---

① 瞿秋白：《普通中国话的字眼的研究》，载瞿秋白文集编辑委员会编《瞿秋白文集·第二卷》，人民文学出版社 1953 年版，第 683-693 页。瞿秋白(1899—1935)，江苏常州人，散文作家，文学评论家；他是中国共产党早期主要领导人之一，马克思主义者，无产阶级革命家、理论家和宣传家，中国革命文学事业的重要奠基者之一。

② 钱玄同：《中国今后之文字问题》，1918，载《钱玄同文集·第一卷》，中国人民大学出版社 1999 年版，第 162-168 页。钱玄同(1887－1939)，原名钱夏，字德潜，号疑古，浙江吴兴(现浙江湖州)人；语文改革活动家、文字音韵学家、中国"五四"新文化运动的倡导者之一、著名思想家。

③ 鲁迅：《关于新文字——答问》，1934，载《鲁迅论文字改革》(原载《且介亭杂文》)，文字改革出版社 1974 年版，第 39-41 页。

④ 胡适：《国语与汉字——复周作人书》，1936，载《胡适学术文集·语言文字研究》，中华书局 1993 年版，第 329-330 页。

⑤ 钱玄同：《中国今后之文字问题》，1918，载《钱玄同文集·第一卷》，中国人民大学出版社 1999 年版，第 162-168 页。

惟 Esperanto 现在尚在提倡之时，汉语一时亦未能遽尔消灭；此过渡之短时期中，窃谓有一办法：则用某一种外国文字为国文之补助——此外国文字，当用何种，我毫无成见；照现在中国学校情形而论，似乎英文已成习惯，则用英文可也；或谓法兰西为世界文明之先导，当用法文，我想这自然更好。

新文化运动时期对于汉字的批评层出不穷，主要集中在以下几个方面：

(1) 汉字难学难写难认，是普及教育的障碍。拼音文字只要记住几十个字母，学习起来容易得多。

(2) 汉字不是记音文字，不能跟语言完全结合，不便推广白话文。

(3) 汉字不便记录来自欧美的现代科技名词。

(4) 文字是有阶级性的，几千年来汉字只为封建贵族服务，而不是为人民群众服务的。①

后来随着时代的发展，对汉字的批评又增加了一条：拼音字能机械化，汉字不能机械化②。

"汉字繁难"的批评，从 19 世纪末到今天一直不绝于耳，成了汉字的第一大"罪状"。批判者将汉字同西方拼音文字对比：西方语言只有一套二十几个的字母，用不了多久便能掌握字母的书写及拼音规则；而汉字成千上万，不下几年苦功，无论如何也学不会；中国人的文字系统，要比西方人的多花数年时间才能掌握，耽误了学习其他学科的工夫，这是造成中国文盲众多的最主要原因。钱玄同③评价道，"汉字的罪恶，如难识、难写、妨碍教育的普及、知识的传播，这是有新思想的人们都知道的"。直到今天，汉语仍然被普遍地认为是世界上最难学的语言之一，对非汉字文化圈的汉语学习者来说，陌生而独特的汉字，可能是使他们产生"汉语难学"印象的一大原因。当今，就连不少小学语文教师，也将语文教学存在的种种问题，算在汉字的头上，认为汉字难学导致了语文教学效率不高的现状。

"五四"前后，正是白话文运动轰轰烈烈、风起云涌的时候。古代中国的文白差异大致始于汉代，在其后的两千年中，文言发展成正式的书面语，而白话则主要担负着日常口头交际的任务。明代来华传教的利玛窦④描述汉语的文白差异时说：

在风格和结构上，他们的书面语言和日常谈话中所用的语言差别很大，没有一本书是用口语写成的……然而，说起来很奇怪，尽管在写作时所用的文言和日常生活中的白话很不相同，但所用的字词却是两者通用的。因此两种形式的区别，完全是个风格和结构的问题。

---

① 詹鄞鑫："二十世纪文字改革争鸣综述"，载《中国文字研究》2003 年，第 34-50 页。

② 吕叔湘：《汉字和拼音字的比较——汉字改革一夕谈》，1946，载《吕叔湘文集 · 第四卷》，商务印书馆 1992 年版，第 86-119 页。

③ 钱玄同：《汉字革命》，1923，载《钱玄同文集 · 第三卷》(原载国语研究会编《国语月刊 · 汉字改革号》特刊)，中国人民大学出版社 1999 年版，第 59-84 页。

④ 利玛窦：《利玛窦中国札记》，何高济等译，广西师范大学出版社 2001 年版，第 22 页。

白话文运动“言文合一”的主张，有利于教育的普及和全民素质的提高，一经提出很快就受到社会上下、有识之士最广泛的支持。而要推行白话文，汉字则被视为一大绊脚石，这是因为“汉字是和古文形影不离的，在它们从前发展的道路上便是如此；惟有简练清丽的古文足以发挥汉字的特长；惟有仪态万方的汉字足以表示古文的优美”；正是因为使用了看起来“碍眼”，读起来“碍嘴”的汉字，“近来白话文不能使人满意”，白话文学无法真正成立；所以，“汉字一天不解甲归田，古文便时时运动复辟；汉字一天站的‘普及’的地位，白话文便时时要走向‘不普及’的迷途”①。吕叔湘②也指出，“我的看法是汉字的优点和文言分不开，语体文的长处也必须用拼音字才能充分发挥；汉字配文言，拼音字配语体，这是天造地设的形势”。当时看来，要推行和口语结合紧密的白话文，衍形而不衍音的汉字无法担此重任，非得要拼音文字才能胜任。

“汉字落后论”认为，汉字不仅和白话文的推广格格不入，而且也不适合用作引进新思想、倡导新科学的工具。黎锦熙③认为，“汉字与科学，又是一套‘枘凿不相入’的东西”，进而证明道：

> 治某种科学的专家，全靠精读原书，从没有倚赖译本的；有科学上的发明，也得写成外国语，向来就不作兴拿本国文来著作的……通畅流利的白话文学作品还不免有些碍眼，何况用来组成谨严繁复的科学文句呢？仔细想来，仍旧是单个方块的汉字在那儿作祟。不然，谨严繁复的科学文句在脑子里何以觉得那么好，写出来何以又觉得那么不好呢？何况还有那永远不能解决的汉字译名统一的问题呢！

钱玄同④则宣布“处处都足以证明（汉字）这位‘老寿星’的不合时宜，过不惯二十世纪科学昌明时代的新生活”。

“五四”时代认为汉字和科学不相适应，一大问题就是音译西方的新概念时面临困境，例如：

telephone	德律风
violin	梵婀灵
president	伯力玺天德
science	赛因斯
massage	马杀鸡

虽然不少译家在用字上煞费苦心，但是仍不免让人费解，甚至产生“马杀鸡”这样不知所云而又颇具恐怖色彩的名词。如果采用意译，则因为容易和中国文化

①③ 黎锦熙：《国语运动史纲》，1934，商务印书馆 2011 年版，序第 44-45 页。

② 吕叔湘：《汉字和拼音字的比较——汉字改革一夕谈》，1946，载《吕叔湘文集·第四卷》，商务印书馆 1992 年版，第 86-119 页。

④ 钱玄同：《汉字革命》，1923，载《钱玄同文集·第三卷》（原载国语研究会编《国语月刊·汉字改革号》特刊），中国人民大学出版社 1999 年版，第 59-84 页。

中固有的概念产生联想，也备受质疑。例如，logic 曾经意译为"名学"，容易使人联想到"名家者流"；democracy 曾译为"民本主义"，让人联想到"民为邦本"；republic 译为"共和国"，有人以为是"周召共和"。源于西方文化的新名词，一旦脱离了孕育它们的母体进入汉语的世界，便要生出许多是非来，故而许多掌握主流话语权的知识分子纷纷要求此类术语不必翻译，直接拿来就行了：

> 我老实说罢，人家的拼音文字，本就比我们的汉字要合理些。这种学术，又是人家先发明的，人家用的名词，早已"约定俗成"了，我们除了照用，是没有第二种好方法的。我主张这些学术上的名词，老老实实的把原字写进我们的国语中来，才是正办。什么"意译"，什么"音译"，都是吃饱饭，没事干，闲扯淡。①

"五四"时期，打字机已在西方普遍采用，大大提高了文字处理的效率。和西方拼音文字相比，汉字无法使用打字机进行机械化的文字处理，严重影响了文字工作的效率。吕叔湘②指出，"就文化工作的效率说，汉字效率低，拼音字效率高"，所以"拼音字能机械化，汉字不能机械化"。事实上早在 20 世纪初，周厚坤③就发明了中文打字机，只是这打字机操作非常不便，打字员得经过专门的训练才能胜任，故而没有投入大规模应用。1946 年，著名文学家林语堂为了实现自己三十多年的梦想，不惜倾家荡产，举债研制出"一部人人可用，不学而能的中文打字机"④，取名"明快打字机"。林语堂研制打字机历时三年，采用"上下形检字法"⑤，制造出了机型小巧、备字七千的中文打字机，每个字只需打三键。打字机的字模铸在六根有六面的滚轴上，七千以上的罕用字可拼印左右旁而成，拼印字可造九万。明快打字机的发明引起了轰动，但是由于当时国内局势动荡，没有厂商愿意冒险为一个前途未卜的市场生产这台设备，最终明快打字机仍然未能投产。

"五四"运动大半个世纪之后，电子计算机逐步进入人们的生产和生活，汉字又经历了一次危机——信息化的挑战。由于汉字需要先转换成数字码之后才能在计算机中显示，效率低下、不能现代化的观点又一次近乎宣判了汉字的死刑。陈明远⑥宣告："方块汉字在电子计算机上遇到的困难，好像一个行将就木的衰老病人"，"历史将证明：电子计算机是方块汉字的掘墓人，也是汉语拼音文字的助产

① 钱玄同：《汉字革命》，1923，载《钱玄同文集·第三卷》（原载国语研究会编《国语月刊·汉字改革号》特刊），中国人民大学出版社 1999 年版，第 59-84 页。

② 吕叔湘：《汉字和拼音字的比较——汉字改革一夕谈》，1946，载《吕叔湘文集·第四卷》，商务印书馆 1992 年版，第 86-119 页。

③ 周厚坤，字朋西，江苏无锡人，庚款留美第二批留学生，全美国第一个航空工程硕士，中文打字机之父。

④ 林太乙：《林语堂传：我心中的父亲》，陕西师范大学出版社 2002 年版，第 193 页。

⑤ 所谓"上下形检字法"，取"字之左旁最高笔形反右旁最低笔形为原则"，是一条"简单原则"，"无论字分左右旁与否，既无例外，又放弃笔顺，只看几何学的高低，故不为笔顺所困扰"。（林太乙，2002：195-196）

⑥ 陈明远："电子计算机与汉字改革"，载高等院校文字改革研究会编《语文现代化》丛刊第一辑，知识出版社 1980 年版，第 56-71 页。

士”。其他对于汉字的批判，如汉字排序检索的不便、检字的不便、收发电报的不便等，在整个20世纪都不绝于耳。总之，当时人们认为汉字老朽落后，和科学、文明、进步的要求格格不入。

“五四”时期批判汉字的浪潮中，不少人认为文字是有阶级性的，汉字是封建统治阶级的文字。古代中国社会底层的劳苦大众几乎都是文盲，只有占人口总数百分之几的贵族、官僚、富商、地主等阶级才能识字作文，故而汉字成为他们奴役、剥削劳动人民的工具。瞿秋白[①]认为：“汉字不是现代中国四万万人的文字，而只是古代中国遗留下来的士大夫——百分之三四的中国人的文字。”鲁迅[②]喊出了“汉字不灭，中国必亡”的口号，指出“因为汉字的艰深，使全中国大多数的人民，永远和前进的文化隔离，中国的人民，绝不会聪明起来，理解自身所遭受的压榨，理解整个民族的危机”；认为“汉字和大众，是势不两立的”[③]，“方块汉字真是愚民政策的利器”[④]。吕叔湘[⑤]认为“汉字加文言，配合封建社会加官僚政治”，汉字是封建社会和官僚政治的工具，中国要向工业化和民主政治的社会转变，汉字和社会前进的方向是相违背的。

中国在由传统社会向现代社会的转型过程中出现了批判汉字的风潮，其内在的逻辑是：中国之所以落后，是因为文化教育和封建制度落后，而文化教育和政治制度的落后，则是由落后的汉字造成的。这股“汉字落后论”的风潮席卷中国大地，对中国20世纪语言和文字的现代化进程产生了深远的影响。

4. “汉字落后论”的时代背景

19世纪，列强用枪炮叩开了中国的大门，中国被动地启动了现代化的进程，开始由传统社会向现代社会转型，开启了李鸿章所谓“三千年未有之大变局”的社会激变。与世界上其他非西方国家和地区一样，中国早期的现代化进程通过效法西方文明的成果得以实现。起初，中国希望通过引进西方的物质文明改变落后挨打的局面，发起了洋务运动(1861—1895)，兴办江南制造局、福州船政局、安庆内军械所等军事工业，建立新式武器装备的陆海军，派遣留学生学习技术，后又开办轮船招商局、开平矿务局、天津电报总局、上海机器织布局、兰州机器织呢局等民用企业。但是，西方技术的引进未能如洋务派设想的那样改变国运，中国知识界

① 瞿秋白：《普通中国话的字眼的研究》，载瞿秋白文集编辑委员会编《瞿秋白文集·第二卷》，人民文学出版社1953年版，第683-693页。

② 鲁迅：《病中答救亡情报访员》，载倪海曙编《中国语文的新生——拉丁化中国字运动二十年论文集》，时代出版社1949年版，第119页。

③ 鲁迅：《答曹聚仁先生信》，1934，载《鲁迅论文字改革》，文字改革出版社1974年版，第1-4页。

④ 鲁迅：《关于新文字——答问》，1934，载《鲁迅论文字改革》，文字改革出版社1974年版，第39-41页。

⑤ 吕叔湘：《汉字和拼音字的比较——汉字改革一夕谈》，1946，载《吕叔湘文集·第四卷》，商务印书馆1992年版，第86-119页。

逐渐意识到中国的落后根源不在机器、枪炮等物质文明层面，而在落后的政治体制。当时，改革政治体制的尝试包括清王朝主导的“百日维新”、清末新政，以及由革命党人推动的辛亥革命。虽然腐败无能的清政府被成功推翻，然而无论是以康有为、梁启超为代表的君主立宪派，还是以孙中山为首的民主共和派，在19世纪末20世纪初均未能带领中国走出落后的泥潭：帝制数度短暂的复辟成为一幕幕闹剧，而民主宪政则演变成十数年的军阀混战。

引进西方的物质文明和政治体制以改变中国命运的努力遭遇了挫折，知识界开始为中国的落后寻找更深层次的原因，从而将批判的矛头指向中国的传统文化。部分此前充满了文化自信的中国人，态度上一下子来了个大转弯，开始了对中国文明的深刻反思，以及对传统文化的无情批判。“中国文化革命的主将”鲁迅在《狂人日记》中写道：

> 我翻开历史一查，这历史没有年代，歪歪斜斜的每页上都写着“仁义道德”几个字。我横竖睡不着，仔细看了半夜，才从字缝里看出字来，满本都写着两个字是“吃人”！

中国传统文明是用汉字书写的文明，在否定中国传统的文化心态和时代背景之下，出现“汉字落后”的论调，也就不足为怪了。

5.“汉字落后论”产生的理论背景

落后挨打的国运，固然是“汉字落后论”产生的重要背景之一，但事实上，“汉字落后论”的产生除了有特定的时代背景，还有强大的理论支撑，其背后的理论主要是世界文字发展的三阶段论和文字的“符号之符号”论。

5.1 世界文字发展的三阶段论

所谓世界文字发展的三阶段论，是将世界文字的发展按照文字出现的先后顺序分为三个时期：原始文字时期、古典文字时期和字母文字时期。① 原始文字也称“形意文字”，是人类历史上出现最早的文字，包括刻符、岩画、文字画和图画字，兼用表形和表意两种表达方法，不能完备地按照语词次序书写语言。最早的刻符和岩画大约出现在公元前8000年左右；而纳西族的东巴文是仍在使用的原始文字，被称为当今世界唯一活着的象形文字。和品正编著的《东巴常用字典》②收字970个。

人类文字发展的第二个阶段是古典文字时期，古典文字兼用表意和表音，也称为“意音文字”。古典文字的符号都表示语词和音节，其体系由两部分构成：基本符号和由基本符号组合而成的复合符号。人类历史上重要的古典文字包括西

① 周有光：《世界文字发展史》，上海教育出版社1997年版，第4页。

② 和品正：《东巴常用字典》，云南美术出版社2004年版。

亚两河流域苏美尔人使用的钉头字(又称楔形文字)、古代埃及人使用的圣书字、中国的汉字和中美洲玛雅人使用的玛雅文字,其中最早产生的钉头字成熟于大约公元前3500年。钉头字、圣书字和玛雅文字都由于文明的中断丧失了活力,汉字是世界上唯一还在大规模使用的古典文字。

在人类文字的历史上,最后产生的是字母文字。字母文字最初于公元前15世纪左右出现在地中海东部的岛屿和沿岸地区,往来各地从事贸易的商人民族模仿钉头字和圣书字中的表音符号,创造了一系列符号系统来记录他们的语言,其中公元前11世纪的"比拔罗"(Byblos,今黎巴嫩)字母,成为后世大多数字母的老祖宗,发展分化出了希腊字母、拉丁字母、阿拉伯字母、斯拉夫字母、印度字母等。在东亚地区,日本于公元9世纪仿照汉字创制了假名。值得注意的是,"三大古典文字都是传播到别的民族中间去之后,才从表意变为表音,产生音节文字"①。字母文字产生早期,只写明辅音,不写明元音,后来由希腊人根据书写希腊语的需要补充了元音字母,成为分别表示辅音和元音的音素字母,方便拼写各种语言,也称"拼音文字"。

世界文字发展的三阶段论将文字产生的时间及文字是否能准确记录语音作为标准,认为以形表意的象形文字是最为原始落后的文字,它们往往不能按照语词的自然顺序记录语言,是文字发展的初级阶段。音意结合的古典文字由象形文字发展而来,能按照语词顺序记录语言,较之象形文字有了很大的进步。而字母文字出现最晚,不但能按照语词顺序记录语言,而且能将语音精确地分析为音素,所以"音素字母制度是最高阶段的文字结构"②。世界上的各种文字,总是按照形意文字—意音文字—拼音文字,即原始文字—古典文字—字母文字这三个阶段发展的。

世界文字发展的三阶段论在西方至少可以追溯到300多年前的启蒙时代。18世纪法国伟大的启蒙思想家卢梭③曾经写道:

> 这三种文字形式(描绘对象的文字、用字来表示词语及命题和分析语音的方式)恰好对应于三种社会状态,对应于使人群聚合为民族的三种可能的方式。描绘对象的方式适合于原始的民族(savage peoples);用符号来表示词语及命题的方式适合于野蛮民族(barbarian peoples);字母的方式,适合于文明民族(civilized peoples)。

1859年,达尔文的《物种起源》一书出版,提出了生物界自然选择、适者生存

① 周有光:《世界文字发展史》,上海教育出版社1997年版,第7页。

② 周有光:《字母的故事》,人民文学出版社2009年版,第5页。

③ 卢梭:《论语言的起源——兼论旋律与音乐的摹仿》,1922,洪涛译,上海人民出版社2003年版,第26-27页。据该书第33页注释[2],卢梭(1712—1778)将人类分为原始人、野蛮人和文明人的基础是孟德斯鸠(1689—1755)《论法的精神》第18章第11节所做的分类。

的学说。1897年，严复翻译并出版了英国生物学家赫胥黎①的《天演论》，将进化论"物竞天择"的思想译介到国内，产生了始料未及的巨大社会反响。维新派领袖康有为见到译稿后，发出"眼中未见有此等人"的赞叹，称严复"译《天演论》为中国西学第一者也"。进化论这一生物界发生发展的规律，很快就被人比附到社会和文化现象中来，认为社会文化的发展过程也遵循着先出者落后、后起者进步的普遍规律。这种机械的进化论思想和世界文字发展的三阶段论相互启发，先出的汉字落后于后起的拼音文字更加显得确凿无疑了。

5.2 文字的"符号之符号"论

文字是"符号之符号"的观点，在西方语言思想传统中可谓源远流长，最早可以追溯到西方文明的源头——古希腊时期。古希腊哲学之集大成者亚里士多德②认为"口语是心灵的经验的符号，而文字则是口语的符号"。根据这一观点，口头语言直接反映人的精神、思想和情感，故而是"心灵的经验的符号"；而文字的功能仅仅是记录口语的语音，所以是"口语的符号"。口语是根本的、第一性的；而文字是次生的、第二性的，文字依附口语而存在，是口语的附属品。

这种重口语、轻文字的观点构成了西方两千多年语言思想发展的主流，和中国古代重视文字和书面语的传统大相异趣。古希腊哲学家苏格拉底鄙视文字，认为文字歪曲人的思想，以口授、辩论教育学生、传播思想，终生不愿著书立说，以致一生没有留下任何著作。苏格拉底的行为和学说，主要由他的学生柏拉图和色诺芬在他们的著作中记载下来而传诸后世。但令人遗憾的是，柏拉图和色诺芬的记载却往往相互矛盾，以致苏格拉底的生平和学说，一直是后世学术界争论最多的问题之一。辩论术、演讲术在西方从古至今都极受重视。古代希腊的语言研究，可以说是专门为演讲和辩论服务的。王建军③指出：

> 由于高度发达的民主政治的需要，演讲术在古希腊备受重视，如何正确运用语言及相关手段来驳倒论敌、说服听众成为当时社会最为崇尚的学问，于是修辞学诞生了。古希腊的修辞学专指演说的艺术，注重并强调立论的方法和词句的修饰。

直到今天，重视口头语言的这一传统仍在西方社会有很大的影响，西方国会和议会的辩论往往十分激烈，竞选国家领导人也需要进行大量面对选民的演讲，以及同竞选对手展开电视辩论等。高超的演讲和辩论能力是任何一位成功政治家的必备素质，许多政治家接受过演讲和辩论的专门训练。

现代语言学之父索绪尔继承了西方重口语、轻文字的语言思想，他在现代语

---

① 赫胥黎(Thomas Henry Huxley,1825—1895)，英国著名博物学家，达尔文进化论最杰出的代表，自称为"达尔文的斗犬"。

② 亚里士多德：《范畴篇·解释篇》，商务印书馆1959年版，第55页。

③ 王建军：《中西方语言学史之比较(修订本)》，黄山书社2009年版，第83页。

言学的奠基之作《普通语言学教程》①中写道：

> 语言和文字是两种不同的符号系统，后者唯一的存在理由是在于表现前者。语言学的对象不是书写的词和口说的词的结合，而是由后者单独构成的。

索绪尔认为，文字的功能是记录语言，故而地位无足轻重，在语言系统中起不到任何作用，不属于语言学研究的范围。这一思想成为现代语言学的基石，现代语言学的许多重要的原则，是建立在这一理念之上的。中国的现代语言学是在引进了西方语言学理论之后建立起来的，也将中国以文字和书面语研究为核心的传统语言研究排除在现代语言学的范畴之外。法国当代著名哲学家德里达②指出：

> 语言科学最终将语言(它的客观性领域)的不可还原的单纯本质确定为**语音**、**词汇**和**逻各斯**③的统一体……与这种统一体相比，文字始终是派生的、偶然的、特殊的、外在的，它是能指即语音的再现。亚里士多德、卢梭和黑格尔将它称为"符号的符号"。

德里达的这段话一语中的，点明了现代语言学将文字符号排除在外，一方面继承了西方语言思想的传统，另一方面也是为了满足自然科学化的学科发展要求。

将文字看作"符号之符号"，就意味着文字在语言系统中的地位无关紧要，好比是语言的一件外衣，想换就换，用此种文字和用彼种文字都不甚要紧。这一思想因为披着现代语言学"科学"的外衣，为汉字落后的论调和此后废除汉字的努力提供了强大的理论支持：汉字既落后又无关紧要，将汉字废除走文字现代化的道路，还有什么疑义呢？

5.3 反对废除汉字的声音

虽然汉字落后的思潮成为20世纪中国语言文字领域影响深远的主流思潮，但是自19世纪末20世纪初中国出现汉字落后的言论开始，争论和反对的声音虽然微弱，但也从未间断。我们选取其中的一些观点陈列于此，和汉字落后的言论两相对照，更能引人深思。

1907年，以吴稚晖为首的留法学生在巴黎创办华文周刊《新世纪》，大力提倡

① 索绪尔：《普通语言学教程》，1916，高名凯译，商务印书馆1980年版，第47-48页。

② 德里达：《论文字学》，1967，汪堂家译，上海译文出版社2005年版，第40页。此段引文的着重号为原文作者所加。德里达(1930-2004)，当代法国哲学家、解构主义思潮创始人。

③ 逻各斯(英语Logos，希腊语λσγos)是古希腊哲学及神学的术语，哲学上表示支配世界万物的规律或原理。逻各斯在希腊文中的原意是"话语"(word)，一方面代表了语言、演说、交谈、故事、原则等，另一方面也代表了理性、思考、计算、关系、因果、类推等。英语中logic(逻辑)的词根来自逻各斯，各种学科的词尾(-logy)、reason(理智)和rationality(理智)的词根也来自逻各斯。

世界语。[1] 1908 年，章太炎发表《驳中国用万国新语说》[2]，批判《新世纪》"中国当废汉文，而用万国新语"的观点，指出"象形之与合音，前者易知其义，难知其音；后者易知其音，难知其义"，汉字和拼音文字各有千秋；中国当时文化落后、文盲众多的社会现实，是由于政府没有推行"强迫教育"，而不在"象形、合音之分"。章太炎认为汉字不能废除，是由于汉字有其特殊的功用：

> 且汉字所以独用象形，不用合音者，虑亦有故。原其名言符号，皆以一音成立，故音同义殊者众，若用合音之字，将芒昧不足以为别。况以地域广袤，而令方土异音，合音为文，逾千里则弗能相喻，故非独他方字母不可用于域中，虽自取其纽韵之文，省减点画，以相缾切，其道犹困而难施。

1936 年，吴俊升[3]提出：

> 我们教育者实在不应也不必附和废弃汉字的提议，而应在改良汉字的教学上多用功夫。第一，应该更适当的确定常用字汇，以为教学的依据；第二，应该就儿童学习的心理和汉字本身的体系，研究出汉字的经济学习法。

1947 年，在"联合国文化教育委员会远东区基本教育研究会"预备会上，"亦有人主张废除汉字，提倡汉字拉丁化者，多数专家反对，谓我国各地方言大多不同，倘用拉丁化文字，势必分化中国之统一。我国数千年来之历史文化，悉以汉字记载，且国人学习汉字，几无一感到困难者，倘一旦废除，无异断送一脉相传之固有文化"[4]。同年，朱经农[5]在《教育杂志》11 月号发表反对拉丁化新文字的意见，认为：

> 1. 中国数千年的文化都是用汉字记载下来的，一旦把汉字废了，将来中国人就无法阅读古书、了解中国文化。2. 中国文字原系一字一音，同音的字实在太多，用罗马字拼起来，真不容易分别清楚。3. 同一字各地读音不同，各人照自己的乡音用罗马字拼出来，会变成完全不同的许多字。将来中国的文字，化为无数种不同的文字，没有法子可以统一，也弄得彼此不能互相了解。统一的文字与国家的统一有密切的关系，破坏数千年来文字的统一，将有不良的结果，不可不慎重考虑。

各方意见的自由争论无疑有助于得出更为合理的结论，然而这些反对汉字落

---

① 侯志平：《世界语运动在中国》，中国世界语出版社 1985 年版，第 20 页。

② 章太炎：《驳中国用万国新语说》，1908，载《中国现代学术经典 · 章太炎卷》，河北教育出版社 1996 年版，第 594-609 页。

③ 倪海曙：《1957 年文字改革辩论选辑》新知识出版社 1958 年版，第 195 页。吴俊升(1901—2000)，著名教育家。

④ 费锦昌：《中国语文现代化百年纪事》，语文出版社 1997 年版，第 103 页。

⑤ 费锦昌：《中国语文现代化百年纪事》，语文出版社 1997 年版，第 103-104 页。朱经农(1887—1951)，教育家、学者、诗人、出版家。

后、反对废除汉字的观点，却淹没在“汉字落后论”的浪潮中，未能在20世纪上半叶扭转汉字的危机。郭绍虞[①]晚年写道：“以前，我是赞同文字改革的。为什么赞同？一大半是为了革命”；而到了晚年则“对文字改革的问题是由赞同而逐渐发生怀疑的”；“我最近研究中国的语言文字之学，觉得汉语汉字固然有它的缺点，但是优点要比它的缺点更多一些。与西语相比较，最低限度，可以各有千秋，决不是劣等民族的语言文字”。傅斯年[②]指出，“提倡革命的人们，无论左向右向的革命，总不免把主张说到极端”。革命的狂热和极端的主张一旦脱离了理性的缰绳，总要付出沉重的代价。

单元测验1

一、判断题

1. 作为世界上较早成熟的文明之一，汉文化中有很多语言起源的传说。
2. “汉字落后论”对中国二十世纪语言和文字的现代化进程产生了深远的影响。
3. 玛雅文字是现在仍在使用的原始文字，被称为当今世界唯一活着的象形文字。
4. 面对汉字不能机械化的难题，钱玄同投入巨资，发明了明快打字机。
5. 所谓“字纸”，就是写了字或印了字的纸。

二、单选题

1. 世界文字发展的三阶段论，认为汉字处于________文字阶段。
   A. 原始　B. 象形　C. 意音　D. 现代
2. 在人类文字的历史上，最后产生的是________。
   A. 原始文字　B. 古典文字　C. 音节文字　D. 字母文字
3. 1897年，________翻译并出版了英国生物学家赫胥黎的《天演论》，将进化论“物竞天择”的思想译介到国内。
   A. 林语堂　B. 严复　C. 林纾　D. 鲁迅
4. 关于文字是“符号之符号”的观点，以下说法正确的是________。
   A. 语言第一性，文字第二性
   B. 文字第一性，语言第二性
   C. 语言是文字的附属品
   D. 语言和文字同等重要
5. “五四运动”前后批判汉字的文化精英中，态度比较激烈的是________。
   A. 陈独秀　B. 胡适　C. 蔡元培　D. 钱玄同

---

① 郭绍虞：《我对文字改革问题的某些看法》，1982，载《照隅室语言文字论集（第二版）》，上海古籍出版社2009年版，第368-373页。郭绍虞（1893—1984），语言学家、文学家、文学批评史家。

② 傅斯年：《论学校读经》，1935，载胡晓明编《读经：启蒙还是蒙昧？》，华东师范大学出版社2006年版，第439-443页。

6. 原始文字也称为________,是人类历史上出现最早的文字。
A. 形意文字　B. 意音文字　C. 象形文字　D. 表意文字
7. ________认为,不仅要废除汉字,连同汉语也要一并废除。
A. 鲁迅　B. 胡适　C. 瞿秋白　D. 钱玄同
8. 汉字是世界上唯一还在大规模使用的________。
A. 原始文字　B. 圣书字　C. 古典文字　D. 拼音文字
9. ________认为汉字有其特殊的功用,汉字和拼音文字各有千秋,因此不能废除。
A. 章太炎　B. 陈独秀　C. 蔡元培　D. 胡适
10. 将"massage"译成"马杀鸡"采用的是________的翻译方法。
A. 直译　B. 意译　C. 音译　D. 解释

三、多选题

1. 新文化运动时期对汉字的批评层出不穷,主要的观点有汉字________。
A. 繁难　B. 不能表示新概念
C. 是记音文字　D. 妨碍教育普及
2. 世界文字发展的三阶段论认为世界文字的发展有三个阶段,分别为________。
A. 原始文字时期　B. 古典文字时期
C. 拼音文字时期　D. 字母文字时期
3. 人类历史上重要的古典文字包括________。
A. 楔形文字　B. 圣书字　C. 汉字　D. 玛雅文字
4. 下列关于索绪尔的说法,正确的是________。
A. 现代语言学之父
B. 学术主张"重口语,轻文字"
C. 将文字看作"符号之符号"
D. 代表作《普通语言学教程》
5. "汉字落后论"背后的理论依据主要是________。
A. 世界文字发展的三阶段论
B. 文字的"符号之符号"论
C. 社会达尔文主义
D. 德里达的《论文字学》

四、填空题

1. 关于汉字的起源有不少传说,其中最广为人知的,就是"________"。
2. 在古代中国,纸上有了字,便"身价倍增",________的习俗,早在唐宋时期就已蔚然成风了。
3. 白话文运动"________"的主张,有利于普及教育和提高全民素质。

4. 古典文字兼用表意和表音,也称为“________”。
5. ________是世界上唯一还在大规模使用的古典文字。
6. 文字是“符号之符号”的观点,最早可以追溯到西方文明的源头——________时期。
7. 持“汉字________”观点的人,认为汉字繁难,妨碍教育普及,所以清末民初的中国文盲众多。
8. 与汉字在古代中国的神圣地位不同,西方则自古就有“________、轻文字”的传统。
9. 将文字看作“符号之符号”,为“________”提供了强大的理论支持。
10. “________”时期前后,汉字成为文化精英们共同批判的对象。

五、思考题

1. 本讲提到引进外来概念有三种方法:音译、意译和不加翻译直接使用外语原文,请问它们各有什么利弊?哪种方法更适合当今中国社会?
2. 世界文字发展的三阶段论认为字母文字代表文字发展的最高阶段,是人类所有文字发展的必然趋势。你同意这种观点吗?试论述你的理由。

第二章
1949年以前的拼音化

1. 本章提要

19世纪末20世纪初的中国，出现了“汉字落后论”思潮，且逐渐被主流知识界接受，成为影响广泛、深入人心的学说。大家普遍认定汉字是落后的文字，是旧文化的载体，是它使旧中国深陷落后挨打的泥潭。故而，改革文字就成为有识之士努力的方向，汉语拼音化运动的大幕就此拉开。人们期待能为汉语设计一套简便易学的拼音文字，取代“繁难”的汉字，迅速提高人民的教育水平，改变当时中国落后的面貌。

汉语拼音化运动，从1892年卢戆章发明切音新字，到1986年全国语言文字工作会议召开后，中国的语言文字工作进入新阶段，前后持续了近百年。本章主要介绍1949年中华人民共和国成立以前汉语拼音化的历程，包括三个阶段。第一个阶段是汉语拼音化运动正式开始前，由在华西方人仿照西方拼音文字，为汉语创制拼音方案，这个阶段可以看作汉语拼音化运动的先声。第二个阶段是清朝末年的切音字运动。这时，中国人开始自己创制拼音方案，民间出现了不少拼音方案。第三个阶段是从1912年到1949年中华人民共和国成立，其间有两种比较重要的拼音方案，一是国音字母，二是中国共产党领导制定的拉丁化新文字。

汉语最早的拼音方案出现于17世纪。早期的拼音都由在中国工作和生活的西方人创制。他们创制拼音的目的，主要是帮助传教士宣传教义，或便于驻华外交官学习汉语。这些拼音方案中，影响最大的是威妥玛拼音，以及在其基础上发展出来的邮政式拼音。这套拼音体系曾用作拼写中国人名、地名等专有名词的国际标准，不少影响较大的人名、地名、品牌名、机构名，由于已为世人广泛接受，今天仍然使用威妥玛拼音拼写。

卢戆章是第一个为汉语发明拼音方案的中国人。此后，又有不少人研制出拼音方案数十个，影响较大的有王照、劳乃宣和章炳麟等，形成了汉语拼音化运动的第一个高潮——清末的切音字运动。其中章炳麟创制的注音方案对后来的注音符号有较大启发，影响一直持续到今天。

清政府被推翻后，知识界认识到统一国语对现代国家的重要性，发起了国语运动。前后历经十余年，最终形成了国音字母。国音字母包括第一式注音符号和第二式国语罗马字。注音符号采用汉字笔画式，即民族形式的字母，在国内通行。国语罗马字主要是为解决注音符号不便在国际上使用的问题，故而采用拉丁字母，可在国际上通行。

拉丁化新文字运动是在中国共产党领导下开展的拼音化运动，有鲜明的特点。第一，人们设计了针对不同方言的多个新文字方案。第二，拉丁化新文字主要为劳苦大众使用便利考虑，相比其他拼音方案，拼写规则简单得多。第三，这套方案直接命名为"文字"，在各地推广试用，甚至成为陕甘宁边区的合法文字。

汉字确有表音不便的缺点，拼音方案能弥补汉字的这个缺点，并且在一定条件下，实现汉字的部分功能，简便易学，故而受到民众欢迎。切音字甫一出现，也立即引发了很多争议，主要集中在拼音和汉字到底是何关系上。一派观点认为，拼音不能完全替代汉字，只能用作辅助汉字的工具，为汉字注音，以弥补汉字不便表音的不足。另一派观点认为，汉字落后，必须用拼音替代，拼音是记录汉语的文字，不是汉字注音的工具，不为汉字服务。这个争议长期存在，贯穿了汉语拼音化运动的始终，是中国语言文字现代化必须解决的问题之一。

2. 西方人创制的拼音

19 世纪末 20 世纪初，中国的主流知识界普遍接受了"汉字落后论"，研制替代汉字的拼音方案就成为有识之士追求的目标。

钱玄同①提出废除汉语、汉字，代之以世界语或英语、法语的主张，由于极其激进而并未获得大多数人的支持。人们普遍接受的是另一个解决汉字落后问题的方案——推行拼音文字，实现汉语的拼音化——形成了中国近现代史上持续近一个世纪的汉语拼音化运动。倪海曙②将中国文字改革的历史分为四个时期：清末的切音字运动、辛亥革命以后的国语运动、20 世纪 30 年代初至 50 年代中期的拉丁化新文字运动和 1949 年以后的文字改革运动。然而在切音字运动之前，在华西方人就尝试创制了种种拼音方案拼读汉语汉字，成为汉语最早的拼音方案。本章的讨论，就从西方人的创新开始。

中国最早的拼音文字，是来华的西方人出于学习汉语汉字或传播教义的需要，仿照西方文字创制的，影响较大的有利金方案、马礼逊方案和威妥玛拼音。其中，威妥玛拼音以及在其基础上发展出来的邮政式拼音影响最大。

---

① 钱玄同：《中国今后之文字问题》，1918，载《钱玄同文集·第一卷》，中国人民大学出版社 1999 年版，第 162-168 页。

② 倪海曙：《拉丁化新文字运动的始末和编年纪事》，知识出版社 1996 年版，序言。

2.1 利金方案

所谓利金方案，是17世纪早期的来华传教士利玛窦[①]和金尼阁[②]创制的方案，是历史上第一个用罗马字母拼写汉语的方案。利玛窦于16世纪末来到中国，"初时言语文字未达，苦心学习，按图画人物，倩人指点，渐晓语言，旁通文字"[③]，并尝试使用拉丁字母为汉字注音，力求寻找汉语发音的规律。1605年，利玛窦用拉丁字母为四篇文章注音，合称《西字奇迹》。利玛窦使用的拼音方案，"为字父(即声母)二十六、字母(即韵母)四十三、次音四、声调符号五"[④]，并于1606年刊行。

1625年，在中国生活了15年的法国传教士金尼阁修改补充了利玛窦的拉丁字注音方案，写成一部完整的拉丁字注音专书《西儒耳目资》，并于1926年出版。《西儒耳目资》是一部帮助西方人学习汉语汉字的罗马字注音字汇，共分三编：第一编"译引首谱"是总论，第二编"列音韵谱"是从拼音查汉字，第三编"列边正谱"是从汉字查拼音。金尼阁的注音方案，只使用了25个字母(其中辅音字母20个，元音字母5个)，另有5个符号表示声调，通过他的注音方案可以拼出当时全部的官话音节。罗常培在《耶稣会士在音韵学上的贡献》一文中列举了该书的三大贡献：

(1)用罗马字母分析汉字的音素，使向来被人看成繁难的反切，变成简易的东西；

(2)用罗马字母标注明末的字音，使现在对当时的普通音，仍可推知大概；

(3)给中国音韵学研究开出一条新路，使当时的音韵学者……受到很大影响。[⑤]

由于金尼阁的方案是在利玛窦方案基础上修改的，所以后世将两者合称为"利金方案"。在西方人使用拉丁字母为汉字注音以前，汉字注音使用的是"反切"的方法。反切的基本原则是用两个字为汉字注音，上字与被切字的声母相同，下字与被切字的韵母(包括介音)和声调相同，上下拼合就是被切字的读音。例如"冬，都宗切"，就是用"都"的声母和"宗"的韵母、声调为"冬"注音。用拉丁字母标注汉字字音，一方面比"反切"明了容易得多，另一方面也没有"反切"自身的一些弊病，故而一出现就引起了中国学者极大的兴趣。明末学者方以智在《通雅》中说："字之纷也，即缘通与借耳。若事属一字，字各一义，如远西因事乃合音，因音而成字，不重不共，不尤愈乎。"前清学者杨选杞看了《西儒耳目资》后大受启发，表

① 利玛窦(Matteo Ricci，1552—1610)，天主教耶稣会意大利籍神父、传教士、学者。1582年(明神宗万历年间)来中国传教，颇受士大夫的敬重，被尊称为"泰西儒士"。他是天主教在中国传教的开拓者之一，也是第一位阅读中国文学并对中国典籍进行钻研的西方学者。他除传播天主教教义外，还传播西方天文、数学、地理等科学技术知识，对中西交流做出了重要贡献。

② 金尼阁(Nicolas Trigault，1577—1628)，法国人，耶稣会会士、汉学家。

③ 东方白：《利玛窦与金尼阁：最早用拉丁字母标注汉字的外国人》，载《语言文字报》，2011年。

④ 朱维铮：《西字奇迹·简介》，载朱维铮主编《利玛窦中文著译集》，复旦大学出版社2007年版，第247-248页。

⑤ 东方白：《利玛窦与金尼阁：最早用拉丁字母标注汉字的外国人》，载《语言文字报》，2011年。

示“予阅未终卷，顿悟切字有一定之理，因可为一定之法”。利金方案是最早的汉语拼音方案，适合拼写官话，成为汉语拉丁字母拼音的源头，为清末切音字运动的兴起做了铺垫。

2.2 马礼逊方案

基督新教来华英国传教士马礼逊①，于1815至1823年间，编纂出版了3部6卷共计近4 600页的《华英字典》，这是最早的汉英字典，成为日后汉英字典编纂之圭臬。马礼逊在《华英字典》中用他自己设计的拼音方案拼写广东方言，这是第一个用罗马字母拼写方言的拼音方案，成为汉语方言教会罗马字的萌芽。此后，其他的方言区也设计了不同方言的教会罗马字，在南方的通商口岸传播，主要用来传教。方言教会罗马字不同于此前主要在外国传教士中使用的利金方案，通过马礼逊等人的传教、翻译、出版、办学等社会活动，在中国民众中传播广泛。其中，厦门的“话音字”1850年开始传播，仅在1921年就印刷出售5万册读物，直到1949年以前，大约还有10万人使用这样的方言教会罗马字。②

2.3 威妥玛和邮政式拼音

英国驻华外交官威妥玛③1867年出版了供来华外交人员学习汉语使用的京音官话课本《语言自迩集》，该书采用了一套拉丁字母拼音方案给汉字注音，成功发展了用拉丁字母拼写汉语地名的方法，被称作“威妥玛式拼音”。威妥玛式拼音继承了马礼逊方案的一些特点，又简化了马礼逊方案的一些写法，其最大的优点是减少了音符数量，力求各个音符一致并近似英语发音，从而达到经济、一致的原则。它虽然保留了英文拼法的一些特点，但是并不完全迁就英文的拼写习惯。

英国外交官、汉学家翟理斯④在其编纂的《华英字典》中对威妥玛的标音系统略加改良，形成了“威妥玛—翟理斯式拼音”。1906年春，在上海举行的帝国邮电联席会议对中国地名的拉丁字母拼写法进行了统一和规范。会议决定，基本上以翟理斯所编《华英字典》中的拉丁字母拼写法为依据，也就是以“威妥玛—翟理斯式拼音”为依据拼写中国地名，这种拼音系统被称为“邮政式拼音”。以威妥玛式拼音为基础的拼音方案诞生之后被广泛地运用于邮政电信、海外图书馆中文藏书

① 马礼逊(Robert Morrison，1782—1834)，英国人，是西方派到中国的第一位基督新教传教士，在华25年，在中国境内首次把《圣经》全译为中文并予以出版，编纂第一部《华英字典》，创办第一份中文月刊，开办“英华书院”，开传教士创办教会学校之先河，首创医药传教的方式，是近代中西文化交流的先驱。

② 冯志伟：“汉语拼音运动的历史回顾”，载《术语标准化与信息技术》2004年第4期。

③ 威妥玛(Thomas Francis Wade，1818—1895)，英国外交官、著名汉学家，曾在中国生活43年，因发明用拉丁字母标注汉语发音系统的“威妥玛拼音”而著称。

④ 翟理斯(Herbert Allen Giles，1845—1935)，英国外交官、汉学家，1867年来华，1892年出版《华英字典》(*A Chinese-English Dictionary*)，1893年回国，1897年任剑桥大学汉学教授，一生翻译了许多孔子、老子等中国古代思想家的著作。

编目、外交护照之中文人名及地名的译音等方面，是 20 世纪上半叶西方国家拼写中国地名、人名及事物名称的国际标准，直到 1977 年联合国第三届地名标准化会议将《汉语拼音方案》作为中国地名罗马字母拼法的国际标准时，威妥玛式拼音才正式停止使用。

威妥玛式拼音(及邮政式拼音)虽然已经停止使用，但是由于其曾在一个多世纪间作为拼写汉语专用名词的国际标准，海外影响广泛，因此许多已经广泛使用的汉语人名、地名及其他词汇在英语等西方语言中仍保留着威妥玛式拼音或邮政式拼音的拼法，如：

功夫	Kungfu	太极	Taichi
道教	Taoism	易经	I Ching
清明节	Chingming Festival	中华(商标)	Chunghwa
青岛(商标)	Tsingtao	清华大学	Tsinghua University
北京大学	Peking University	苏州大学	Soochow University
扬子江	Yangtze River	孙中山	Sun Yat-Sen

3. 切音字运动

西方人设计的拼音方案极大地启发了有志于改造中国文字的有识之士，从 19 世纪末开始，由中国人自己创制的汉语拼音方案层出不穷，从 1892 年到 1910 年的短短不到 20 年中，共有 23 人正式提出汉语拼音文字方案(即切音字)28 个，其中最早的要数卢戆章①创制的切音新字。

1892 年，以教华人西语和西人华语为业的卢戆章经过十年研究，出资刊印了切音新字著作《一目了然初阶》(又称《中国切音新字厦腔》)，这是由中国人创制的首个汉语拼音文字方案。该方案用拉丁字母及其变体来拼厦门音，共有 55 个字母，声韵双拼，左右横写，声母在右，韵母在左，另加鼻音符号和声调符号，增加声母后还可兼拼泉州音和潮州音。卢戆章在该书序言中写道“中国字或者是当今普天之下之字之至难者”，“欲识此数千字，至聪明者非十余载之苦工不可”，而切音新字简便易学，如实行则“不数月通国家家户户、男女老少无不识字”，“省费十余载之光阴，将此光阴专攻于算学、格致、化学，以及种种之实学，何患国之不富强也哉?”②1906 年，卢戆章出版了《北京切音教科书》，用字母拼写北京官话，称为“京音方案”。卢戆章指出，颁行切音字的好处主要有两点，一是“统一语言，以结团体也”，二是“语言文字合一，以普教育也”③。这两点成为此后中国语言文字现代化

---

① 卢戆章(1854—1928)，福建同安人，清末学者，创制中国切音新字，是中国文字改革的先驱。

② 卢戆章:《中国第一快切音新字》原序，1892，载《清末文字改革文集》，文字改革出版社 1958 年版，第 1-3 页。

③ 卢戆章:《颁行切音字书之益》，1906，载《清末文字改革文集》，文字改革出版社 1958 年版，第 72 页。

进程的主基调，卢氏之远见卓识令人惊叹。

继卢戆章的切音新字之后，新的切音字方案层出不穷，这些方案大多只在小范围内传习，没有广泛推行，只有王照[①]的官话字母和劳乃宣[②]的合声简字推行较广。王照于1900年以"芦中穷士"为笔名发表《官话字母》方案，该方案仿照日本假名制订，采用汉字笔画式，有50个声母，12个韵母；其后又修改成《官话合声字母》方案。音韵学家劳乃宣在王照官话字母的基础上补充方言字母，拟订了南京、苏州、福建、广东等方言的方案，统称"合声简字"。他积极推广简字，取得很好的效果，"素不识字之妇女村氓，一旦能阅书报，能作函札，如盲者之忽而能视，其欣快几无可名状"[③]。1908年，章太炎为了驳斥中国采用万国新语（世界语）的论调，制定了《纽文·韵文》注音方案，采用汉字笔画式，有36个声母（纽文）、22个韵母（韵文）；这一无心而成的方案却对后世产生了较大影响。切音字运动创造了一系列拼音方案，经过倡导者的大力推动，在民间取得了积极的效果，并且逐步取得一些地方官员的支持，最终得到了当时的中央政府——清政府的肯定。只是清廷尚未能腾出工夫制定出全国统一的拼音方案，便被革命者推翻了。

切音字运动受到的主要质疑是"有妨汉字，分裂语言"[④]，其中最为敏感的就是新字与旧字的关系问题。值得注意的是，推动切音字的各界人士，虽然热切地宣传切音字在扫除文盲、普及教育方面的功能，倡导切音字在教育中的普及，但却普遍将其作为学习汉字汉文的辅助手段，以使没有条件系统学习汉字的普通民众在短期内具备基本的读写能力，或者作为汉字记音的工具以弥补汉字不直接表音的缺点。例如，1908年劳乃宣进呈《简字谱录》，奏请钦定颁行天下，就对简字和汉字及中国传统学术的关系有较为系统的阐释：

> 或虑此字盛行，人人争趋简易，将习汉字者渐少，于中国古学，恐有妨碍。不知中国六书之旨，广大精微，万古不能磨灭。简字仅为粗浅之用，其精深之义，仍非用汉文不可。简字之于汉文，但能并行不悖，断不能稍有所妨。日本蒙学先习假名，文理渐进，渐增汉字，其高深之学，则全用汉字，不杂假名，是其明证。且中国古学，以小学为根柢，而小学则以音韵为机缄。诗赋既废，知音韵者渐少，深惧小学因以废坠。如简字普行，则人人能明音韵之条理，于讲求小学，益得有所凭借。是非特无损于古学，且愈足以保存而昌明之也。[⑤]

在此后的另一份奏折中，劳乃宣[⑥]表示，"窃谓此项简字，易识易解，允堪为汉

① 王照（1859—1933），近代拼音文字提倡者。

② 劳乃宣（1843—1921），近代音韵学家。

③ 劳乃宣：《进呈〈简字谱录〉折》，1908，载《清末文字改革文集》，文字改革出版社1958年版，第79-81页。

④ 劳乃宣：《致唐尚书函》，1910，载《清末文字改革文集》，文字改革出版社1958年版，第113-115页。

⑤ 劳乃宣：《进呈〈简字谱录〉折》，1908，载《清末文字改革文集》，文字改革出版社1958年版，第79-81页。

⑥ 劳乃宣：《奏请于简易识字学塾内附设简字一科并变通地方自治选民资格折》，1909，载《清末文字改革文集》，文字改革出版社1958年版，第103-107页。

文之补助，教育之阶梯……是简字非特无妨汉字，且可补助汉字，为识汉字之门径也”。郑东湖①也指出，“此种字专为一般之儿童及贫民利便起见而设，并可为读书时之补助品（如作音解之用）”。

清政府垮台前，学部中央教育会还推出了统一国语的法案，明确将“定音标”列入其中，并制定了五条原则：（一）音韵须准须备；（二）拼音法须合公例；（三）字画须简；（四）形式须美；（五）书写须便。而清廷为预备立宪而建立的资政院对该法案的审查结果是“谋国语教育，则不得不添造音标文字”，“将简字正名为‘音标’，由学部审择修订，奏请钦定颁行”②。由此可见，切音字在清政府的官方叙述中，始终是作为标注汉字汉语语音的工具而出现。

4. 国音字母

随着切音字运动的兴起，一时间为各种方言创制的拼音方案纷纷出现。而反对切音字的声音，除了集中在对汉字前景的担忧上，另一个焦点就是担心推行切音字后，各地各用一套文字记录方音，与“同文之治”背道而驰，从而造成文字分裂、国家分裂的局面。所以，切音字运动推进的一个必然结果，就是产生了统一国语的强烈呼声。

清政府虽然倒了台，但是时代并未停下前进的脚步。1912 年，“读音统一会”成立，于 1913 年召开会议，审定国音，核定音素，采定字母。大会审议了来自全国各地的数十个拼音文字方案，经过三个多月的激烈争论，最终通过了《注音字母》方案。该方案采取笔画简单的古汉字作为字母，有声母 24 个、介音 3 个、韵母 12 个，共 39 个字母③，其中 15 个字母直接来自章炳麟的《纽文・韵文》，“其所以不全用章谱者，只因章用篆文，此须楷写，怕字母和普通汉字太一样了，不便也”④，因而再行制定了其他字母。劳乃宣评价该套方案“平心而论，符号用独体完全汉字，有本有源，较之省笔，实为古雅”⑤。注音字母制定之后，因时局变动、人事更迭，并未立即推行至全国，主要依靠民间力量组织“注音字母传习所”进行教学，开设注音书报社出版发行注音书刊。1918 年 11 月 23 日，注音字母正式公布。黎锦熙⑥称“这件事在当时是极不容易办到的”，并说明反对公布注音字母的种种理由：

> 第一，有妨固有之汉字；第二，独用则必须变更文体；第三，用以注

① 郑东湖：《〈切音字教科书〉例言》，1910，载《清末文字改革文集》，文字改革出版社 1958 年版，第 141-142 页。

② 转引自黎锦熙：《国语运动史纲》，1934，商务印书馆 2011 年版，第 106 页。

③ 黎锦熙：《国语运动史纲》，1934，商务印书馆 2011 年版，第 140、142、143 页。一说该方案共有 38 个字母，见《1913 年读音统一会资料汇编》，文字改革出版社 1958 年版。

④ 黎锦熙：《国语运动史纲》，1934，商务印书馆 2011 年版，第 142 页。

⑤ 黎锦熙：《国语运动史纲》，1934，商务印书馆 2011 年版，第 143 页。

⑥ 黎锦熙：《国语运动史纲》，1934，商务印书馆 2011 年版，第 139 页。

音，亦无法保障统一；第四，儿童多耗一番脑力。至于批评注音字母的本身，说它根本上就做得不好的，其反对更不用说。

注音字母后修订为40个，由于其“仅代反切之用”，1930年改称“注音符号”，当时的训令称[①]：

> 考我国文字，优点甚多；其缺点在少音注，不便于孩童及失学民众之初步练习。所以日本辅汉文以假名，即成为通俗最良之工具，反比欧美拼音文字收效尤宏。古代注音之法，曰“读若”，曰“直音”，曰“反切”，皆拘牵门类，自趋繁复，致不适于简易之注音。最简易之注音，即定双声元素若干，叠韵元素若干，总数不过数十，则传习至易。教育部前颁注音字母，即用此法。其于音理之整齐划一，实胜于假名。惟其功用，亦不过或注字音，或注语音，足当音注而已；与假名相同，仅适注音，不合造字；称为“字母”，徒滋岐误，所以应改称为“注音符号”以副名实。惟其注音而已，并非造字，即不必过省符号之数量，及多设拼音之条例。对于高深学问及重要契约，其声类之平仄，义类之同异，仍皆由汉文负其分别之责，不必在注音符号上又加枝赘之分别。

这一政令仍充分肯定了汉字的地位和作用，代表了官方审慎稳健的意见。而积极推动汉语向拼音化方向发展的人士，则将“字母”改称“符号”视作权宜之计，“遇必要时，改名为便”，因为“可以减少社会一般的疑虑，而便利政府积极的推行”[②]。

将“字母”改为“符号”之后，打消了社会各界对“注音符号”的疑虑。1930年颁布的《各省市县推行注音符号办法》二十五条，力争在最短的时间内，“教导全国不识字的人从使用注音符号，进而认识文字，以达到全国人人识字的目的”[③]。其推广注音符号的具体举措主要包括：在全国各级教育机构成立专职部门负责推广；在全国各省市县机关、团体、学校、工厂、商店、图书馆、教育馆设立注音符号传习处、补习学校等；各级学校均需教授注音符号；学校的校长、教务主任和国语教员、各级教育文化机关职员，不熟注音符号者不得任职；印刷业须改铸标有注音符号的字模；新闻出版业应尽可能在字旁加注音符号；告示、标语、识字课本、宣传印刷品应一律加注音符号。办法同时规定，加注音符号的汉字，右旁注国音，左旁注方音，并且规定地方上翻印中央加注音符号的一切文告读物时，必须在汉字左旁加注方音。黎锦熙[④]对于此举高度评价道：

> 凡所以蠲除疑虑，便利学习，推广用途，强迫实行者，皆为三十余年来所已知已言，而未能实行。今竟能由国家最高政治机关下令，督促全国，大有雷厉风行之势，此实打破三十余年来政府方面之沉寂，而为国语

---

① 黎锦熙：《国语运动史纲》，1934，商务印书馆2011年版，第247页。

② 费锦昌：《中国语文现代化百年记事》，语文出版社1997年版，第47页。

③ 黎锦熙：《国语运动史纲》，1934，商务印书馆2011年版，第257页。

④ 黎锦熙：《国语运动史纲》，1934，商务印书馆2011年版，第252页。

运动史上开一新纪元。

经过强制实行和大力推广，注音符号在社会上得到广泛的应用。目前，我国台湾地区仍在使用该套字母，不过字母数量减少为37个，详见下表：

注音字母	字母来源	对应的汉语拼音	举例（注音和汉语拼音对照）
ㄅ	包，说文解字："勹，裹也，像人曲行，有所包裹。"取其声	b	八（ㄅㄚ，bā）
ㄆ	扑，说文解字："攴，小击也。即手执竿轻敲。"取其声	p	杷（ㄆㄚˊ，pá）
ㄇ	幂，遮蔽覆盖之意，取其声	m	马（ㄇㄚˇ，mǎ）
ㄈ	匚，说文解字："匚，受物之器。"古代盛器，取其声	f	法（ㄈㄚˇ，fǎ）
ㄉ	刀字异体，取其声	d	地（ㄉㄧˋ，dì）
ㄊ	同突（凸），取其声	t	提（ㄊㄧˊ，tí）
ㄋ	乃字变体，取其声	n	你（ㄋㄧˇ，nǐ）
ㄌ	力字变体，取其声	l	利（ㄌㄧˋ，lì）
ㄍ	浍，说文解字："巜，水流浍浍也。"田间水道，取其声	g	告（ㄍㄠˋ，gào）
ㄎ	考，说文解字："丂，气欲舒出，勹上碍于一也。"取其声	k	考（ㄎㄠˇ，kǎo）
ㄏ	厂①，部首名，说文解字："山石之厓岩，人可居。"	h	好（ㄏㄠˇ，hǎo）
ㄐ	纠，说文解字："丩，相纠缭也。"取其声	j	叫（ㄐㄧㄠˋ，jiào）
ㄑ	ㄑ，田间水道，取其声	q	巧（ㄑㄧㄠˇ，qiǎo）
ㄒ	下之古字，取其声	x	小（ㄒㄧㄠˇ，xiǎo）
ㄓ	"之"的古字，取其声	zhi /zh	主（ㄓㄨˇ，zhǔ）
ㄔ	正字通："左步为彳，右步为亍，合彳亍为行。"取其声	chi /ch	出（ㄔㄨ，chū）
ㄕ	尸之古字，取其声	shi /sh	束（ㄕㄨˋ，shù）
ㄖ	日之象形古字	ri /r	入（ㄖㄨˋ，rù）
ㄗ	节之古字，取其声（读尖音）	zi /z	在（ㄗㄞˋ，zài）
ㄘ	七之古字，取其声（读尖音）	ci /c	才（ㄘㄞˊ，cái）

① 非"廠"之简化。

（续表）

注音字母	字母来源	对应的汉语拼音	举例（注音和汉语拼音对照）
ㄙ	私之古字，取其声	si /s	塞（ㄙㄞ，sāi）
ㄚ	中古汉字，指上端分出的东西，取其韵	a	大（ㄉㄚˋ，dà）
ㄛ	近似呵，取其韵	o	多（ㄉㄨㄛ，duō）
ㄜ	“ㄛ”之转化，由“ㄛ”添笔而成，为后来新加	e	得（ㄉㄜˊ，dé）
ㄝ	也之变体	ê	爹（ㄉㄧㄝ，diē）
ㄞ	亥之变体，取其韵	ai	晒（ㄕㄞˋ，shài）
ㄟ	说文解字：“同戾也，从反丿，读与弗同。”取其韵	ei	谁（ㄕㄟˊ，shéi）
ㄠ	说文解字：“幺，小也。”取其韵	ao	少（ㄕㄠˇ，shǎo）
ㄡ	今字又，右手之象形古字，取其韵	ou	收（ㄕㄡ，shōu）
ㄢ	说文解字：“ㄢ，艸木之华未发函然。”	an	山（ㄕㄢ，shān）
ㄣ	今字隐	en	申（ㄕㄣ，shēn）
ㄤ	本字尪，音 wāng，骨骼弯曲不正	ang	上（ㄕㄤˋ，shàng）
ㄥ	同肱，音 gōng，上臂也	eng	生（ㄕㄥ，shēng）
ㄦ	儿，孩童	er	而（ㄦˊ，ér）
ㄧ	源自“一”字	yi /i	逆（ㄋㄧˋ，nì）
		yin /in	音（ㄧㄣ，yīn）
		ying /ing	英（ㄧㄥ，yīng）
ㄨ	“五”之古字	wu /u	努（ㄋㄨˇ，nǔ）
		wen /un	文（ㄨㄣˊ，wén）
		weng /ong	翁（ㄨㄥ，wēng）
ㄩ	说文解字：“ㄩ（音 qū）卢，饭器，以柳为之。象形”	yu /u/ ü	女（ㄋㄩˇ，nǚ）
		yun /un	韵（ㄩㄣˋ，yùn）
		yong /iong	永（ㄩㄥˇ，yǒng）

注音字母采用古汉字形制，颁布推行之后使汉字有了便捷的注音工具，但是因采用了笔画简单的古汉字，和世界上通行较广的罗马字母不一致，在对外交流方面仍有诸多不便，故而制定能够通行世界的拼音方案，逐渐成为有识之士关注

的焦点。例如,钱玄同①表示:

> 自己固有字母的都有兼用(或竟改用)罗马字母的倾向,这就可见罗马字母已经成为世界通用的字母了。他们虽用罗马字母,而不能完全丢掉自己固有的字母,这是因为他们自己的字母有许多年的历史,一时不容易铲除的原故。中国的字母造得最迟,已在二十世纪第十三年,其实大可不必另造新形,即采用世界通用的罗马字母,岂不甚便!无如当时因有种种障碍,罗马字母不容易通过,结果造成现在这种注音字母。这虽然略有些可惜,然我们应该"成事不说",而且现在和最近的将来,国音的统一和教育的普及,都非靠注音字母不可。所以我们主张应该竭力将它推行,认它为目下识字辨音者适用的工具,绝不学那喜唱高调而不负责任的人们的口吻来抹杀它,推翻它。可是我们与德国的科学派的学者有同样的意见:就是我们固然愿意用注音字母,但同时我们又主张应该兼用罗马字母,将罗马字母作为别体的国音字母。

1926年,由赵元任、刘复、钱玄同、黎锦熙、汪怡、林语堂②等人制定的《国语罗马字拼音法式》颁布,并于1928年再次公布,将原有的注音字母作为"国音字母第一式",而将国语罗马字称为"国音字母第二式"。1931年修订的国音字母对第一式的标调符号做了修改:阴平和轻声无号,阳平用"ˊ",上声用"ˇ",去声用"ˋ",入声用"·"。第二式国语罗马字完全采用国际通用的26个罗马字母,不新增字母、附加符号;用拼法的变化表示声调,其拼调规则稍复杂;实行分词连写。作为国音字母的第二式,国语罗马字的功能仍然是"一切注音之用",并不是文字。

国语罗马字公布之后,赵元任、黎锦熙等人积极推动其传播,出版了用国语罗马字翻译撰写的《国语模范读本》《最后五分钟》《走在镜子里》等,创办了《国语罗马字周刊》并定期发行。以下是黎锦熙在《国语罗马字周刊》上发表的国汉对照的短文《一百年也可以》③:

Ibae-nian yee keeyii

Yeou ren wenn woo: Gwoyeu Romatzyh dwotzan keeyii tongshyng? Woo shuo: ruguoo daytih Hanntzyh, tzoongdeei wuubae-nian how. Jehsh ige liisheangde jong-shuh, inwey Yiguu shiansheng yiiwei jyy yawubae-nian, erl Wu Jyh-huei Shiansheng tserngjing shuo yaw ichian-nian.

Ibae-nian yee keeyii, tzay shao ideal yee keeyii, jiow kann woomende huulih; nuulih bian shu, chubaw, fanyih sanchian-nian lai de jiowjih, fanyih

① 钱玄同:《请组织"国语罗马字委员会"案》,1923,载《钱玄同文集·第三卷》,中国人民大学出版社1999年版,第125-126页。

② 以上六人,皆"数人会"成员。国语罗马字实际上是数人会"开会二十余次,参稽试验,稿凡九易"制定的。(参见黎锦熙1934/2011:198)

③ 黎锦熙:《国语运动史纲》,1934,商务印书馆2011年版,第213-215页。

shyhjieh de mingjuh: chupiin yueh duo, tongshyhg yueh kuay, tsyyway bye wu miawfaa.

Jearu bu nuulih ne? wuubae-nian how, Jonggwo yee yaw gaeyonq pin-in wentzyh de, nah sh tzyhran erl ran, rutorng jeaguu jong-diing wen mannxde bianncherng shiannshyngde kaeshu, shyngshu, tsaoshu, pohtiitzyh iyanq. Buguoh biijeau nah "yeou yihshyh de" gaeger, yaw nonq de luannchibatzau ideal.

Shyhjian ichieh dou sh shann biann de, ige mintzwu de yeuyan wentzyh youchyi shann biann, nii bu yaw te biann, te yee biann, jehsh dah yuantzer.

Ren jy suooyii keeguey jee, jiow tzay jydow mooy-shyh yaw biann, jiow yuhshian jiashanq ideal "yeou yihshyh de" biann. "Ibae-nian yee keehii", jeh jiaw-tzuoh "shian tian erl tian fwu wei"; "wuubae-nian how, Jong-gwo yee yaw gaeyonq pin-in wentzyh de", jeh jiawtzuoh "how tian erl feng tian-shyr" (dou sh *Yihjing* liitou de huah).

一百年也可以

有人问我:国语罗马字多咱可以通行?我说:"如果代替汉字,总得五百年后。这是一个理想的中数,因为疑古先生以为只要一百年,而吴稚晖先生曾经说要一千年。"

一百年也可以,再少一点儿也可以,就看我们的努力;努力编书、出报、翻译三千年来的旧籍,翻译世界的名著,出品越多,通行越快。此外别无妙法。

假如不努力呢?五百年后,中国也要改用拼音文字的,那自然而然,如同甲骨钟鼎文慢慢地变成现行的楷书、行书、草书、破体字一样,不过比较那"有意识的"改革,要弄得乱七八糟一点儿。

世界一切都是善变的,一个民族的语言文字,尤其善变,你不要它变,它也变,这是大原则。

人之所以可贵者,就在知道某事要变,就预先加上一点儿"有意识的"变。"一百年也可以",这叫做"先天而天弗违";"五百年后,中国也要改用拼音文字的",这叫做"后天而奉天时"。(都是《易经》里头的话)

1932年作为标准国音定本的《国音常用字汇》出版发行,明确以北京音为标准,每字以国音字母标出字音和声调,并按注音符号顺序排列,做到"字有定音,音有定调","是1949年以前整理现代汉字成果的集大成者"①,在字量、字形、字音、字序方面第一次建立了现代汉字的官方的规范标准。黎锦熙②评价该字汇"共收

① 费锦昌:《中国语文现代化百年记事》,语文出版社1997年版,第54页。

② 黎锦熙:《国语运动史纲》,1934,商务印书馆2011年版,第278页。

9 920 字，又别体重文[①] 1 179 字，又变音重文[②] 1 120 字，合计 12 219 字，则大似《说文》；又统计全书的国音，有字者凡 411 音，再别四声则得 1 428 音，则大似《中原音韵》”。《国音常用字汇》此后还陆续做过修订。

5. 拉丁化新文字运动

苏联在十月革命后开展了声势浩大的扫盲运动，扫盲的重要方法之一，就是用拉丁字母为苏联境内的一些民族和部族创制或改革文字，甚至曾一度考虑俄文也改用拉丁字母。当时，苏联远东地区有大量中国侨工，他们大多不识字，也成了扫盲运动的对象。为了使中国侨工迅速脱盲，当时在苏联的中国共产党党员瞿秋白、吴玉章、林伯渠、萧三等人会同苏联汉学家决定创造一种用拉丁字母拼写的中文。1929 年，瞿秋白在苏联汉学家郭质生的协助下制订了一个中文拉丁化方案，写成一本小册子《中国拉丁化的字母》。小册子共分为三个部分：第一部分谈汉字的难学和中国文字采用拼音制是否可能；第二部分谈标注声调是否必要；第三部分是拼音方案和拼写法。该方案后又参考其他拼音方案（如注音字母、国语罗马字、高本汉方案等）进行了修订，制定成“中国北方话拉丁化新文字方案”，于 1931 年经全苏新字母中央委员会批准。跟注音符号等明确定位于标注汉字读音的拼音方案不同，这一新的拼音方案被冠以“新文字”之名，定位于文字的意图是较为明确的。

拉丁化新文字方案共使用拉丁字母 23 个，有 21 个声母，6 个单韵母，14 个复韵母和 15 个鼻韵母，区别尖音和团音，不标声调，拼写时不写出舌尖元音，故而书写上相比其他拼音方案更为简单，但由于同音字很多，须分词连写。拉丁化新文字最初公布时只有北方话方案，从 1934 年到 1937 年间，又先后制定了上海话（后改称江南话）、苏州话、无锡话、宁波话、温州话、广州话、潮汕话、客家话、福州话、厦门话（或称闽南话）、湖北话、四川话等方言方案。倪海曙[③]刊载了文例数则，抄录其中三则如下：

（1）北方话拉丁化新文字方案

Zai Deguo

Sanzh chusheng：niu，gou xo lyz，gyeding dao Fasis Deguo ky pungpung ynqi.

Kydao nail de di-itian，niu ziu taoxuilai-la. Ta shuo：“Zhen dao mei! Tamn meijou naijou，ziu cheng-tian zi wod nai!”

Di-rtian，gou ie xuilaila，shuo：“Zhenzheng kijoucli，tamn isheng

① 即异体字。

② 即异读字。

③ 倪海曙：《拉丁化新文字运动的始末和编年纪事》，知识出版社 1987 年版，第 43、45-46、49 页。

iw bu xy wo giao, zhjou Xitler igo ren koji giao."

Lyz meijou xuilai, ta bei liu-xialai dangliao tamnd syanchuanbuzhang.

在德国

三只畜生：牛、狗和驴子，决定到法西斯德国去碰碰运气。

去到那里的第一天，牛就逃回来啦。它说："真倒霉！他们没有奶油，就成天挤我的奶！"

第二天，狗也回来啦，说："真正岂有此理，他们一声也不许我叫，只有希特勒一个人可以叫。"

驴子没有回来，它被留下来当了他们的宣传部长。

(2) 江南话拉丁化新文字方案

Sin Vensh Gu

Sin Vensh, zen bhiedong.
Hoqhuez shmu daq pin'in,
Koe s feq iao ngin siangbong.
Haeho tungtung siadeceq,
Gung-nung huedeq zu wenzong.

新文字歌

新文字，真便当。
学会仔字母搭拼音，
看书弗要人相帮。
闲话统统写得出，
工农会得做文章。

(3) 广州话拉丁化新文字方案

Sen Menzi Go
Sen menzi, zen xae xou!
Mloen nei gei dai,
Mloen nei gei lou,
Loenq-go yd,
Bao nei xogdegdou!
Sen menzi, zen xae xou!
Junqi xogdegsig,
Junqi geideglou,
Msae geido cin,
Wun go sen taunou!

新文字歌
新文字,真系好!
唔论你几大,
唔论你几老,
两个月,
包你学得到!
新文字,真系好!
容易学得识,
容易记得牢,
唔使几多钱,
换个新头脑!

拉丁化新文字制定后,中国共产党成为倡导新文字的主要力量。各界进步人士如鲁迅、蔡元培、宋庆龄、茅盾、郭沫若、陶行知、徐特立、陈望道等都表示支持这一新文字。鲁迅说,"和提倡文言的开倒车相反,是目前的大众语文的提倡,但也还没有碰到根本的问题:中国等于并没有文字。待到拉丁化的提议出现,这才抓住了解决问题的紧要关键"①;"这回的新文字却简易得远了,又是根据于实生活的,容易学,有用,可以用这对大家说话,听大家的话,明白道理,学得技艺,这才是劳苦大众自己的东西,首先的唯一的活路"②。

上海、北京、广州、香港、广西、陕甘宁边区、敌后抗日根据地、解放区等积极采

① 鲁迅:《中国语文的新生》,1934,载《鲁迅论文字改革》(原收入《且介亭杂文》),文字改革出版社 1974 年版,第 36-38 页。

② 鲁迅:《关于新文字——答问》,1934,载《鲁迅论文字改革》(原收入《且介亭杂文》),文字改革出版社 1974 年版,第 39-41 页。

取措施宣传推广新文字，如出版发行各种拉丁化新文字教材、读物，开办识字班、学习班等，在普通民众中利用拉丁化新文字扫盲。陕甘宁边区政府甚至正式布告，从 1941 年 1 月 1 日起，新文字与汉字有同等法律地位；一切上下公文、买卖账目、文书单据等，用新文字与用汉字同样有效；政府的一切法律布告，一律新文字与汉字并用。毛泽东为延安《Sin Wenz Bao》(《新文字报》)题词“切实推行，愈广愈好”①，边区的钞票、邮票都印上新文字，小学一年级课本也改用新文字。

拉丁化新文字由于简单好学，受到劳苦大众的欢迎，不少青年学生、青年工人甚至知识分子也开始热烈地支持新文字。有学者评价，“拉丁化在国内推行有年，成效卓著，最近上海难民收容所试验结果非常圆满，平素不识字之难民，学习一月，即能阅读，学习两月，即能书写，收效之速，远胜直接教授汉字”②。蔡元培 1939 年为香港新文字学会题字道：“扫除文盲，愈速愈妙，其所用之工具，愈简愈妙；香港新文字学会所利用之新文字简矣，其有速效，盖无可疑。”③1949 年之后，拉丁化新文字完成了它的历史使命，汉语拼音化运动则进入新的时期。

单元测验 2

一、判断题

1. 汉语最早的拼音方案，出现于 18 世纪，都是由在中国工作和生活的西方人创制的。
2. 钱玄同提出废除汉语、汉字，代之以世界语或英语、法语的主张，由于太激进而未获得大多数人的支持。
3. 利金方案是历史上第一个用罗马字母拼写汉语的方案。
4. “太极”一词，目前英语世界广泛拼写为 Taiji。
5. 切音字运动受到的主要质疑是“有妨汉字，分裂语言”，其中最为敏感的就是新字与旧字的关系问题。

二、单选题

1. 汉语拼音化运动，从 1892 年________发明切音新字开始。
   A. 章太炎　　B. 卢戆章　　C. 马礼逊　　D. 翟理斯
2. 倪海曙将中国文字改革的历史分为________个时期。
   A. 二　　B. 三　　C. 四　　D. 五
3. ________是最早的汉语拼音方案，成为汉语拉丁字母拼音的源头，为清末切音字运动的兴起做了铺垫。
   A. 威妥玛拼音　　B. 邮政式拼音　　C. 利金方案　　D. 马礼逊方案

---

① 倪海曙：《拉丁化新文字运动的始末和编年纪事》，知识出版社 1986 年版，第 26 页。
② 倪海曙：《拉丁化新文字运动的始末和编年纪事》，知识出版社 1986 年版，第 18 页。
③ 倪海曙：《拉丁化新文字运动的始末和编年纪事》，知识出版社 1986 年版，第 24 页。

4. ________是第一个为汉语发明拼音方案的中国人。

A. 王照　　B. 劳乃宣　　C. 章太炎　　D. 卢戆章

5. 清朝末年的切音字运动中，________的注音方案对后来的注音符号有较大启发，影响较大。

A. 王照　　B. 劳乃宣　　C. 章太炎　　D. 卢戆章

6. 1906 年，在________举行的帝国邮电联席会议对中国地名的拉丁字母拼写法进行了统一和规范。

A. 南京　　B. 北京　　C. 武汉　　D. 上海

7. 1932 年，作为标准国音定本的________出版发行。

A.《国音常用字汇》　　B.《国语模范读本》

C.《国语罗马字周刊》　　D.《国语罗马字拼音法式》

8. 拉丁化新文字最初公布时只有________方案。

A. 苏州话　　B. 北方话　　C. 上海话　　D. 南京话

9. 陕甘宁边区政府正式布告，从________起，新文字与汉字有同等法律地位。

A. 1940 年 1 月 1 日

B. 1941 年 1 月 1 日

C. 1942 年 1 月 1 日

D. 1943 年 1 月 1 日

10. 1929 年，________在苏联汉学家郭质生的协助下写成一本小册子《中国拉丁化的字母》。

A. 章太炎　　B. 卢戆章　　C. 瞿秋白　　D. 黎锦熙

三、多选题

1. 汉语的拼音方案中，影响较大的包括________。

A. 威妥玛拼音　　B. 利金方案　　C. 马礼逊方案　　D. 邮政式拼音

2. 关于注音字母说法正确的是________。

A. 采用古汉字形制

B. 与世界上通行较广的罗马字母一致

C. 使汉字有了便捷的注音工具

D. 对外交流方面仍有诸多不便

3. 拉丁化新文字制定后，得到了以下进步人士________的支持。

A. 鲁迅　　B. 蔡元培　　C. 赵元任　　D. 陈望道

4. 目前在西方语言中仍广泛使用的威妥玛式拼音译名有________。

A. Kungfu　　B. Peking University

C. Yangzi River　　D. I Ching

5. 拉丁化新文字的优点是________。

A. 书写更为简单　　　　B. 简单好学，受欢迎
C. 有利于扫盲　　　　D. 能够区分同音字

四、填空题

1. 由于金尼阁的方案是在利玛窦方案的基础上修改的，所以后世将两者合称为“________”。
2. 自1912年起，历经十余年，最终形成了________。
3. 最早的汉英字典《________》，成为日后汉英字典编纂之圭臬。
4. Tsingtao 指的是________(商标)。
5. Peking University 指的是________。
6. 拉丁化新文字方案共使用拉丁字母________个。
7. 汉字重在形，形体固定，不易弄错；拼音文字重在音，区分汉语中的________成为汉语拼音化的一大难题。
8. 汉语最早的拼音方案多由西方人创制，目的主要是帮助________宣传教义，或便于驻华外交官学习汉语。
9. 在西方人使用拉丁字母为汉字注音以前，汉字注音使用较多的是“________”法。
10. “五四”时期，人们认为解决汉字落后问题的方案是实现汉语的________。

五、思考题

1. 阅读并评论以下文字。

　　以前黎劭西(黎锦熙)先生曾用注音字母写日记，听说到后来连他自己也看不懂。这仅是一种传说，是否实有其事，不得而知，但从事理推测，可能有此实事。为什么？汉字重在形，形体固定，不易弄错；拼音文字重在音，音当然也是约定俗成，可以固定的。那么劭西先生自己所写的日记为什么自己会看不懂呢？我想这可能由于黎氏是从旧社会过来的人，对于文言已有较深的根基，一时不易摆脱，不免沿用一些文言语句。只须文言白话互相杂糅，那么自己写的日记，完全用拼音文字纪录，很可能造成这种现象的。①

2. 试将课文中用国语罗马字或拉丁化新文字写成的短文改写成汉语拼音。讨论汉语是否会如《一百年也可以》所说，在一百年、五百年或者一千年之后实现拼音化。

① 郭绍虞：《我对文字改革问题的某些看法》，1982，载《照隅室语言文字论集(第二版)》，上海古籍出版社2009年版，第368-373页。

第三章
汉语拼音方案

1. 本章提要

1949年中华人民共和国成立后，汉语拼音化运动在新形势下继续推进。国家对语言文字工作非常重视，也非常支持，形成了政府主导、声势浩大的文字改革运动。文字改革有三项具体任务，它们是简化汉字、推广普通话、制订和推行汉语拼音方案。这三项任务均与我们息息相关。

汉语拼音是小学语文教育必修的内容。《汉语拼音方案》1958年正式颁布，是我国汉语拼音化运动的重大成果，制订时充分借鉴了前人的种种方案，严肃而审慎，代表了当时的最高水平。这个方案一经颁布，立刻受到欢迎，得到广泛应用。

周有光先生为研制汉语拼音方案做出很大贡献，他提出汉语拼音方案有“三不是”的原则：汉语拼音不是汉字的拼形方案，而是汉语的拼音方案；不是方言的拼音方案，而是普通话的拼音方案；不是文言的拼音方案，而是白话的拼音方案。这三条原则集中反映了汉语拼音方案设计的初衷和功能定位。第一个“不是”回答了拼音和汉字的关系问题，这是所有拼音方案都必须面对的问题，也是充满争议的问题。从这个原则看，《汉语拼音方案》设计的初衷很清晰——它直接为汉语服务，不是汉字的注音工具。至少从《汉语拼音方案》最初的设想来看，它是一套要取代汉字的拼音文字。第二个和第三个“不是”说明汉语拼音方案使用的范围。如果汉语拼音方案最终能发展为成熟的拼音文字，取代了汉字，方言和文言的命运将会如何？会不会出现方言消亡、大家都看不懂古籍的局面呢？

汉语拼音方案颁布至今，尚未发展成完善的拼音文字。汉语拼音方案要发展为拼音文字，最大的障碍在于解决同音字、同音词的混淆问题。使用拼音文字的语言，区别意义的功能基本完全由语音承担。而汉字以形表意，字形分担了相当一部分区别意义的功能，所以，语音区别意义的功能比较弱。结果就是汉语同音字、近音字现象非常普遍，如果不使用汉字，非常容易混淆。汉语双音化能解决大部分同音字问题，但是仍有一些同音的双音词，同样容易混淆，只能依赖语境或者增加冗余信息来消除歧义。

用拼音拼写汉语，不能拼写单个的字，而要拼写“词”，才能尽可能减少同音字、近音字造成的意义混淆。这就需要明确定义汉语的“词”。然而，“词”不是汉语天然的、固有的单位，而是一个“舶来品”，在汉语中确定“词”并不容易。《汉语拼音正词法基本规则》是拼写汉语词的规则，颁布多年，推行的效果并不好，甚至很多人并不知道有这套规则，根本的原因在于“什么是词”的问题没有解决。而这个问题不解决，汉语拼音想要发展为拼音文字，也是很困难的。

虽然汉语拼音方案最初是作为拼音文字来设计的，但是实际使用的时候，一般民众都把它当作汉字的注音工具。从目前的情况看，汉语拼音方案能完全实现汉字注音的功能，但是离拼音文字还有相当大的差距，仍有关键的技术问题没能解决。2017年，教育部统一组织新编的小学语文教材(又称“部编本”教材)，一改此前小学生入学先学拼音的做法，把汉字学习提到了拼音学习的前面。教材总主编温儒敏指出，这个顺序的改变是别有意味的：“把汉语、汉字摆回到第一位，而拼音只是辅助学汉字的工具，不是目的”①。

2. 汉语拼音的诞生和“三不是”原则

2.1 《汉语拼音方案》的制订

1952年中国文字改革研究委员会成立以后，设计制订一套全国统一的新拼音方案就提上了工作日程，至1958年第一届全国人民代表大会第五次会议正式批准《汉语拼音方案》，历时6载，反复论证，数易设计方案，其制订是一个严肃认真、谨慎探索的过程。王均②在总结《汉语拼音方案》制订的过程时说：

> 《汉语拼音方案》的制定，经过了由下而上和由上而下多次反复推敲、审订的过程：先由文改会拼音方案委员会起草，再由文改会核定，再由全国各级政协讨论，再由国务院拼音方案审订委员会审订，再由国务院全体会议通过，最后由全国人民代表大会批准。制定步骤如此郑重，征求意见范围如此广泛，参加拟订的专家学者如此众多，参考了数量如此众多的各种方案，无怪乎大家一致认为《汉语拼音方案》是拼写汉语的最佳方案。

由此，王均③认为，这个方案是三百多年来拼音字母运动的结晶，是六十年来中国人民创造拼音方案的总结，它的诞生是中国文字改革史上的一个里程碑。

在《汉语拼音方案》制订过程中，关于采用何种字母形式的问题，人们进行了长期的思考和讨论。毛泽东早在中华人民共和国成立初期就提出了《汉语拼音方

① 杨丽娜，程宏毅：《新教材来了！中小学教材古诗文比例飙升》，引自中国共产党新闻网，http://cpc.people.com.cn/n1/2017/0906/c64387-29519782.html，登录日期2020年8月1日。

②③ 王均：《当代中国的文字改革》，当代中国出版社1995年版，第222-223页。

案》要采用“民族形式”的字母，苏联方面的语言学专家提出应该采用俄文字母，而经过反复权衡比较，最终决定采用罗马字母。胡乔木[①]在回忆这段历史时说：

> 最初毛主席曾经主张过要采用民族形式即汉字形式的方案，吴玉章和丁西林先生都曾拟订过汉字形式的方案。可是经过反复的、详细的考虑，一方面是文字改革委员会的多数委员不同意汉字形式的方案，另一方面，社会上很多人士也都倾向于采用罗马字母，毛主席和周总理这才下定决心，决定采用罗马字母即拉丁字母的汉语拼音方案，放弃汉字形式的方案。这里有一个非常明显、非常有力的理由，就是这样的字母在世界上通行比较方便。采用其他形式的字母，很难取得各方面都能满意的、使用起来比较合理、比较可行的结果。

《汉语拼音方案》制订过程中另一个值得注意的问题是，1956年中国文字改革委员会(简称“文改会”)提出的第一个草案原定名称为《汉语拼音文字方案(草案)》，在正式发表时，删去了“文字”二字。对此改动，吴玉章[②]在报告中表示：

> 现在我们提出讨论的是“拼音方案”，还不是“拼音文字方案”。拼音方案的主要内容是字母表和字母的读写方法。有了拼音方案将来就有可能根据这个拼音方案来拟订拼音文字方案。但是拼音方案和拼音文字方案到底是两回事。……从世界各国文字的发展规律来看，我国迟早是要改用拼音文字的，因为这是世界文字的共同方向。我们将来总有一天会实行拼音文字，但是从现在起到实行拼音文字还有一段过渡时期。因为，实行拼音文字固然有很多好处，但是也有不少困难：我国方言的分歧很大；我国长期使用汉字，大家还没有养成拼音的习惯；汉语中存在不少同音词、成语和文言成分，写成拼音文字的时候还有一些困难。现在我们有了一套拼音方案，就可以用来作为拼音文字的试验和试用的工具，在实践中来逐步地研究解决这一些困难。只有经过系统的、全面的试验，以上所说的各种困难已经解决，实行拼音文字的条件已经成熟，各项实验证明拼音文字确实在各方面都比汉字好——只有到了那个时候，我们才能提出拼音文字的方案。

周有光[③]在回忆拼音方案制订过程时表示：

> 方案的名称从《汉语拼音文字方案》改为《汉语拼音方案》，删除“文字”二字。这在拼音方案委员会中没有引起争论。因为委员们都认为，叫它“文字”，它也不可能代替汉字；不叫它“文字”，它也有文字的性质。

---

① 《胡乔木传》编写组编：《胡乔木谈语言文字》，人民出版社1999年版，第278页。

② 吴玉章：《关于汉语拼音方案(草案)——在政协全国委员会常务委员会第十八次会议(扩大)上的报告》，载《文字改革文集》，中国人民大学出版社1956年版，第118-127页。

③ 周有光：《回忆汉语拼音方案的制订过程》，1998，载《周有光语言学论文集》，商务印书馆2004年版，第181-188页。

从一套字母到成为公认的文字，是一个长期的历史发展过程。这不是几十年的事情，而是几百年甚至更长时间的事情。日本虽然让日语罗马字取得法定地位，但至今也没有在日本成为通用的文字。与其有文字之名而无文字之实，不如有文字之实而无文字之名。

苏培成①在评论删改时说：

我们知道《汉语拼音方案(草案)》并没有规定汉语拼音正词法，没有分词连写、同音词分化等内容，够不上拼音文字方案。直到现在还有人借拟订拼音方案时删去“文字”二字做文章，说汉语拼音化失败了，这并不符合事实。

2.2 《汉语拼音方案》的内容

1958 年，全国人民代表大会通过了《汉语拼音方案》，拼写以北京语音为标准的普通话，采用音素化的音节结构，内容包括：

一、字母表

字母：	Aa	Bb	Cc	Dd	Ee	Ff	Gg
名称：	ㄚ	ㄅㄝ	ㄘㄝ	ㄉㄝ	ㄜ	ㄝㄈ	ㄍㄝ
	Hh	Ii	Jj	Kk	Ll	Mm	Nn
	ㄏㄚ	ㄧ	ㄐㄧㄝ	ㄎㄝ	ㄝㄌ	ㄝㄇ	ㄋㄝ
	Oo	Pp	Qq	Rr	Ss	Tt	
	ㄛ	ㄆㄝ	ㄑㄧㄡ	ㄚㄦ	ㄝㄙ	ㄊㄝ	
	Uu	Vv	Ww	Xx	Yy	Zz	
	ㄨ	ㄪㄝ	ㄨㄚ	ㄒㄧ	ㄧㄚ	ㄗㄝ	

v 只用来拼写外来语、少数民族语言和方言。

字母的手写体依照拉丁字母的一般书写习惯。

二、声母表

b	p	m	f	d	t	n	l
ㄅ玻	ㄆ坡	ㄇ摸	ㄈ佛	ㄉ得	ㄊ特	ㄋ讷	ㄌ勒
g	k	h		j	q	x	

① 苏培成：《当代中国的语文改革和语文规范》，商务印书馆 2010 年版，第 257 页。

ㄍ哥	ㄎ科	ㄏ喝		ㄐ基	ㄑ欺	ㄒ希
zh	ch	sh	r	z	c	s
ㄓ知	ㄔ蚩	ㄕ诗	ㄖ日	ㄗ资	ㄘ雌	ㄙ思

在给汉字注音的时候，为了使拼式简短，zh ch sh 可以省作 ẑ ĉ ŝ。

三、韵母表

	i ㄧ 衣	u ㄨ 乌	ü ㄩ 迂
a ㄚ 啊	ia ㄧㄚ 呀	ua ㄨㄚ 蛙	
o ㄛ 喔		uo ㄨㄛ 窝	
e ㄜ 鹅	ie ㄧㄝ 耶		üe ㄩㄝ 约
ai ㄞ 哀		uai ㄨㄞ 歪	
ei ㄟ 欸		uei ㄨㄟ 威	
ao ㄠ 熬	iao ㄧㄠ 腰		
ou ㄡ 欧	iou ㄧㄡ 忧		
an ㄢ 安	ian ㄧㄢ 烟	uan ㄨㄢ 弯	üan ㄩㄢ 冤
en ㄣ 恩	in ㄧㄣ 因	uen ㄨㄣ 温	ün ㄩㄣ 晕
ang ㄤ 昂	iang ㄧㄤ 央	uang ㄨㄤ 汪	
eng ㄥ 亨的韵母	ing ㄧㄥ 英	ueng ㄨㄥ 翁	
ong ㄨㄥ轰的韵母	iong ㄩㄥ 雍		

(1) "知、蚩、诗、日、资、雌、思"等七个音节的韵母用 i，即：知、蚩、诗、日、资、雌、思等字拼作 zhi，chi，shi，ri，zi，ci，si。

(2) 韵母儿写成 er，用作韵尾的时候写成 r。例如："儿童"拼作 ertong，"花儿"拼作 huar。

(3) 韵母ㄝ单用的时候写成 ê。

(4) i 行的韵母，前面没有声母的时候，写成 yi（衣），ya（呀），ye（耶），yao（腰），you（忧），yan（烟），yin（因），yang（央），ying（英），yong（雍）。u 行的韵母，前面没有声母的时候，写成 wu（乌），wa（蛙），wo（窝），wai（歪），wei（威），wan（弯），wen（温），wang（汪），weng（翁）。ü 行的韵母，前面没有声母的时候，写成 yu（迂），yue（约），yuan（冤），yun（晕）；ü 上两点省略。ü 行的韵母跟声母 j，q，x 拼的时候，写成 ju（居），qu（区），xu（虚），ü 上两点也省略；但是跟声母 l，n 拼的时候，仍然写成 lü（吕），nü（女）。

(5) iou，uei，uen 前面加声母的时候，写成 iu，ui，un。例如 niu（牛），gui（归），lun（论）。

(6) 在给汉字注音的时候，为了使拼式简短，ng 可以省作 ŋ。

四、声调符号

阴平	阳平	上声	去声
ˉ	ˊ	ˇ	ˋ

声调符号标在音节的主要母音上。轻声不标。例如：

妈 mā	麻 má	马 mǎ	骂 mà	吗 ma
阴平	阳平	上声	去声	轻声

五、隔音符号

a，o，e 开头的音节连接在其他音节后面的时候，如果音节的界限发生混淆，用隔音符号（'）隔开，例如 pi'ao（皮袄）。

语言文化探索

2.3 《汉语拼音方案》"三不是"的原则

周有光[①]指出，《汉语拼音方案》有"三不是"原则，即：它不是汉字的拼形方案，而是汉语的拼音方案；不是方言的拼音方案，而是普通话的拼音方案；不是文言的拼音方案，而是白话的拼音方案。这三条原则既是《汉语拼音方案》的特点，同时也表明了该方案使用的限度。

对于拼音的作用和地位，从汉语拼音化运动开始，就存在两种不同的意见：作为汉字注音的工具和作为拼写汉语的拼音文字。两者的地位和作用是不同的，具体如下：

作为注音工具的拼音是为汉字服务的，和汉语之间的关系是间接的；它能方便地标注汉字的读音，弥补汉字以形表意、不便表音的缺点。而作为拼音文字的拼音，是拼写汉语的文字，和汉语直接发生联系；它和汉字之间不是从属关系，而是两套并行的文字系统。激进的文字改革派在制订拼音方案的时候，往往抱着以拼音文字取代汉字的愿望，希望中国废除"落后"的汉字，从而走上"世界共同的拼音文字道路"。而认同汉字作用的"保守"派人士，认为拼音文字并不代表世界文

① 周有光：《汉语拼音方案基础知识》，语文出版社 1995 年版，第 16 页。

字共同的发展方向，汉字虽有缺点，却也是价值巨大的文字类型，中国不应该废除汉字，故而仅支持将拼音用作汉字注音的工具。双方在一百多年的汉语拼音化运动史上，始终相互较量，甚至发生激烈的意见冲突。

参与文字改革的主将们，不少属于拼音文字派，他们是积极推动汉语拼音和汉字平起平坐，甚至取代汉字的主要力量。然而，现有的《汉语拼音方案》距离拼音文字的要求，尚有一些重要的技术问题没有解决，其中最棘手的就是汉语中数量巨大的同音字和同音词问题。汉语有 1 300 个音节（含四声），而汉字有上万个，这就使同音字、近音字非常普遍。汉字通过字形能有效地区分同音字，如“青”“清”“氰”“蜻”“氢”“轻”“倾”等，用汉字很好区别，而如果改用拼音，则完全无法区分。我们在口语中，也常利用汉字的字形对同近音字加以区分，如“我姓立早章，不是弓长张”。汉语出现双音化的趋向之后，人们可以较多地利用双音词对同近音字进行区别，然而现代汉语虽然双音词占优势，但同音双音词仍然比比皆是，如“越剧”和“粤剧”，“原件”“元件”和“援建”，“期中考试”和“期终考试”，“烯酸”“硒酸”和“稀酸”等，如果改写成拼音，则完全看不出差别，只靠上下文恐怕无法将歧义降低到语言社团可接受的范围。

要推行拼音文字，一个必然的选择就是要加大汉语双音词、多音词的比重，少用单音词。有文改专家提出，应该树立新的语文规范，限制汉语单音词的使用。例如“以钢为纲”应该改为“以钢铁为纲领”才行。

3. 汉语拼音正词法

用汉语拼音拼写汉语，需要仿照西方文字的书写规范，实行分词连写，在词和词之间插入空格，否则拼音文字将难以辨认，造成阅读困难。1958 年颁布的《汉语拼音方案》解决的是音节的拼写，没有将词的拼写，即正词法纳入。1988 年，国家教委和国家语委[①]发出《关于公布〈汉语拼音正词法基本规则〉的联合通知》；1996 年，《汉语拼音正词法基本规则》被国家技术监督局认定为中华人民共和国国家标准（GBT 16159—1996）。这一正词法主要解决的问题是词的拼写，规定“拼写普通话基本上以词为书写单位”[②]，而同音词的处理则不列入其考虑的范围。以下是从《汉语拼音正词法基本规则》中摘录的一些例子：

① 1985 年 12 月，中国文字改革委员会更名为国家语言文字工作委员会，简称“国家语委”，仍属国务院直接领导。1993 年，国家语委并入国家教育委员会（简称“国家教委”）；1998 年，国家语委隶属教育部。

② 《汉语拼音正词法基本规则》，载王均主编《当代中国的文字改革》，当代中国出版社 1995 年版，第 734-747 页。

晶体管功率放大器	jīngtǐguǎn gōnglǜ fàngdàqì
中华人民共和国	Zhōnghuá Rénmín Gònghéguó
研究生院	yánjiūshēngyuàn
古生物学家	gǔshēngwùxuéjiā
山上	shān shàng
天上	tiānshang

从以上数例可以看出,汉语拼音正词法对于一般语言社团来说,较难掌握。在一般人的语感中,"中华人民共和国""晶体管功率放大器"和"研究生院""古生物学家"在构造上并没有明显的区别,而前者看成由数个词组成的短语,需要分写,后者则作为一个词全部连写。"山上"看作两个词,而"天上"则处理成一个词。正词法还规定,动词和宾语要分开写,故而"吃鱼"要写成 chī yú。那么"吃饭"和"钓鱼"呢,是一个词还是两个词？"走路""上班""打球""回家"这样汉语社团普遍作为一个词看待的表达法,也需要处理为两个词吗？对于外来的人名、地名,正词法则直接采用来源语中的拼写方式,如"华盛顿"写为 Washington,这要求语言社团粗略了解几门外语(或少数民族语言)中的常用人名、地名的拼读规则。可以想见,文化程度较高的人要想掌握这套正词法规则都不是件容易的事,对于文化程度较低的人来说,则难上加难。正词法颁布之后,社会的接受度并不很高,苏培成①对此有如下的论述:

> 《汉语拼音正词法基本规则》自 1988 年由国家教委和国家语委公布后,进入了推行时期。到 2008 年,已经过了 20 年,推行的情况并不十分理想。它不像《汉语拼音方案》那样为社会各界所广泛了解,到现在还有许多人不知道有这个规则。在城市的各种公示牌、广告牌上看到的汉语拼音,有的是一长串字母连在一起,没有分词;有的是一个音节一个音节地全部分开,像汉字一样。

我们认为,汉语拼音正词法制定困难、推行不力的根源,在于汉语中"词"的界定存在困难。

4. 汉语"词"的概念

汉语"词"的概念,实际上是西方的"舶来品",将西方语言 word 的概念照搬到汉语中来。这种先有概念和定义、后找实体的做法给汉语社团带来的困难是:很难在面对真正的汉语材料时确定什么是汉语的词。例如:

① 苏培成:《当代中国的语文改革和语文规范》,商务印书馆 2010 年版,第 572 页。

北京大学语言文字工作委员会	睡觉
同步回旋加速器	踢球
核磁共振波普学	走路
高等教育入学考试	白马

按照严格的句法标准，以上示例中左边的都是词，而右边的则是由两个词组成的短语，这和一般人的语感是矛盾的。汉语中还有一个有趣的“离合词”现象，即有些一般作为一个词的表达，特别是在现行汉语语法体系中定义为单纯词①的某些表达，却能插入其他成分拆分开来使用：

幽默	幽他一默
慷慨	慷他人之慨
滑稽	滑天下之大稽
鞠躬	鞠了三个躬
咳嗽	咳了两声嗽

葛本仪②在讨论“什么是词”这一问题时，指出“我们只能确定词是造句的最小单位，却难以从实践中证明”。周上之③指出，“经营百年的汉语语法大厦根基不牢、后院起火，正是由于语法体系的中心概念‘词’这个‘舶来品’被渐渐掏空了，仅仅剩下一个空壳子，填在里面的东西与它的原产物风马牛不相及”。从 20 世纪初汉语学者开始使用词的概念以来，经过了一个世纪的研究，词在汉语中究竟是什么，仍然尚未得出一个在理论上令人信服、在实践上便于操作的结论。

为什么汉语的词如此难以界定呢？这是因为汉语本来没有“词”这一概念，词不是汉语天然的语言单位。赵元任④指出，“词”是汉语中不存在的实体，“在说英语的人谈到 word 的大多数场合，说汉语的人说到的是‘字’”；“汉语是不计词的，至少直到最近还是如此。在中国人的观念中，‘字’是中心主题，‘词’则在许多不同的意义上都是辅助性的副题”。吕叔湘⑤认为，“词”在欧洲语言里是现成的，汉语恰好相反，现成的是“字”：

> 汉语里的“词”之所以不容易归纳出一个令人满意的定义，就是因为本来没有这样一种现成的东西。其实啊，讲汉语语法也不一定非有“词”不可。……讲汉语语法，也许“词”不是绝对必要，可是从语汇的角度看，现代汉语的语汇显然不能再以字为单位。用汉字写汉语，这个问题还不

① 单纯词是由一个语素构成的词。语素是最小的语言单位，是不可再分割的，即单纯词不可分割。

② 葛本仪：《汉语词汇学》，山东大学出版社 2003 年版，第 6-10 页。

③ 周上之：《汉语离合词研究——汉语语素、词、短语的特殊性》，上海外语教育出版社 2006 年版，自序。

④ 赵元任：《汉语词的概念及其结构和节奏》，1975，载潘文国、杨自俭主编《共性 · 个性 · 视角——英汉对比的理论与方法研究》，上海外语教育出版社 2008 年版，第 60-75 页。

⑤ 吕叔湘：《字、词、句》，1980，载《吕叔湘文集第五卷 · 语文常谈》，商务印书馆 2004 年版，第 36-45 页。

十分显露；如果改用拼音文字，这个问题就非常突出了。

由此可见，“词”这个概念之所以必要，是为实现汉语拼音化的目标：只有汉语“词”的概念明确了，才能制定出行之有效的正词法，汉语拼音才能成为真正的拼音文字。

积极推广拼音文字的努力在国语运动时期就受到过很大的阻力。注音字母在正名为“注音符号”，并颁令表明其功能仅限于为汉字注音之后，才获得公众接受而快速推广开来。《汉语拼音方案》在制订及推广的过程中，在注音、推广普通话、扫盲、通信、检索排序等领域的使用都广受欢迎，而将其作为（准）拼音文字的努力则遭到不少质疑，在知识分子中尤其强烈。1957 年，《光明日报》和《文汇报》发表了一些针对文字改革的讨论文章，掀起了一场关于文字改革的辩论。例如，文字学家陈梦家[①]呼吁成立一个文字学研究所，要重点“研究汉字怎么教”。文字学家唐兰[②]表示，“我始终坚持中国文字有很大的优点，它的繁复难学等缺点是可以逐渐克服的”；“农民也喜欢汉字，过年也要贴春联、福字，结婚要贴喜字，如果把这些都用拉丁化代替，总会格格不入”。科学院编辑出版委员会的青年工作人员陶坤[③]说，“没有理由可以断言‘象形文字一定就落后于拼音文字’，也没有理由说‘文字都要发展成为拼音文字’”，“汉字的存在就是文字并不都要发展成为拼音文字的例证”。由于质疑和反对声音的存在，1958 年周恩来在政协全国委员会举行的报告会上发表了《当前文字改革的任务》[④]的报告，坚持相当谨慎的立场：

> 首先，应该说清楚，《汉语拼音方案》是用来为汉字注音和推广普通话的，它并不是用来代替汉字的拼音文字。……还有一个问题是大家都关心的，这是汉字的前途究属如何的问题。汉字在历史上有过不可磨灭的功绩，在这一点上我们大家的意见都是一致的。至于汉字的前途，它是不是千秋万岁永远不变呢？还是要变呢？它是向着汉字自己的形体变化呢？还是被拼音文字代替呢？它是为拉丁字母式的拼音文字所代替，还是为另一种形式的拼音文字所代替呢？这个问题我们现在还不忙作出结论。但是文字总是要变化的，拿汉字过去的变化就可以证明。将来总要变化的。而且可以说，世界各个民族的文字形式将来总有一天会逐渐统一，甚至语言最后也会逐渐统一。人类的语言文字发展的最后趋势是逐渐接近，到最后也许就没有多大区别了。这种理想不是坏的，而是好的。至于用什么方案，现在不忙把它肯定。关于汉字的前途问题，大家有不同的意见，可以争鸣，我们在这里不打算多谈，因为这不属于当前文字改革任务的范围。

人们争议的焦点在于，《汉语拼音方案》是否会成为拼音文字而取代汉字，周

①②③ 转引自倪海曙：《文改鸣放录》，载《1957 年文字改革辩论选辑》，新知识出版社 1958 年版，第 1-45 页。
④ 周恩来：《当前文字改革的任务》，1958，载王均主编《当代中国的文字改革》，当代中国出版社 1995 年版，第 556-569 页。

恩来的报告没有正面回答这个问题。这一搁置争议的表态，在其后的数十年间被视作对这一问题的官方回答。中华人民共和国成立后，在中国政府发表的正式文件中，均没有“废除汉字”的表述。周有光评价说，“这是切合实际的政策，避免无谓的争论”①；“‘五四’以来一直有人写文章主张废除汉字，这是个人的文改思想，个人的文改思想跟政府的文改政策，不可混为一谈”②。同时，推动《汉语拼音方案》发展文字功能的努力仍在继续。2000 年，中国颁布了《中华人民共和国国家通用语言文字法》，其中第十八条规定：国家通用语言文字③以《汉语拼音方案》作为拼写和注音工具。

《汉语拼音方案》的文字性功能通过“拼写”国家通用语言文字的条款，以国家法律的形式得以确认。

5. 作为“普通话的拼音方案”

《汉语拼音方案》拼写的是现代汉民族的共同语——普通话，采用北京语音为标准。但在其制订的过程中，是否要加入拼写方言的成分，则是争论的问题之一。例如北京音系里没有入声，而南方方言中舒声入声的对立则仍然较为普遍。下面的两行词语里加点的字用普通话读起来完全一致，但在上海话里读音不同：第一行加点的字读音悠长，是舒声，第二行加点的字读音急促，是入声。

舒声：	枯萎	摆动	关闭	欺负	住房
入声：	大哭	一百	墙壁	七十	建筑

古代不少诗词作品都采用了入声韵，如宋代词人李清照著名的《声声慢》：

寻寻觅觅，冷冷清清，凄凄惨惨戚戚。
乍暖还寒时候，最难将息。
三杯两盏淡酒，怎敌他、晚来风急？
雁过也，正伤心，却是旧时相识。

满地黄花堆积，憔悴损，如今有谁堪摘？
守着窗儿，独自怎生得黑？
梧桐更兼细雨，到黄昏、点点滴滴。
这次第，怎一个愁字了得？

这首词采用了阴入声韵，不仅语调急促而且调值最低，有效地配合渲染了全

① 周有光：《回忆汉语拼音方案的制订过程》，1998，载《周有光语言学论文集》，商务印书馆 2004 年版，第 181-188 页。

② 周有光：《关于文字改革的误解和理解》，1982，载《周有光语言学论文集》，商务印书馆 2004 年版，第 45-52 页。

③ 该法第二条“本法所称的国家通用语言文字是普通话和规范汉字”。

词低沉阴郁的情调。

又如北京音里没有尖团音的区分，而不少方言中则区分尖团音，这也是制订《汉语拼音方案》时争议的一个焦点。所谓尖音，就是声母 z、c、s 和 i、ü 或 i、ü 起头的韵母相拼的音；而团音是声母 j、q、x 和 i、ü 或 i、ü 起头的韵母相拼的音。以下的这些汉字普通话读音一致，但在一些南方方言、京剧昆曲等戏曲中仍保留了尖团两种不同的读音：

尖音：	尖	千	先	箭
团音：	兼	牵	掀	剑

现代中国历史上关于民族通用语的语音标准问题，曾有著名的新老国音之争。1913 年读音统一会审定的国音是保留入声、区分尖团的“老国音”。1919 年公布的《国音字典》的训令①表明：

> 北京音中所含官音比较最多，故北京音在国音中适占极其重要之地位；《国音字典》中所注之音，什九以上与北京音不期而暗合者，即以此故。惟北京亦有若干土音，不特与普通音不合，且与北京人读书之正音不合，此类土音，当然舍弃，自不待言……入声为全国多数区域所具有，未便因北京等处偶然缺乏，遂尔取消。正犹阳平亦为全国多数区域所具有，未便因浙江等处偶然缺乏，遂尔取消也。

由此可见，“老国音”虽然以北京音为蓝本，但是部分“北京土音”并未采纳，故而和北京音并不完全一致。1921 年赵元任在美国录制的《国语留声机片》（商务印书馆发行）阴阳上去四声都采用北京音，而北京音里没有的入声则采用南京音。

由于“老国音”实际上并不是北京一地的语音，所以在实践上产生了国音和京音两派②的争执。黎锦熙③对此有如下记载：

> 某县的小学，京音教员和国音教员相打，把劝学所的大菜台推翻了。某县开一个什么国语会，也是京国两音的教员相打，县知事出来作揖劝解。某乡的小孩子，兄弟两人，在一个学校里，各人学了一种国音，回家温课，很有几个字的音不一致，他们的家长大疑惑起来，去质问校长先生。校长先生只好说，“都不错！都不错！”

1926 年，以黎锦熙、赵元任、钱玄同为代表的学者们完成了对《国音字典》的修订，采用北京语音为标准，称为“新国音”。直至《国音常用字汇》公布时，其“说明”部分明确地表示“本书所定的音，是以现代的北平音为标准的”④。同时，该

① 转引自黎锦熙：《国语运动史纲》，1934，商务印书馆 2011 年版，第 154-155 页。

② “国音”即“老国音”，“京音”即以后的“新国音”。

③ 见 1920 年《江苏国语讲习所演讲录》，转引自黎锦熙著《国语运动史纲》，1934，商务印书馆 2011 年版，第 153 页。

④ 黎锦熙：《国语运动史纲》，1934，商务印书馆 2011 年版，第 271 页。

“说明”也规定，虽然取消了入声，可是入声的读法还应该兼存①：

因为讽诵前代的韵文，尤其是律诗与词，若将某某入声字读成阴平或阳平，或将一首诗中几个押韵的入声字读成阴平、阳平、上、去几个不同的声调，必至音律失谐，美感消减，所以这是应该依旧音读为入声的……故本书对于旧入声字，虽依北平音分配于阴平、阳平、上、去四声之中，但不与原读这四声的字相混，用“入”号标明，并记入声的拼法于下。

国音虽然采用了京音，但 1932 年印行的《注音符号总表》却添加了许多闰音符号，用来标注国音没有但各地特有的方音。

北方话拉丁化新文字方案保留了尖音、团音的区别，周有光②认为，“北拉跟老国音很接近，它是不以一个地点为标准的北方普通话”。各地方言的拉丁化新文字方案也根据不同的需要制定了拼写方言的符号。

《汉语拼音方案》是拼写普通话的方案，以北京音为标准，但是也有人提出在方案的设计中要区分尖团音。文改会 1956 年发表的《关于拟订汉语拼音方案草案的几点说明》中“拟订过程中有哪些重要的不同意见”这一部分，第一条就是关于尖团音的③：

有人主张以北京语音为标准，如实描写，北京人怎样说，就怎样拼写。有人主张以北京语音为基础，在这个基础上系统地区分“尖团音”（例如“新”写 sin，“欣”写 xin，不都写 xin）。后来大家一致同意以北京语音为标准音，没有系统地区分尖团音。

虽然该“说明”中有“这个方案④只要稍加补充和变通，也可以拼写汉语的各种方言和各少数民族的语言”，但此后的文字改革工作始终非常重视普通话的推广，未见制订方言拼音方案，类似的表述也未出现在正式公布的《汉语拼音方案》中。

采用北京语音为标准带来的好处是北京语音相对简单，只有四百多个音节、四个声调，便于人们学习。此外，以一个地点的语音为标准，容易找到活生生的语言样本，避免了“老国音”推行中遇到的问题。而京音相比方言虽然简单，但随之而来的负面效应是同音字词的数量大大增多。周有光⑤对比了普通话和广州话（后者有七百多个音节、九个声调），得出的结论是“如果不利用词的多音节化，前者的同音词必然要比后者多出几倍”。

---

① 黎锦熙：《国语运动史纲》，1934，商务印书馆 2011 年版，第 273 页。

② 周有光：《汉字改革概论》，文字改革出版社 1979 年版，第 97 页。

③ 见《关于拟订汉语拼音方案草案的几点说明》，载周有光著《汉字改革概论》，文字改革出版社 1979 年版，第 143-153 页。

④ 指文改会 1956 年公布的《汉语拼音方案草案》，非 1958 年正式公布的《汉语拼音方案》。

⑤ 周有光：《汉字改革概论》，文字改革出版社 1979 年版，第 300 页。

6. 只能看不能读的奇文

如果汉语拼音仅作为给汉字注音的工具，其服务的对象就无所谓文言还是白话。但如果考虑汉语拼音的文字性功能，由于文言词汇单音节占优势，词汇同音、近音的现象大大多于现代汉语，如将文言拼音化，则结果将是一场灾难。例如赵元任曾经创作了一篇“只能看不能读”的奇文：

施氏食狮史[①]

石室诗士施氏，嗜狮，誓食十狮。施氏时时适市视狮。十时，适十狮适市。是时，适施氏适市。氏视是十狮，恃矢势，使是十狮逝世。氏拾是十狮尸，适石室。石室湿，氏使侍拭石室。石室拭，氏始试食是十狮尸。食时，始识是十狮尸，实十石狮尸。试释是事。

全文共用一个音节、四个声调，这对于使用拼音文字的语言来说是无法想象的。这样的文章如果用拼音文字写出来，结果必然是谁都看不懂。即使是针对双音词占词汇主体的现代汉语，《汉语拼音方案》仍未解决同近音词的问题；所以汉语拼音化即使可行，也只能针对现代汉语而言。

一旦现代汉语实现了拼音化，用汉字书写的中国古代典籍则有可能出现继承的困难。翦伯赞[②]曾表示：“我激烈反对废除汉字。要废除汉字，除非决心把历史文化遗产丢掉不要，从野蛮人干起。”对于这个问题，“五四”时代主张废除汉字的学者如傅斯年[③]持“不顾惜”的观点：

反对拼音文字的人，都说拼音文字若是代替了汉字，便要妨碍到中国的文学，这是不必讳言的，我们也承认它。中国历史上的文学全靠着汉字发挥它的特别色彩，一经弃了汉字，治不啻把它根本推翻。但是我们既已主张国语的文学——未来的新文学，对于以往的文学还要顾惜吗？

中华人民共和国成立后，不少人的意见是在推行拼音化的同时保留汉字，初等教育学习拼音文字，中等和高等教育再学习汉字，或者将汉字作为中国历史、中国古典文学等专业学习的内容。作家、文艺理论家杨晦[④]评价说：

如果实行拼音文字，将来在大学、中学里学习汉字，情况跟欧洲人学拉丁文不一样，因为英语、法语等跟拉丁文的拼法和字母相同，而中国现在在中学里推行学古典文学，阻力就很大，将来有了拼音文字再学汉字，

① 赵元任：《语言问题》，商务印书馆 1980 年版，第 149 页。

② 转引自倪海曙：《文改鸣放录》，载《1957 年文字改革辩论选辑》，新知识出版社 1958 年版，第 1-45 页。

③ 转引自潘文国：《危机下的中文》，辽宁人民出版社 2008 年版，第 208 页。

④ 转引自倪海曙：《文改鸣放录》，载《1957 年文字改革辩论选辑》，新知识出版社 1958 年版，第 1-45 页。杨晦（1899—1983），辽宁辽阳人，现代作家，文艺理论家；文学团体“沉钟社”的发起人和主要成员；1919 年“五四运动”中最先冲入并火烧赵家楼的学生之一；1952—1966 年担任北京大学中文系主任。

是不是会增加负担。

欧洲民族语言兴起后，拉丁文成为“死语言”，仅用于宗教仪式和学术研究。如果在中国推行拼音文字成功，杨晦担心的局面会变成现实吗？

7. 和汉语拼音有关的政策和法律

《汉语拼音方案》制订以后，弥补了汉字表音不便的缺点，在很多领域得到广泛的应用，发挥了积极的作用。享有“汉语拼音之父”美誉的周有光①提出汉语拼音有9种用途：(1)给汉字注音；(2)拼写普通话；(3)制定少数民族文字；(4)序列索引技术；(5)图书检索技术；(6)人名地名拼写法的标准化；(7)术语和代号的拼音化；(8)电报拼音化；(9)中文信息处理。苏培成②归纳了汉语拼音的12种应用：(1)给汉字注音；(2)用于注音识字；(3)推广普通话；(4)帮助少数民族创造和改革文字；(5)帮助外国人学习汉语；(6)设计汉语手指字母；(7)改进盲字；(8)用于电报拼音化；(9)用于视觉通信；(10)用作代号和缩写；(11)用于序列索引；(12)用于少数民族语地名的音译转写。

《汉语拼音方案》一经公布，积极推行便成为文字改革的首要任务。1958年，教育部迅速发出《关于在中小学和各级师范学校教学拼音字母的通知》，在全国范围内推行汉语拼音教学；新闻出版业也积极采用汉语拼音标注刊名、书名，中小学课本、儿童读物、通俗读物和工具书更是普遍使用汉语拼音；国内的邮电局、火车站、气象站、街道名等也都迅速采用汉语拼音拼写；中央工商行政管理局和文改会还联合发出《关于在商标图样和商品包装上加注汉语拼音字母的联合通知》，规定商品包装和商标上必须标注汉语拼音，甚至“出口商品的商标图样和包装，不论是否印上外文，也应该加注拼音字母”。中国政府还大力推动汉语拼音在海外的传播。1977年，联合国第三届地名标准化会议通过了《联合国第三届地名标准化会议关于中国地名拼法的决议》，建议采用汉语拼音作为中国地名罗马字母拼法的国际标准。1979年，联合国秘书处采用汉语拼音作为在各种拉丁字母文字中转写中华人民共和国人名和地名的标准。1982年，国际标准化组织决定采用《汉语拼音方案》作为汉语罗马字母拼写法的国际标准，编号为ISO-7098，这表明《汉语拼音方案》受到国际社会的普遍认同。

总的来说，《汉语拼音方案》受到汉语社团的欢迎和国际社会的认可，在汉字注音、推广普通话和汉字不便使用的领域发挥着重要的作用。

① 周有光：《汉语拼音方案基础知识》，语文出版社1995年版，第45页。

② 苏培成：《当代中国的语文改革和语文规范》，商务印书馆2010年版，第328-343页。

单元测验 3

一、判断题

1.《汉语拼音方案》是 1958 年正式颁布的。

2. 汉语的基本单位是“词”，而不是“字”。

3. 汉语双音化能解决大部分同音词问题，但仍有一些同音词只能依赖语境来消除歧义。

4.《汉语拼音方案》制订以后，并未弥补汉字表音不便的缺点。

5. 国家通用语言文字以《汉语拼音方案》作为拼写和注音工具。

二、单选题

1. 汉语拼音方案要发展为拼音文字，最大的障碍在于解决________的混淆问题。

A. 同音字和同音词　　B. 方言和普通话

C. 文言文和白话文　　D. 简体字和繁体字

2. 汉语拼音正词法制定困难、推行不力的根源，在于汉语中“________”的界定存在困难。

A. 字　　B. 词　　C. 短语　　D. 句子

3.《汉语拼音方案》在制订及推广的过程中，其作为________的构想遭到不少质疑。

A. 推普工具　　B. 扫盲工具　　C. 注音工具　　D. 拼音文字

4. ________年，周恩来发表了题为“当前文字改革的任务”的报告。

A. 1956　　B. 1957　　C. 1958　　D. 1959

5. 根据我国颁布的《汉语拼音正词法基本规则》，“天上”和“山上”这两个表达，具有________的结构。

A. 相同　　B. 不同　　C. 不确定　　D. 以上均不准确

6. “滑稽”一词，可以拆分成“滑天下之大稽”，这是汉语中的________词现象。

A. 离合　　B. 拆分　　C. 复合　　D. 单纯

7. 吕叔湘认为，在欧洲语言里现成的单位是________。

A. 字　　B. 词　　C. 短语　　D. 句子

8. 赵元任的《施氏食狮史》，突出反映了汉语多________字的特点。

A. 象形　　B. 同近音　　C. 假借　　D. 形声

9. 享有“汉语拼音之父”美誉的是________。

A. 傅斯年　　B. 赵元任　　C. 周有光　　D. 黎锦熙

10.《汉语拼音方案》以北京语音为标准的好处是北京音________。

A. 相对简单　　B. 有入声　　C. 有尖团音　　D. 同音字少

三、多选题

1. 文字改革的三项具体的任务是________。

 A. 简化汉字　　B. 推广普通话

 C. 制订和推行汉语拼音方案　　D. 汉语拼音化

2. 汉语拼音方案的“三不是”原则是指________。

 A. 汉语拼音不是汉字的拼形方案，而是汉语的拼音方案

 B. 汉语拼音不是汉语的拼音方案，而是汉字的拼形方案

 C. 汉语拼音不是方言的拼音方案，而是普通话的拼音方案

 D. 汉语拼音不是文言的拼音方案，而是白话的拼音方案

3.《汉语拼音方案》推广的过程中，在________方面的使用广受欢迎。

 A. 注音　　B. 扫盲　　C. 推广普通话　　D. 拼音文字

4. 汉语拼音可以发挥的用途有________。

 A. 为汉字注音　　B. 图书检索技术

 C. 人名地名拼写标准化　　D. 中文信息处理

5. 1926 年，以________为代表的学者完成了对《国音字典》的修订，采用北京语音为标准，称为“新国音”。

 A. 黎锦熙　　B. 赵元任　　C. 钱玄同　　D. 唐兰

四、填空题

1.《汉语拼音方案》是汉语________运动的重大成果。

2. 拼音文字区别意义的功能基本完全由________承担。

3. 对汉字而言，________分担了相当一部分区别意义的功能。

4. 人们对于汉语拼音方案争论的焦点在于其是否会成为________而取代汉字。

5.《汉语拼音方案》拼写的是现代汉民族的共同语——________，采用北京语音为标准。

6. 赵元任指出，“在说英语的人谈到 word 的大多数场合，说汉语的人说到的是‘________’”。

7. 汉语“________”的概念，实际上是将西方语言 word 的概念照搬到汉语中来。

8. ________年，国际标准化组织决定采用《汉语拼音方案》作为汉语拼写法的国际标准。

9. 现代中国历史上关于民族通用语的语音标准问题，曾有著名的新老________之争。

10. 汉语拼音正词法想要解决的问题主要是________的拼写。

五、思考题

读下面的文字，回答以下问题：你认为汉语是否应该拼音化？汉语拼音化能

够实现吗？为什么？

“拼音化”是一个十分缓慢而艰巨的发展过程。这一点卢赣章低估了。卢赣章以后的许许多多拼音化运动者也低估了。日本的假名字母，在成熟以后500年，才进入正式文字，使文字成为汉字和假名字母的混合体。朝鲜的谚文字母，在正式公布后500年，才进入正式文字，使文字成为汉字和谚文字母的混合体。中国要想实现汉字和拼音字母的混合体，或者同时用汉字和拼音文字（所谓“双轨制”），也必须等待很长的时间。如果现代的速度加快到只需要古代1/5的时间，中国要等100年。在历史长达5 000年的中国，100年只是一瞬而已。

急于求成是无济于事的。只有锲而不舍、实事求是、脚踏实地、埋头苦干，一步一步走向最后的目标。“拼音”在今天虽然只是一种文字的辅助工具，可是它的用处不断扩大。扩大实际应用，是“拼音化”运动向前推进的唯一方法。……“英雄不怕出身低”。新生事物，只要本身的确是有用的，并得到切实地不断利用，就一定会慢慢成长起来，最后，“附庸蔚为大国”。从世界文字史的发展过程来看，没有例外。中国也决不会是例外。①

① 周有光：“切音字运动百年祭”，载《语文建设》1992年第5期。卢赣章即卢戆章。

第四章
语言文字工作的新阶段

1. 本章提要

《汉语拼音方案》设计的初衷，是创造一套取代汉字的拼音文字，但是因为没有解决同音字词的区别、正词法规范等重要的技术问题，大家通常把它当作汉字的注音工具。《汉语拼音方案》颁布至今已有大半个世纪，仍然没有发展成完善的拼音文字。

1985 年底，中国文字改革委员会更名为国家语言文字工作委员会。1986 年，全国语言文字工作会议召开，标志着我国的语言文字工作进入了新阶段。这次会议和以往会议相比，最大的变化是没有正面提及“汉语拼音化方向”。从此，中国的语言文字工作有了新的方向和内容，国家更重视用字用语的稳定和规范。这个转变顺应了形势，也符合我国语言文字工作的实际情况。

20 世纪全球范围内出现了文字拉丁化的浪潮。有些国家虽然没采用拉丁字母文字，但也成功地进行了文字改革。为什么那么多国家的文字改革都进行得很顺利，而汉语的拼音化运动，从 1892 年卢戆章开启的切音字运动，到 1986 年的全国语言文字工作会议，前后开展了近 100 年，虽然取得了很多阶段性成果，但是仍没有实现最初汉语拼音化的目标？

有些学者坚持认为，汉语拼音化的方向是正确的。但是汉字使用的历史太长，历史的惯性太大，短短 100 年时间不足以完成汉语拼音化的工作。汉语拼音化这一事业，可能需要更长的时间、做更多的工作，才能取得预期的效果。也有一些学者认为，汉语拼音化的道路之所以充满曲折，是因为汉语汉字和其他民族的语言文字不一样，其他语言文字能成功拉丁化，并不能证明汉语汉字也能成功地拉丁化。汉语汉字的现代化道路，要符合中国语言文字自身的特点。

汉语汉字和其他语言文字相比，有什么特点呢？首先，汉字是汉族先民自己创制的文字，而拼音文字，基本上都不是本民族创制的，而是借用了其他民族的文字。汉族先民在创制汉字的时候，把自己对世界的认知整合到了汉字中，所以，不仅汉语是汉人认知世界的方式，汉字也是汉人认知世界的方式。现代语言学之父索绪尔是一位伟大的语言学家，也是一位伟大的哲学家。他将汉字称为汉人的"第二语言"，可见他注意到了汉字的特别之处。如果改汉字为拼音，汉字中蕴含的认知方式也会丢失，这就为汉语拼音化制造了更多困难。

另外，汉字是表意文字，字形起到了区别意义的重要作用，而拼音文字只有记录语音的功能，不能区别意义。使用拼音文字的语言，意义的差别全部由语音上的差异体现。而汉语同音字词多，就是汉字以形表意的结果。汉语和汉字在长期的磨合和协调发展中，形成了目前语音和字形分担表意功能的格局。如果拼音化，汉语的音系不可能一下子把字形的分工也接过来，必然会导致语义的混乱。汉语拼音化在技术上最大的困难，就是如何处理同音字词的问题，如果找不到妥善的办法，在拼音文字体系中有效地区分同音字词，那么改汉字为拼音将引起意义混淆，影响语言最基本的交际功能。

2. 国际拉丁化浪潮

周有光[①]指出，20 世纪全球范围内出现了文字拉丁化的浪潮；此外，许多国家和地区虽然未采用拉丁字母文字，但也成功地进行了文字改革。例如，苏联在 1922 至 1937 年间出现了文字拉丁化运动，创制了 30 多种少数民族的拉丁化新文字，甚至连俄文也考虑改用拉丁字母。但是到了 20 世纪 40 年代，这些拉丁文字都改用俄文字母。1924 年，土耳其放弃了有千年传统的阿拉伯字母，创制了拉丁化的土耳其文。印度尼西亚公元 5—6 世纪受印度文化影响，使用变体印度字母；13 世纪接受了伊斯兰教，改用阿拉伯字母；17 世纪成为荷兰殖民地，用拉丁字母书写本土语言。越南本属汉字文化圈，1945 年独立后放弃了传统的汉字和仿照汉字制定的喃字，以拉丁字母作为官方文字。蒙古的文字在历史上由于种种原因经历了多次变革，从 13 世纪初至 20 世纪末的 700 年里，蒙古已先后使用过回鹘文、方块字、索云宝、竖体蒙文等近十种文字，平均每七十年文字更新一次。

以上列举的这些国家和地区，文字改革都进行得非常成功，有的历史上经历数次文字变化，甚至在相当短的时间内就迅速完成了文字的转换。人们不禁要问：为什么汉语的拼音化道路，至今已有一百多年历史，其间虽然有政府的大力倡导和推动，成功地创制了《汉语拼音方案》，但实现完全的拼音化仍困难重重、遥遥无期呢？如果我们注意观察一下汉字和那些成功实现了文字改革的国家所使用的文字，就会发现汉字具备独特的性质：自源性和表意性。而全球拉丁化浪潮中，成功改革了文字的国家，使用的都是他源文字或拼音文字。

世界各种文字有些是语言社团的先民自己创制的，可以称为自源文字；有些则是语言社团借用别族的文字记录本族语言，这样的文字称为他源文字。

---

① 周有光：《国际拉丁化的新浪潮》，1999，载《周有光语言学论文集》，商务印书馆 2004 版，第 152-159 页。

目前他源文字在世界上使用广泛，如拉丁字母、印度字母、斯拉夫字母、阿拉伯字母、假名等，其中以影响波及大半个地球的拉丁字母使用人口最多、影响最大。我们以拉丁字母为例，说明他源文字复杂的借用过程。古代使用楔形文字的两河流域和使用圣书字的尼罗河流域经济发达，因而在文化上也产生了重大影响。楔形文字和圣书字合流形成了塞母字母，经腓尼基商人传播应用，形成了腓尼基字母。希腊人通过和腓尼基人的贸易交往了解了腓尼基字母，将其借用过来并加以改造以适应希腊语，于是形成了希腊字母。古希腊文明衰落后，罗马人继承了希腊字母，再将其改造发展为目前普遍使用的拉丁字母[①]。

第一章我们提到了文字的"符号之符号"论，即语言是心灵的符号，而文字则是语言的符号。在对比了汉字和他源拼音文字之后，我们发现这一学说主要针对的是他源拼音文字，但却不能有效地解释汉字的音、形、义（概念）关系。潘文国[②]对此有深入的解释：

> 为什么在拼音文字的语言里，文字只能是符号的符号，因为这种文字都是他源的，并不是本民族认知世界的表述方式，而是借用了其他民族认知世界所表述的符号。对于最初使用这种符号的民族来说，这一符号可能是第一性的，直接反映了其对世界的认知，但对借用民族来说，口头语言表述了他对世界的认知，而借用这些符号只是用来记录本民族语言的音，因而不得不是第二性的，是符号的符号。

对于使用他源拼音文字的民族来说，文字只是记录语音的工具，是声音的外壳；使用这套文字还是那套文字，只要能实现记录语音的功能，从本质上来说差别并不很大。有一个关于拼音文字的比喻非常形象贴切，即拼音文字和语言的关系是靴子和脚的关系，语言是脚，拼音文字是随时可以换掉的靴子。那些成功地进行了文字改革的语言社团，使用的都是他源文字。

而汉字不是记录语音的工具，它直接表示概念和意义。现代语言学之父索绪尔[③]早就发现了汉字和拼音文字的这一区别，将汉字称为汉人的"第二语言"：

> 对汉人来说，表意字和口说的词都是观念的符号；在他们看来，文字就是第二语言。在谈话中，如果有两个口说的词发音相同，他们有时就求助于书写的词来说明他们的思想。但是这种代替因为可能是绝对的，所以不致像在我们的文字里那样引起令人烦恼的后果。汉语各种方言表示同一观念的词都可以用相同的书写符号。

索绪尔在建立他的理论体系时，特别指出了汉语汉字和拼音文字语言的这一根本区别，但是我们在引进西方理论的时候，却未能仔细甄别中西语言的异同，充分尊重汉语汉字的特点，造成了理论的误读，长期以来将汉字作为"符号的符号"

① 蔡勇飞，王之光：《汉英文字比较研究》，浙江大学出版社 2005 年版，第 18 页。
② 潘文国：《字本位与汉语研究》，华东师范大学出版社 2002 年版，第 91 页。
③ 索绪尔：《普通语言学教程》，1916，高名凯译，商务印书馆 1980 年版，第 51 页。

看待。

当今，不少学者开始重新审视汉字的地位和作用，不仅肯定汉字在历史上的丰功伟绩，也确认了汉字在现代汉语系统和当代汉文化建设中不可替代的作用。例如潘文国①明确提出"汉字是汉语之魂"的口号：

> 正是有了汉字，才使汉语成了我们现在所看到的汉语；没有汉字，也就没有今天的汉语。汉字、汉语已融成了一个生命的整体，彼此不可或缺。基于他源文字的语言理论把汉字看作外衣，可以爱脱就脱，爱改就改的主张，已经为历史所否定。而百余年来在学习、掌握、研究、运用汉语等方面的经验和教训也告诉我们，轻视汉字就要受惩罚，只管在理论上追求自我满足结果会让社会和后代子孙在实践上付出代价。汉字在汉语中实在应处于核心地位，是一个"纲"，纲举才能目张。这样重要的东西，不叫"灵魂"，实在无以名之。

同时，也仍有不少学者坚持汉字是"符号之符号"、汉语应该继续走拼音化道路的主张。双方的论战仍在持续。这场论战的结局将决定中国今后的语言政策、语言教育、语言研究和语言生活的走向，和汉民族的命运息息相关，也和我们每个人息息相关。

3. 中国语言文字工作的新阶段

1986年，全国语言文字工作会议召开，确定了新时期国家语言文字工作的方针和任务②：

> 新时期语言文字工作的方针是：贯彻、执行国家关于语言文字工作的政策和法令，促进语言文字规范化、标准化，继续推动文字改革工作，使语言文字在社会主义现代化建设中更好地发挥作用。
>
> 当前语言文字工作的主要任务是：做好现代汉语规范化工作，大力推广和积极普及普通话；研究和整理现行汉字，制订各项有关标准；进一步推行《汉语拼音方案》，研究并解决实际使用中的有关问题；研究汉语、汉字信息处理问题，参与鉴定有关成果；加强语言文字的基础研究和应用研究，做好社会调查和社会咨询、服务工作。

这次会议提出的"新时期国家语言文字工作的方针和任务"和以往相比，最大的变化在于没有正面提及汉语"拼音化方向"这一"世界文字的共同道路"。对此变化，一些代表提出反对意见。时任国家语言文字工作委员会副主任的陈章太在

① 潘文国："汉字是汉语之魂——语言与文字关系的再思考"，载《华东师范大学学报(哲学社会科学版)》2009年第2期。

② 刘导生：《新时期的语言文字工作》，载《新时期的语言文字工作——全国语言文字工作会议文件汇编》，语文出版社1987年版，第16-34页。刘导生时任国家语言文字工作委员会主任。

大会闭幕式的总结发言[1]中特别关注了这个问题：

关于拼音化方向问题，代表们在讨论中有两种不同的意见，这也反映了社会上对这个问题的不同认识。比较多的同志赞成工作报告不提这个问题，认为这符合中央倡导的实事求是、注重务实的精神，容易收到实效，有利于新时期语言文字工作的开展，同时也有利于继续推动文字改革工作。另外一些同志则认为报告中的有关表述，虽然是现实的，可行的，但总觉得对拼音化方向不加以正面表述，是一种后退，调子低了，可能对今后工作的开展不利。

陈章太表示，工作报告的相关表述事先"倾听过社会上的意见和专家的意见"以及"许多负责同志的意见"，并且"请示过中央和国务院领导同志"，希望有不同认识的同志"能够很好理解"；同时也表示"对这个问题有不同认识，这是正常的，也是可以讨论的"。

在全国语言文字工作会议召开前的 1980 年，中国文字改革委员会下属的文字改革出版社就已更名为语文出版社；1985 年，《光明日报》发行的《文字改革》专刊以《语言文字》的新名称再次发刊；中国文字改革委员会也正式更名为国家语言文字工作委员会。1986 年，中国文字改革委员会主办的学术期刊《文字改革》更名为《语文建设》。这些变化标志着中国的语言文字工作进入了新的阶段，汉语"拼音化方向"退出了官方话语，成为部分学者个人倡导和追求的目标。

4. 借用的拼音文字

从来源上看，世界文字可以分为自源文字和他源文字。他源文字使用广泛，如拉丁字母、印度字母、斯拉夫字母、阿拉伯字母、假名等，其中以影响波及大半个地球的拉丁字母使用人口最多。

自源文字脱胎于图画，世界上最早形成系统的文字如汉字、苏美尔楔形文字和埃及圣书字都经历了最初的图画文字和象形文字阶段，形成于公元前几世纪的中美玛雅文字也是一种图画文字。借用其他民族文字记录本族语言的他源文字则不是由本民族创制的。

赵宏[2]将这两种不同的文字关系归纳成下面的示意图：

① 陈章太：《全国语言文字工作会议的总结发言》，载《新时期的语言文字工作——全国语言文字工作会议文件汇编》，语文出版社 1987 年版，第 49-55 页。

② 赵宏："英汉外来语吸收机制和动因对比研究"，载《解放军外国语学院学报》2009 年第 3 期。

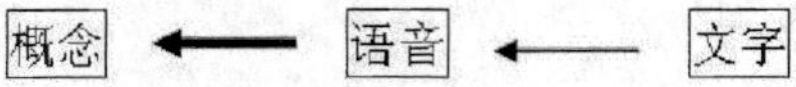

他源文字/拼音文字

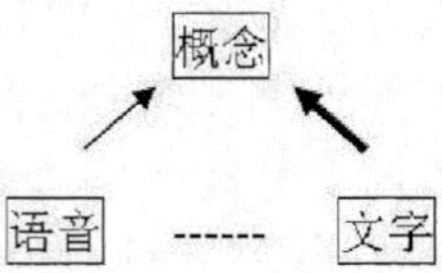

自源文字/表意文字

自源文字的创造者通过文字反映现实世界，记录生活实践，表达经验思想，包含了本民族认知世界和进行表述的基本方式。汉字是汉族先民自行创制的文字，反映了汉语社团对现实世界的认知。世界上其他主要的自源文字如苏美尔楔形文字、埃及圣书字、中美洲玛雅文字由于种种原因已经中断了使用和发展，成为博物馆的藏品。目前汉字是唯一还在大规模使用的自源文字。而由于记录的语言不同，借用的他源文字往往要根据语言的特点进行改造和创新。下面让我们了解一下古苏美尔文和古埃及文是如何调整适应借入语的。

衍生自古苏美尔文和古埃及文的他源文字，主要向表音文字发展，可分为三个主要类型：声符多、意符少的意音表词文字、辅音文字和音位文字。

首先是声符多、意符少的意音表词文字。古代苏美尔人生活的两河流域先后为阿卡德人、巴比伦人、亚述人统治，他们都继承了与苏美尔后期文字相似的字形，即楔形文字。这一系列文字后来由两河流域向外传播，为不同的国家民族使用，例如赫梯人、波斯人、埃兰人、迎兰人等。但这些民族的语言都跟苏美尔语类型不同。其中阿卡德语、巴比伦语、亚述语跟古埃及语同属闪－含语系。由于同时也受到古埃及文的影响，他们的文字逐渐发生了变化，专门表音的声符逐渐增多而字符总数逐渐减少，声符与辅音逐渐形成固定的一一对应，成为与后期古埃及文类型相同的文字：声符对应辅音，同时在词末位置再加上一个意符。也就是说，这些文字和古埃及文一样，从字符层面看属于意音文字，而从较大的文字单位看属于表词文字。

其次是辅音文字。生活在地中海东岸的腓尼基人，处于两河流域文明与古埃及文明的交界处，是西部闪米特人的西北分支。腓尼基人在苏美尔的楔形文字和古埃及的象形文字影响下，创立了腓尼基字母。这一体系由 22 个字符组成，是世界上第一批字母文字，表示了语言中所有单个辅音，弃用了表意字符和双辅音声符，且无元音。这一创新大大减少了字符的数量，更好地使字符与辅音一一对应。

最后是音位文字。随着腓尼基人在地中海开展发达的海上贸易，公元前 800 年前后，腓尼基字母传播到了希腊。希腊人便借腓尼基字母记录自己的语言。古希腊人借用腓尼基字母后，通过字形分化增加了几个字母，最终定型为 26 个字母。古希腊人在文字史上第一次给元音赋予字母，将腓尼基字母中使用频率不高的辅音字母改为表示元音。同时，希腊字母逐一标写了元辅音音位出现的次序，以与语言中的词相对应。

英、法、德、西班牙语等采用的拉丁字母，也是对希腊字母进行了一些改造而形成的。古代日本、朝鲜、越南等地都引进汉字作为自己的文字。这些国家借用的汉字既用来书写汉语借词，也用来书写他们自己语言的语词，尽管两套语词的语音完全不同。之后这些民族又都创制了另外一套字符或文字系统，如日本的假名、朝鲜的谚文，以及越南创制的喃字。喃字是与汉字造字法相同、方块形的意音文字体系，而假名和谚文都是表音文字。这些新创制的字符或文字体系都曾与汉字长期共用。

5. 创制的表意文字

文字的不同来源造成了汉字和其他文字性质上的另一个差别：自源文字以形表意，是表意文字，文字和语音之间的联系是间接的；他源文字不直接表意，而记录语音，文字本身和意义不产生直接关系，是表音文字。早期自源文字不直接表音，是和口头语言并行的、独立的表意系统，并不直接为语言服务，和语言的关系也不密切。自源文字在语言社团的生活实践中和语言逐渐融合，两者经历了漫长的适应和磨合过程，最终走到了一起。

自源的表意文字脱胎于图画，且早期的表意文字不直接表音，发展过程中才和语言融合。我们以汉字为例，简述表意文字的起源。文字和语言本来是两个独立的系统，文字是依赖于视觉器官存在的，以书面交流为主，语言是依赖于听觉器官存在的，以口头交流为主。这两个系统各有短长，互为补充。文字发展是这两个系统不断合流的过程，也就是图画朝着记录语言的方向发展，最后和语言融合，成为文字。

语言服务于交流，它产生的原因是交流的需要，完善也是为了更好地实现交流。人类社会早期，生活相对简单，语言可以完成交际任务。但是，随着生产发展，社会生活日益复杂化，信息大量涌现，人类不仅需要日常交流，还要记载很多信息，如本氏族或部落的人口、财产以及发生的大事等。而语言有其局限，声音发出之后就会消逝，说话受到时空限制，人类不得不寻求更好的方法来记事。经过长期实践摸索，人类终于找到了两种更好的记事方法。一是实物记事，二是图画记事。

实物记事主要有结绳、讯木等方法，结绳通常是事大结大绳，事小结小绳，而讯木是在木棍上刻上痕迹或者插进各种东西来记事。但是，实物记事只有记事人自己或者约定的人才知道其表示的含义，使这种方法的作用受到限制。

为了更好地记事，人类采用了另一种方法，那就是图画。这种以视觉为基础的表达方式克服了语言的局限，又比实物记事更直观明了。但是，图画的性质决定了其功能是以形表意，无法和语言中的词形成固定联系，而文字必须和一定的语音结合，字形必然和语音构成固定联系，所以图画和文字有本质的区别。图画发展为文字，必定是个漫长的过程。这个过程可以用下图表示：

图画 ——→ （文字图画●……………●图画文字）——→ 文字

（　　　　准文字　　　　）

由于难以把图画与文字的界限划清，所以我们提出文字图画和图画文字两个概念，以便把这个转变过程更直观地表现出来。

文字图画是一种近似文字的图画，它与图画的本质区别在于，它是用来记事的。比如原始人画一头猪表示猪，画一头牛表示牛，但是作画的目的不是为了艺术观赏，而是为了表达某种意思。例如在洞穴里画一头野牛，表示那个洞里曾有野牛出现，或画画的人曾在这个洞里猎获一头野牛。图画文字的提出则是为了区别文字图画，可以看作离文字只有一小步之遥的阶段。它与文字的本质区别在于，图画文字的图形符号并不固定地表示语音。

对于文字图画与图画文字，想明确地分清楚并非易事，我们不妨把它们统称为准文字。它们具有图画的性质，也记录着语言的中心意思，但不能准确地表示语言中所包含的词，更不能表示这些词在句子中的语序和语法关系。它只是选择简略、象征的图形符号再现客观事物的特征或过程，只起到提示语言的作用。准文字虽然可以表达整句话和一些事件过程，甚至记录一个部落的历史，但必须经过人的讲解，并不是一看就懂的。人们可以站在不同角度做不同的解释和理解，所以只可识而不可读，给理解带来一定困难，有时候容易产生歧义。

以记事为主要目的的准文字，经历了由简单到复杂的过程，既有简单的符号，也有复杂的图形。不论是文字图画，还是图画文字，整个画面就是一段历史，画中出现的图形符号就是这段历史的要素。这些要素提示叙述者看图说话，虽然不同的叙述者有不同的叙述，但是共同的要素形成了共同的历史。

许多图形符号所代表的意义多次出现，图形符号和意义在重复使用中确立了对应的关系，这是一个约定俗成的过程。随着图形符号的增多，越来越多的图形符号与意义结合。同时，由于意义与语音也存在对应关系，以意义为桥梁，图形符号与语音之间形成了新的对应关系。因此，图形符号不仅有意义，还有了语音，向文字迈出了重要的一步；而语音不仅有意义，还有了图形符号记录，它的局限性得到改善。随着时间的推移，这样的图画越来越多。当图形符号有了固定的语音，开始记录语言时，准文字就逐渐变成了文字符号。潘文国[1]曾指出：

> 人类认识世界，形成概念，再通过语言表述出来，可以有不同的途径。表音文字和表意文字正体现了两条不同的途径。一条走的是曲线，是从概念经过语音的中介再到文字，也就是说，与概念直接联系的是词的读音，然后再用文字把读音记下来；另一条走的是直线，从概念直接到文字，或者说，使用文字直接表示概念，语音只是在这过程中的附加物，当然是必不可少的附加物，否则就不成其为文字。

① 潘文国：《字本位与汉语研究》，华东师范大学出版社2002年版，第89页。

单元测验 4

一、判断题

1. 自源的表意文字脱胎于图画，最初不直接表音，在发展过程中才和语言融合。
2. 他源文字基本上都是表意文字。
3. 1986 年，全国语言文字工作会议召开，标志着我国的语言文字工作进入了新阶段。
4. 日本的假名和朝鲜的谚文都是自源文字。
5. 现代语言学之父索绪尔将汉字称为汉人的“第一语言”。

二、单选题

1. 使用范围最广、影响最大的他源文字是________。
   A. 拉丁字母　B. 印度字母　C. 斯拉夫字母　D. 假名
2. ________是目前世界上唯一仍在大规模使用的表意文字。
   A. 玛雅文字　B. 楔形文字　C. 圣书字　D. 汉字
3. ________反映现实世界，记录生活实践，包含了本民族认知世界和进行表述的基本方式。
   A. 自源文字　B. 他源文字　C. 拼音文字　D. 表音文字
4. ________由 22 个字符组成，是世界上第一批字母文字。
   A. 玛雅文字　B. 楔形文字　C. 腓尼基字母　D. 圣书字
5. 文字本身和意义不产生直接关系的是________。
   A. 象形文字　B. 表意文字　C. 拼音文字　D. 古典文字
6. 准文字中记事更直观明了的方式是________。
   A. 结绳　B. 图画文字　C. 符号　D. 实物
7. 文字图画与图画文字统称为________。
   A. 准文字　B. 文字　C. 图画　D. 符号
8. 潘文国曾指出汉字________。
   A. 是符号之符号　B. 是汉语之魂
   C. 像语言的外衣　D. 像脚上的靴子
9. ________世纪，全球范围内出现了文字拉丁化的浪潮。
   A. 18　B. 19　C. 20　D. 21
10. 汉字不是记录语音的工具，而是直接表示概念和________的。
   A. 事件　B. 意义　C. 哲学　D. 过程

三、多选题

1. 汉字具备的独特性质是________。
   A. 自源性　B. 他源性　C. 表意性　D. 表音性

2. 以下属于他源文字的是________。

A. 拉丁字母　　B. 印度字母　　C. 假名　　D. 汉字

3. 衍生自古苏美尔文和古埃及文的他源文字，向表音文字发展，可分为以下三个主要类型________。

A. 表形文字　　B. 表词文字　　C. 辅音文字　　D. 音位文字

4. 腓尼基人在________影响下，创立了腓尼基字母。

A. 苏美尔的楔形文字　　B. 古埃及的象形文字

C. 中国的汉字　　D. 中美洲玛雅人使用的玛雅文字

5. 意音表词文字的特点是________。

A. 声符少　　B. 声符多　　C. 意符少　　D. 意符多

四、填空题

1. 从文字的起源看，与自源文字相对的是________。
2. 古希腊文明衰落后，罗马人继承了希腊字母，再将其改造发展为目前普遍使用的________。
3. 他源文字不直接表意，而是用来记录语音，是________文字。
4. ________（国家）创制的喃字是与汉字造字法相同、方块形的意音文字体系，而假名和谚文都是表音文字。
5. ________文字和语言的关系可以比喻成靴子和脚的关系。
6. 古希腊人将腓尼基字母拿过来后，通过字形分化增加了几个字母，最终定型为________个字母。
7. 古代日本、朝鲜、越南等地都借用________作为自己的文字，既用来书写汉语借词，也书写本民族的语词。
8. 自源文字以形表意，是________文字，文字和语音之间的联系是间接的。
9. 人类找到了更好的记事方法，一是实物记事，二是________记事。
10. 实物记事主要有________和讯木等方法。

五、思考题

1. 阅读并评论以下文字。

拉丁化新文字在大众语讨论中提出以后，有赞成和反对两种意见。赞成的认为大众不识字的多，即使文章用大众语写，大众也看不懂，这是一个问题。另外大众都说方言土语，而汉字记录不了方言土语，因此在推行大众语的同时，还必须实行中文拼音化。反对的意见有几种：一是不赞成实行中文拼音化，认为这样会废除汉字，汉字是不应该废除的。二是即使实行中文拼音化，也可以采用我们自己制订的拼音方案，如“注音字母”和“国语罗马字”，不必采用从苏联来的拉丁化新文字。三是不赞成拼写方言，主张只拼写以北京话为标准的“国语”。四是认为北方话拉丁化新文字的拼音标准太宽泛，近似被否定的“老国音”，而且不标声调，产生大量同音词，这行不通。①

2. 1984 年 10 月，中国文字改革委员会在北京召开了文字改革工作座谈会，关于新时期文字改革的方针任务，会议认为②：

我国在新的历史条件下，仍要坚持文字必须稳步进行改革的方针，走世界文字共同的拼音方向。但这并不影响汉字的继续存在和使用。在今后相当长的时期内，汉字和《汉语拼音方案》将会并存并用，相辅相成，共同为现代化建设服务。当前文字改革的主要任务是：积极推广和普及普通话，研究整理现行汉字并制订现代汉语用字的各项标准，进一步推行《汉语拼音方案》，使《汉语拼音方案》在实际应用中完善化、规范化，加强有关文字改革的社会调查和科学研究，进行各种规模的实验，并努力为社会服务。

请分析这一“方针任务”和 1986 年全国语言文字工作会议确定的“新时期国家语言文字工作的方针和任务”有何不同。

① 倪海曙：《拉丁化新文字运动的始末和编年纪事》，知识出版社 1987 年版，第 8 页。

② 苏培成：《当代中国的语文改革和语文规范》，商务印书馆 2010 年版，第 458 页。

第五章
简化汉字的历程

1. 本章提要

我国目前使用的简化汉字，1956年由国务院正式公布，经过数十年的调整和修订，才最终形成。但是早在20世纪初期，中国知识分子中就已经出现了简化汉字的呼声。当时，主流知识界普遍认为汉字繁难，不利于教育的普及，中国要普及教育，就必须废除汉字，改用拼音文字。但是，汉字在中国已经使用了数千年，拼音化不可能马上实现。要解决汉字落后的燃眉之急，就要从简化汉字入手。

20世纪初期积极倡导简化字的人，也是汉语拼音化运动积极的倡导者和推动者。他们从20世纪20年代起就身体力行，不仅发表文章呼吁简化汉字，而且动手搜集整理民间已经通行的、使用较为广泛的俗体字。俗体字也称作手头字或者破体字，往往是使用频率很高的日常用字，老百姓为了书写便利，自主地减少笔画从而慢慢形成。由于方便易用，俗体字便在一定范围内流传开来，可以说是广大劳动人民自发的创造。简化汉字最初的倡导者，发现了这些"中国小百姓"的"惊人的革新事业"，极为重视，他们简化汉字的研究，就从这些俗体字入手。

1935年8月，经钱玄同等人搜集和整理，《第一批简体字表》颁布，正式推行简体字324个。但是，简体字公布以后，遭到很多人反对，有些人的态度还相当激烈。结果，这批简体字公布没过多久，就遭到废止。

中华人民共和国成立后，国家非常重视语言文字工作，决定着手进行汉字简化和异体字整理的工作，把汉字的笔画和字数削减一部分，降低小学生和工农群众学习汉字的难度。这两项工作的成果，基本上就是我们今天使用的第一批简化汉字。这批简化字之所以能成功使用到今天，最重要的原因是大量采用了群众基础比较好的俗体字。

1977年，文字改革委员会公布了第二批简化汉字的方案，这个方案就是人们口头上常说的"二简方案"，这批字也常被称为"二简字"。二简方案采用的简化原理和第一批简化字基本一致，大幅度削减了笔画的数量，同时也合并了一些同音字。但是，二简字大多缺乏群众基础，民众的认同度不高，部分字形过分近似，容易引起混淆，一些字形也不够美观，一公布就受到不少批评。总体说来，这批简化字的推行并不成功，因此到 1986 年就废止了。

2013 年，国家正式颁布了《通用规范汉字表》，成为社会一般应用领域用字的规范和标准。国家在制订《通用规范汉字表》的过程中，还恢复了个别繁体字和异体字。

2. 1949 年以前简化汉字的努力

简化汉字的呼声，早在 20 世纪初就出现了。1909 年，陆费逵①首先将简化汉字和普及教育联系起来，提出普通教育应该采用俗体字的主张。1922 年，陆费逵②提出了简化汉字的两种办法：(1)限定通俗字范围，大致在两千个汉字左右；(2)减少笔画，第一步用已有社会基础的简笔字，第二步把其他笔画多的字也改变字形，减少笔画。大力倡导简化字并身体力行的另一近代名人是钱玄同。1920 年，钱玄同③在《新青年》撰文，提出减省汉字笔画的建议。1922 年，国语统一筹备会召开第四次大会讨论简体字问题，正式着手简体字的研究。钱玄同在会上提出了《减省现行汉字的笔画案》④，再一次明确了“减省现行汉字笔画”的建议：

> 现行的汉字，笔画太多，书写费时，是一种不适用的符号，为学术上、教育上之大障碍，这是大家都知道的。最近二三十年以来，常常听见有人说“汉字革命”的话：有的主张将国语改用拼音的，有的主张将现行汉字减省笔画的……我以为改用拼音是治本的办法，减省现行汉字笔画是“治标”的办法。那治本的事业，我们当然应该竭力去进行。但这种根本改革，关系甚大，不是一朝一夕就能达到目的的……但现行汉字在学术上、教育上的作梗，已经到了火烧眉毛的地步，不可不亟图补救的方法！我们决不能等拼音的新汉字成功了才来改革！所以治标的办法，实是目前最切要的办法。

在文字观上，钱玄同接受了西方的“符号之符号”的观念，对于反驳者提出减省笔画之后，造字的本意就“不可复见”的质疑做如下回答⑤：

> 减省之后，造字的本意自然不可复见了。但文字本是语言的符号，语言是用声音来表示思想感情的，文字就是这种声音的符号，只要有若

---

① 陆费逵：“普通教育应当采用俗体字”，载《教育杂志》1909 年创刊号。

② 陆费逵：“整理汉字的意见”，载《国语月刊》1922 年第 1 期。

③ 钱玄同：《减省汉字笔画底提议》，1920，载张宝明、王中江主编《回眸〈新青年〉语言文学卷》，河南文艺出版社 1998 年版，第 514-517 页。

④ 钱玄同：《减省现行汉字的笔画案》，1923，载《钱玄同文集·第三卷》，中国人民大学出版社 1999 年版，第 85-92 页。

⑤ 钱玄同：《减省现行汉字的笔画案》，1923，载《钱玄同文集·第三卷》，中国人民大学出版社 1999 年版，第 85-92 页。

干简易的形式，大家公认为某音某音的符号，就行了；什么肖形，什么表意，全是莫须有的。所以造字的本意不可复见，在实际应用上是不受丝毫影响的。

减省汉字笔画的方法，主要是搜集整理民间业已广泛通行的俗体字，代替那些原本笔画繁复的汉字；同时仿造固有俗体字的形式，为没有俗体字的繁体字另造新字。之所以沿用旧有的俗体字而不另造新字，主要是因为不少俗体字虽然难登大雅之堂，但在平民社会早已通行了数百年，具有广泛的群众基础。而“新造有两层困难：一则逐字重造，不但麻烦，并且有些字还造不好；二则一个人造的字，很难得多数人底同意。用那固有的，则可避免争执，推行较易”①。普通百姓创造的俗体字被胡适②视作惊人的革新而大加褒扬：

这二千年的中国的小百姓不但做了很惊人的文法革新，他们还做了一件同样惊人的革新事业：就是汉字形体上的大改革，就是“破体字”的创造与提倡……“齊”字改作“齐”字，“齋”字改作“斋”字，“還”字改作“还”字，“壞”字改作“坏”字……这些惊人的大改革，处处都合于“经济”的一个大原则。

这一“述而不作”的原则，成为1949年以后制定汉字简化方案的指导原则。

简化汉字的主张一经提出，很多学者即着手进行有益的探索。1930年，刘复、李家瑞合编的《宋元以来俗字谱》出版，从宋元以来的12种民间刻本收录俗字1 600多个，其中大部分是简体字，为简化汉字提供了很有价值的资料。③1934年，钱玄同接受国语统一筹备委员会的委任，开始“搜采固有而较适用的简体字”，编制《简体字谱》，为普及简体字做准备。1935年6月，《简体字谱》完成，选录简体字2 400多个；经相关部门逐字审查，从中选用了2 300多个字；又在其中挑选出“最适当而且便于铸造铜模的”1 230多字。④上海以陈望道为首的文化界知名人士则倡议发起推行“手头字”运动，编定《手头字第一期字汇》，收字300个，主张将民间流行的手头字用于出版印刷正规书本，《论语》《太白》《译文》等刊物率先响应，采用手头字印刷。

1935年8月，《第一批简体字表》和《各省市教育行政机构推行部颁简体字办法》先后公布。《第一批简体字表》收录简体字324个，均选自此前钱玄同编写的《简体字谱》中最适当而且便于铸造铜模的1 230多个字，其审定原则如下⑤⑤：

本部复委托前国语统一筹备委员会妥慎选择，并经规定“（一）依述而不作之原则；（二）择社会上比较通行之简体字，最先采用；（三）原字笔

① 钱玄同：《减省汉字笔画底提议》，1920，载张宝明、王中江主编《回眸〈新青年〉语言文学卷》，河南文艺出版社1998年版，第514-517页。

② 胡适：《〈国语月刊〉“汉字改革号”卷头言》，1923，载姜义华主编《胡适学术文集·语言文字研究》，中华书局1993年版，第314-316页。

③④ 苏培成：《当代中国的语文改革和语文规范》，商务印书馆2010年版，第108页。

⑤ 转引自苏培成主编：《当代中国的语文改革和语文规范》，商务印书馆2010年版，第110页。

画甚简者，不再求简”等项，以为选定简体字标准。嗣据前国语统一筹备委员会依此标准，拟定《简体字表》呈送前来，复经本部郑重审核，将社会最通用之第一批《简体字表》，选编完成。

相关部门规定“凡小学，短期小学，民众学校各课本，儿童及民众读物，均应采用部颁简体字”，并规定自1936年起“凡新编之小学课本，短期小学课本及民众学校课本，不用部颁简体字者，不予审定”①。

简体字虽然简单易学，但一经正式颁布推行，在社会上引起了相当大的争议，一些保守势力纷纷表示反对。1936年，《第一批简体字表》被收回废止。

3.《汉字简化方案》的制订

1949年中华人民共和国成立之后，文字改革工作在政府的领导下得以迅速推进。虽然创制拼音文字、实现汉语拼音化是文字改革的最终目标，但是中央也认识到实现这一目标将会是一个很长的过程，而在拼音文字成功创制之前，汉字仍将是人民必须使用的重要工具。1950年，吴玉章在中国文字改革协会干部会议上传达了毛泽东的指示：文字改革应首先办“简体字”，不能脱离实际，割断历史。②

1950年起，我国开始进行简体字的研究和选定工作，先后拟订了《常用汉字登记表》《第一批简体字表》《常用汉字简化表草案》共五稿、《汉字简化方案草案》《汉字简化方案修正草案》等数个方案，最终于1956年国务院全体会议第23次会议通过了《汉字简化方案》及《关于公布〈汉字简化方案〉的决议》。在《汉字简化方案》制订的过程中，广泛征求了各方的意见。1955年1月《汉字简化方案草案》发表后的半年中，中国文字改革委员会收到群众来信或意见书共5 167件，并通过机关、部队、工会的各级组织广泛征集对草案的意见，全国参加讨论的人数达20万之众③，充分体现了对汉字简化工作的慎重态度。

《汉字简化方案》制订过程中，关于简化字的选定原则和标准问题，曾出现过各种观点。如1950年，中央教育部社会教育司在编定《常用汉字登记表》时，拟订了选定简体字的四条原则，其中三条是：

(1) 整理已经通行的简体字，必要时根据已有简体字的简化规律加以适当补充；(2) 所选定、补充的简体字，以楷书为主，间或采取行书、草书，但必须注意容易书写和便利于印刷；(3) 简体字的选定和补充，以最常用的汉字为限，不必为每一繁难的汉字制作简体。④

---

① 苏培成：《当代中国的语文改革和语文规范》，商务印书馆2010年版，第111页。

② 苏培成：《当代中国的语文改革和语文规范》，商务印书馆2010年版，第120页。

③ 王均：《当代中国的文字改革》，当代中国出版社1995年版，第143页。

④ 王均：《当代中国的文字改革》，当代中国出版社1995年版，第139页。

而在其后征求意见的过程中，对该表的意见主要集中在以下两点[①]：

(1) 选定简体字应该遵循约定俗成的原则。《常用汉字登记表》中的许多简体是各家自创的，缺乏群众基础，这些字不能马上推行。应该把确实已经通行的简体字加以整理、确定，然后予以推行。

(2) 草书楷化的简体字确有它的优点，即弧形的笔势和笔画的连结，能使书写速度加快。但是，弧形交叉和笔画的勾连，却使得汉字的字形差别减少，不仅增加初识字人认读和书写的困难，而且草书楷化的形体远不及正楷体那样结构匀称、美观。因此，草书楷化字体不适于印刷，只有少数楷化的草书简体可以采用。

此后编定的《常用汉字简化表草案》第一稿以"采用普遍通行的简体字为主，用草书楷化的方法加以增补"的原则，送交毛泽东审阅后，他指出，过去拟出的700个简化字[②]还不够简，作简体字要多利用草体，找出简化规律，作出基本形体，有规律地进行简化，汉字的数量也必须大大减缩，一个字可以代替好几个字，只有从形体上和数量上同时精简才算得上简化。[③] 由此，汉字简化工作的原则变为[④]：

(1) 汉字字形的简化工作，今后要和汉字字数的精简工作结合起来进行，变成全部通用汉字的整理；

(2) 一方面收集草书简体字的资料，研究一般简化规律，进行常用字的简化工作；另一方面进行精简通用汉字数目的研究，待精简通用汉字的研究有相当结果时，就开始拟订草化简体字。

《常用汉字简化表草案》第三稿收录简体字 1 634 个，在征求意见过程中收集到的主要意见是[⑤]：

(1) 这个草案应用在印刷上要改 1 600 多个字的铜模，如果进行偏旁类推简化，要改动的铜模还要增多。但目前能刻模坯的熟练工人估计全国只有 20 人左右，而每个工人每天只能刻制模坯 10 多个。每个汉字有大小号和宋体、仿宋体、方体、楷体等各种字体。这样，所需制造铜模的时间要增加几十倍。加以目前我国各印刷厂所用铅字规格不一，使制造铜模的工作更为困难。因此，在短时间内要改动过多的铜模是难以实现的。

(2) 草书笔画增加了汉字的结构单位，打乱了原来的部首系统。有些字很难把它归并到现有任何一个部首里去，这就使原来按部首、笔画编排的字词典、电报码本、档案、索引等不能继续使用。同时，草书笔画不易为初学的人掌握，难于称说，不便书写。

① 王均：《当代中国的文字改革》，当代中国出版社 1995 年版，第 141 页。
② 即《常用汉字简化表草案》第一稿，共收入比较通行的简体字 700 个。
③ 王均：《当代中国的文字改革》，当代中国出版社 1995 年版，第 141 页。
④ 王均：《当代中国的文字改革》，当代中国出版社 1995 年版，第 142 页。
⑤ 王均：《当代中国的文字改革》，当代中国出版社 1995 年版，第 143-144 页。

(3) 宋体字夹杂草体，甚至一个汉字的一半是宋体，一半是草体，形式上很不协调。

(4) 有一部分笔画繁杂的字，第三稿并没有收入。对于那些常用且笔画繁杂的字应该予以简化。

刘少奇在中央国家机关讨论《汉字简化方案草案》时指示，汉字简化应少用同音代替，而应着重分期分批简化汉字偏旁。①

《汉字简化方案》分为三个部分，《第一表》收入 230 个简化字，《第二表》收简化字 285 个，两表共收入简化字 515 个，《汉字偏旁简化表》收有 54 个简化偏旁。表中简化字平均笔画数为 8.17 画，与该方案对应的繁体字为 544 个，平均笔画数为 16.08 画。该方案简化字分为 4 批于 1956 年至 1959 年间推行。下表为简化方案第一表中的部分汉字：

汉字简化方案

汉字简化第一表

这个表里有 230 个简化汉字，按注音字母音序排列。括弧里边的字是原来的繁体字。

罢(罷)	迈(邁)	灯(燈)	条(條)
卜(蔔)	霉(黴)	敌(敵)	听(聽)
备(備)	蒙(矇濛懞)	淀(澱)	团(團糰)
宝(寶)	弥(彌瀰)	点(點)	难(難)
报(報)	篾(衊)	电(電)	拟(擬)
办(辦)	庙(廟)	垫(墊)	乐(樂)
板(闆)	面(麵)	独(獨)	类(類)
帮(幫)	范(範)	夺(奪)	累(纍)
别(彆)	奋(奮)	对(對)	里(裏)
标(標)	丰(豐)	断(斷)	礼(禮)
表(錶)	妇(婦)	冬(鼕)	丽(麗)
边(邊)	复(復複覆)	东(東)	厉(厲)
宾(賓)	达(達)	动(動)	励(勵)
补(補)	斗(鬥)	态(態)	离(離)
辟(闢)	担(擔)	台(臺檯颱)	了(瞭)
朴(樸)	胆(膽)	头(頭)	刘(劉)
扑(撲)	当(當噹)	体(體)	帘(簾)
么(麼)	党(黨)	铁(鐵)	联(聯)

《汉字简化方案·汉字简化第一表》(部分)

① 王均：《当代中国的文字改革》，当代中国出版社 1995 年版，第 146 页。

《汉字简化方案》收入的简化字,可分为以下几类①:

(1) 减省原字形体,如医(醫)、疟(瘧);
(2) 保持原字轮廓,如肃(肅)、伞(傘);
(3) 草书楷化,如专(專)、长(長);
(4) 采用古字体,如丰(豐)、从(從);
(5) 用符号代替原字的一部分,如汉(漢)、仅(僅);
(6) 另造新形声字,如惊(驚)、护(護);
(7) 同音代替,如里(裏)、几(幾);
(8) 其他,如旧(舊)、灵(靈)。

《汉字简化方案》一经公布,就受到人民群众的欢迎,其中最欢迎简化字的,当属正在学习汉字的小学生和文盲了。如果一个不识字的农民在扫盲班学习,在汉字简化之前,他要学习的是"豐收""農民""穀子""麥子""雜糧"等字;而简化之后,这些繁难的字就变成"丰收""农民""谷子""麦子""杂粮"了,这大大降低了学习的难度。教育家叶圣陶②表示:

> 我认为汉字需要改革。单就已经认识汉字用惯汉字的人着想,改不改都无所谓。可是咱们小学里每年有大量的新入学的儿童,咱们中间又有大量的文盲。为这两大批人着想,汉字就非改革不可。这两大批人要用汉字。汉字难认难写,改得容易认些,容易写些,就节省了这两大批人的精力和时间。所以汉字改革是关涉到多数人利益的一件大事。

同时,这批简化汉字比较严格地遵守了"述而不作"的原则,方案中的简化字大多已在社会上通行多年,所以很快就全面推行开来。《汉字简化方案》通过1964年颁布的《简化字总表》得到了进一步的完善,明确了可以类推简化的偏旁,确立了简化字使用的统一规范。

4. 整理异体字

异体字和标准字体相对,如果一个字有两个或两个以上的形体,标准字体之外的形体就是异体字。严格说来,异体字和标准字应该是音义完全相同但形体不同的两个或两个以上的汉字。鲁迅在小说《孔乙己》中塑造了迂腐落魄的书生孔乙己,他向小孩子卖弄"茴字有四样写法",说明"茴"除了标准字体之外,至少还有三个异体字。汉字系统在漫长的发展过程中,产生了为数不少的异体字,不利于文字的规范,故而需要对异体字进行整理和规范,淘汰不必要的异体字。

异体字的整理工作和简化汉字的工作是结合进行的。特别是毛泽东指示"汉字的数量也必须大大简缩"之后,整理异体字工作成为精简汉字数量的一个重要

① 王均:《当代中国的文字改革》,当代中国出版社1995年版,第148页。
② 叶圣陶:《谈汉字改革》,载《文字改革笔谈(第一辑)》,文字改革出版社1958年版,第3-7页。

方面。1955 年,《汉字简化方案修正草案》拟订时,同时也拟订了《第一批异体字整理表草案》,并由全国文字改革会议审议通过,最终由文化部和文字改革委员会发布《第一批异体字整理表》。《第一批异体字整理表》共收异体字 810 组,每组最少 2 字,最多 6 字,共淘汰 1 055 个异体字。整理异体字时确定选用规范字的原则是“从俗从简”,“从俗是指选择印刷上已有铜模而又符合一般手写习惯的字,从简是指选择笔画结构比较简单的字”①。下面是一些表中的例子,其中方括号内是淘汰的异体字:

庵[菴]	霸[覇]	背[揹]	并[倂並竝]	采[寀採]
册[冊]	場[塲]	村[邨]	雕[彫鵰琱]	峰[峯]
够[夠]	挂[掛罣]	果[菓]	鶏[雞]	迹[跡蹟]
劫[刼刧刦]	杰[傑]	决[決]	昆[崑崐]	泪[淚]
猫[貓]	渺[淼淼]	升[陞昇]	尸[屍]	笋[筍]
它[牠]	同[仝衕]	灾[災烖菑]	沾[霑]	哲[喆]

异体字的整理,始终和汉字的简化相联系,其最终目标就是要减少汉字数量、减省汉字笔画。高景成②在回忆制订《第一批异体字整理表》的情形时说:

> 在汉字简化的思想指导下,《一异表》的由来在理论和实际上都不是孤立的。……《异体字表》也包含一些不是音义全等的异体字,有的是以大包小,个别的甚至以小包大,有音义交叉、同音异义甚至于异音异义的字组等,或多或少地有了简化字的性质。

《第一批异体字整理表》存在的问题主要有③:

> (1) 有讹误。把某些音义不同的字合并为一个异体字组。例如:“諂【謟】”。“諂”读 chǎn,是谄媚、谄谀的“谄”的繁体字;而“謟”读 tāo。《尔雅·释诂下》:“謟,疑也。”“謟”和“諂”音义不同。又如:“券【券】”。“券”读 quàn,是证券的券;而“券”读 juàn,是疲倦的“倦”的异体。“券”和“券”音义不同。把某些音同义不同的字合并为一个异体字组。例如:“雕【凋】”。“雕”“凋”都读 diāo,但“雕”是猛禽名,“凋”指凋谢。
>
> (2) 选用字的音义小于被淘汰的异体字的音义。这就是以小包大,以少包多。例如:“菇【菰】”。“菇”是蘑菇、香菇的菇;“菰”除了同“菇”外,还指茭白。又如:“丘【邱】”。“丘”指小土山、土堆;“邱”除了同“丘”外,还用作姓氏。
>
> (3) 有些人名用字当作异体字被淘汰了,改为规范字,人们就不知道指的是哪个人。例如:“沾【霑】”,《红楼梦》的作者曹雪芹,名字叫曹

① 苏培成:《当代中国的语文改革和语文规范》,商务印书馆 2010 年版,第 222 页。

② 高景成:《对〈第一批异体字整理表〉编制的认识体会》,载王均主编《语文现代化论丛·第三辑》,语文出版社 1997 年版,第 117 页。

③ 苏培成:《当代中国的语文改革和语文规范》,商务印书馆 2010 年版,第 223-224 页。

霑，不能写作曹沾。又如："暗【闇】"，国画大师于非闇，不能写作于非暗。

(4) 淘汰了一些文言死字，人们讥笑这种做法是"枪毙死人"。例如："姻【婣】"里的"婣"，"吻【脗】"里的"脗"。

《第一批异体字整理表》公布推行后，文字改革委员会即着手整理第二批异体字。《第二批异体字整理表草案(初稿)》于1956年拟订，在征求意见的过程中经过反复修订，最终未能审定公布。这其中有客观原因，但另一个不可忽视的原因是异体字的整理和汉字简化相互纠缠，人们对于异体字整理的范围难以取得一致的意见。

异体字整理的另一项重要的工作，是将地名中的生僻字改换为常用字，便于人们认读。1955年至1964年间，经国务院批准，分9次更改了35个县以上地名里的生僻字，具体如下：

所属省份、自治区	原名	更名后名称
黑龙江省	铁骊县(lí)	铁力县(lì)
	瑷珲县(hún)	爱辉县(huī)
青海省	亹源回族自治县	门源回族自治县
新疆维吾尔族自治区	和阗专区	和田专区
	和阗县	和田县
	于阗县	于田县
	婼羌县	若羌县
江西省	雩都县	于都县
	大庾县(yǔ)	大余县(yú)
	虔南县(qián)	全南县(quán)
	新淦县	新干县
	新喻县(yù)	新余县(yú)
	鄱阳县(pó)	波阳县①(bō)
	寻邬县	寻乌县
广西壮族自治区	鬱林县	玉林县
四川省	酆都县	丰都县①
	石砫县	石柱县②
	越嶲县	越西县
	呷洛县(xiā)	甘洛县 (gān)
贵州省	婺川县	务川县
	鳛水县	习水县

① 2003年，民政部批准"波阳县"恢复为"鄱阳县"。

①② 丰都县和石柱县今属重庆市。

（续表）

所属省份、自治区	原名	更名后名称
陕西省	商雒专区	商洛专区
	盩厔县	周至县
	郿县	眉县
	醴泉县	礼泉县
	郃阳县	合阳县
	鄠县	户县
	雒南县	洛南县
陕西省	邠县 鄜县(fū) 葭县 沔县 栒邑县 洵阳县 汧阳县	彬县 富县(fù) 佳县 勉县 旬邑县 旬阳县 千阳县

20世纪80年代，文字改革委员会准备继续推进这项工作，但是大多数省、市、自治区的反馈意见认为，县以上的地名用字应保持稳定，现在不宜更改。

近年来也有一些学者提出，地名负载着文化，是一种宝贵的文化资源，应该加以保护，一般不宜改动。而在地名已经更改的地方，由于旧的书写习惯不能马上退出语言生活，再加上使用古字显得“有文化”的尚古心理，新旧地名混用的现象也十分普遍。

5.《第二次汉字简化方案(草案)》

1956年《汉字简化方案》公布推行以后，受到群众，特别是工农兵群众和青少年儿童的热烈欢迎，群众中出现了不少要求进一步简化汉字的声音。1960年，中共中央发出了《关于推广注音识字的指示》，表示“为了加速扫盲和减轻儿童学习负担，现有的汉字还必须再简化一批，使每一个字尽可能不到十笔或不超过十笔，尽可能有简单明了的规律，使难写难认难记、容易写错认错记错的字逐渐淘汰”①。1972年，文字改革办公室着手拟订《第二次汉字简化方案(草案)》，采用的拟订原则是②：

① 1960年4月22日，中共中央《关于推广注音识字的指示》。转引自苏培成主编《当代中国的语文改革和语文规范》，商务印书馆2010年版，第359页。

② 苏培成：《当代中国的语文改革和语文规范》，商务印书馆2010年版，第360页。

（1）主要选用群众中流行的简化字；同时根据群众简化汉字的规律，适当拟制一些新简化字。（2）从有利于目前的应用出发，着重简化比较常用的汉字。（3）在简化汉字形体的同时，精简汉字的数量。（4）要尽量使汉字的非字部件变成常用字，使汉字便于分解，便于称说。

1977 年文字改革委员会送国务院审批的《关于〈第二次汉字简化方案（草案）〉的请示报告》（以下简称“二简草案”）中的拟订原则，则删去了第四点。1977 年，国务院批准“二简草案”发表试用，征求意见。

“二简草案”分为两个字表。第一表收简化字 193 个（其中不作简化偏旁的简化字 172 个，可作简化偏旁的简化字 21 个）；类推出来的简化字 55 个。以上两项合计共 248 个。第二表收简化字 269 个（其中不作简化偏旁的简化字 245 个，可作简化偏旁的简化字 24 个）；此外不能单独成字的简化偏旁 16 个。根据 24 个可作简化偏旁的简化字和 16 个不能单独成字的简化偏旁，类推出来的简化字 336 个。以上两项合计共 605 个。这个草案共收简化字 853 个，简化偏旁 61 个；在精简汉字数量方面，草案精简了 263 个字。部分“二简字”举例如下：

规范简化字	二简字	规范简化字	二简字
原	厡	幕	帣
菜	芀	整	㱏
灌	浂	冀	北
酒	氿	芭·粑·笆	巴
稳	𥝤	糊·葫·蝴·猢	胡
嚷	𠮦	汊·杈·衩·扠	叉
儒	仈	稀	希
廖	庁	鳜	桂
籍	笈	蛋	旦
糖	粇	腾	𫠊
停	仃	餐	歺
雪	彐	贰	弍
真	𠦑	留	畄
鞋	𫲟		

“二简草案”中的简化字，不少是某一地方、某一行业内使用的简化字，一经公布便在全国各大报刊及统编教材上试用，影响非常广泛。“二简字”字形简单、书写方便，很快在群众中流传开来；同时由于简化不尽合理，也很快收到来自各方的许多批评和改进意见。例如，“展”简化为“尸”。有的海外华人在参观了中国举办的展览后评价“二简字”为“尸横遍野”。王均①将当时对“二简草案”的批评意见

① 王均：《当代中国的文字改革》，当代中国出版社 1995 年版，第 156-157 页。

总结为以下几点：

> (1)有规律地简化做得不够，应该在通盘考虑、统筹安排的基础上合理简化。(2)有些同音代替字不同程度地引起了意义上的混淆，特别是贬义字代替褒义字更为不妥。如，以“刁”代替“雕”，在“刁像”“群刁”等词语中就含有贬义了。其中还有少数不同音而代替的，造成了多音多义字。采用同音代替的方法，应该以同音代而且意义上不致引起歧义为条件。(3)增加了形近易混字。如“忈(感)”与“忈(愚)”“专(青)”与“专”等。(4)再次简化了1956年《汉字简化方案》中已经简化的字，如帮、属、稳、愿等，已经简化过的字，没有十分必要，不要再次简化，以免使人无所适从。(5)简化了一些笔画较少、结构并不复杂的字和一些比较生僻罕用的字。常用字中笔画不算很多、结构并不复杂的可不必简化；一些很少使用的生僻字，尽管其笔画和结构都较复杂，也不要急于简化，应着重简化那些笔画繁多、结构复杂，或容易读错、写错的常用字。

此后，文字改革委员会数度组织对“二简草案”进行修订，各方意见均不能达成一致。1986年，国务院批准废止“二简草案”：1977年12月20日发表的《第二次汉字简化方案(草案)》，自本通知下达之日起停止使用。① 由国家语委印发的《全国语言文字工作会议纪要》②对此表述如下：

> 1977年发表征求意见的《第二次汉字简化方案(草案)》，经过多次修订，迄今未能定案。这一草案中虽然有一部分简化字比较合理，对识字教学、文字使用有某些积极作用，但是再正式公布这批新简化字，对出版物特别是多卷本的字典、词典、百科全书以及电子计算机的汉字字库等，都会造成很多困难。因此，会议建议国务院批准正式宣布废止《第二次汉字简化方案(草案)》。汉字的演变是从繁到简的。从长远看汉字不能不简化，但今后对于汉字的简化，应持谨慎的态度，在一个时期内使汉字的形体保持相对的稳定，以利社会应用。

1964年中国文字改革委员会编印了《简化字总表》，实际收录简化字2 236个。经历了波折之后，为了便利人们正确使用简化字，国家语言文字工作委员会于1986年重新发表了《简化字总表》，并对原《简化字总表》中的个别字做了调整：

> “叠”“覆”“像”“囉”不再作“迭”“复”“象”“罗”的繁体字处理。因此，在第一表中删去了“迭【叠】”“象【像】”，“复”字字头下删去繁体字【覆】。在第二表“罗”字字头下删去繁体字【囉】，“囉”依简化偏旁“罗”类推简化为“啰”。“瞭”字读“liǎo”(了解)时，仍简作“了”，读“liào”(瞭望)时作

① 见国务院批转国家语言文字工作委员会《关于废止〈第二次汉字简化方案(草案)〉和纠正社会用字混乱现象的请示》的通知，载《新时期的语言文字工作》，语文出版社1987年版，第330-333页。

② 国家语言文字工作委员会：《全国语言文字工作会议纪要》，载《新时期的语言文字工作》，语文出版社1987年版，第2-8页。

“瞭”，不简作“了”。此外，对第一表“余【餘】”的脚注内容作了补充，第三表“讠”下偏旁类推字“雠”字加了脚注。①

《第一批异体字整理表》在公布后也经过一定的调整。1956 年，文改会和文化部发出通知，规定“阪”字用作日本地名“大阪”时仍用原字，并将“挫”恢复为规范字。1986 年文改会重新发布《简化字总表》时，确认总表收入的“䜣、䜩、晔、詟、诃、䲡、䌷、刬、鲙、诓、雠”11 个字为规范字，不再作为异体字淘汰。1988 年国家语委和新闻出版署发表的《现代汉语通用字表》确认恢复“翦、邱、於、澹、骼、彷、菰、溷、徵、薰、黏、桉、愣、晖、凋”15 个字为规范字。

2009 年颁布的《通用规范汉字表(征求意见稿)》历时 8 年研制而成，是我国汉字规范工作的最新成果。该表重新收录了 6 个被《简化字总表》淘汰的繁体字“剋、锺、蘋、噁、濛、硃”；恢复了 51 个非严格意义的异体字，其中“祫、噘、慄、蹚、晳、瞋”6 字收入二级字表②，“氾、仝、叚、絜、鼇、邨、扞、吒、飏、陞、並、迳、迺、钜、昇、椏、赀、𬬻、脩、砦、堃、喆、蒐、椀、甦、淼、犇、殻、甯、缐、劄、賸、麹、瓌、驩、穌、溧、勠、菉、彟、勑、祕、谿、勣、頫”45 字收入三级字表。对此，参与汉字表研制工作的专家③表示：

> 硃砂的“硃”和二噁英的“噁”都是科技用字，属于必用字，却在繁体字的位置上，这次就把它们恢复过来。又如浮蘋的“蘋”和苹果的“苹”是混合在一起的。而“浮蘋”与环保有关，与苹果的“苹”意义不一样，所以这次也把“蘋”字恢复。另外，濛河的“濛”过去被简化成蒙，但濛河在历史上是著名的河流，许多文献资料都有记载，简化后造成了不少混乱，因此这次也被恢复。“剋”(责备的意思)是口语词，使用频率很高，被简化成“克”后，带来很多不便，所以这次也被恢复。而此次恢复的“锺”，只限用于姓氏。姓“锺”和姓“钟”，本属于两个姓氏家族，取消“锺”字后，给这两个姓氏造成混乱。因此此次恢复了“锺”姓。而事实上，“锺”和“钟”在古汉语中的用途也不同，“锺”是一种度量工具，“钟”则是一种乐器。

而恢复的异体字中，不少是社会上仍在使用的汉字。例如“氾”“仝”“谿”“線”“甯”原来被视为“泛”“同”“溪”“线”“宁”的异体字，但它们原本也是姓氏，出于对家族传统的尊重予以恢复。“喆”原来作为“哲”的异体字废除，但由于该字由两个“吉”构成，很符合中国人的审美心理，适合取名，全国有很多人的名字选用了这个字，故而也予以恢复。

2013 年，国家正式颁布了《通用规范汉字表》，成为社会一般应用领域用字的

① 见国家语言文字工作委员会《关于重新发表〈简化字总表〉的说明》，1986 年 10 月 10 日。转引自苏培成主编《当代中国的语文改革和语文规范》，商务印书馆 2010 年版，第 533-534 页。

② 《通用规范汉字表》根据字的通用程度划分为三级：一级字表收字 3 500 个，是使用频度最高的常用字集；二级字表收字 3 000 个，使用频度低于一级字；三级字表收字 1 800 个，是一些专门领域的用字。

③ 《教育部不考虑恢复繁体字，复用六字事出有因》，引自中国评论新闻网。

规范和标准。这个字表一共收入汉字 8 105 个，分为三个级别。一级字表是常用字集，一共有 3 500 个汉字，主要满足基础教育和文化普及的基本用字需要。二级字表是次常用字，一共有 3 000 个。一、二级字表加起来一共有 6 500 字，能够满足出版印刷、辞书编纂和信息处理等方面的一般用字需要。三级字表收字 1 605 个，主要包括一二级字表之外的姓氏、人名、地名、科学技术术语和部分文言用字等。

单元测验 5

一、判断题

1. 20 世纪初期，俗体字往往都是积极倡导简化字的人创造的。
2. 1955 年，《汉字简化方案修正草案》拟订时，同时也拟订了《第一批异体字整理表》，并最终由文化部和文字改革委员会发布《第一批异体字整理表草案》。
3. 繁体字不属于规范汉字。
4. 1909 年，陆费逵首先将简化汉字和普及教育联系起来，提出普通教育应采用俗体字的主张。
5. 异体字的整理，始终和汉字的简化相联系，其最终目标就是要减少汉字数量、减省汉字笔画。

二、单选题

1. ________年，国务院批准“二简草案”发表试用，征求意见。
   A. 1975　　B. 1976　　C. 1977　　D. 1978
2. 异体字和标准字应该是音义________形体________的两个或两个以上的汉字。
   A. 完全相同、不同　　B. 完全不同、相同
   C. 完全不同、不同　　D. 完全相同、相同
3. 异体字整理的另一项重要的工作，是将地名中的________改换为常用字，便于人们认读。
   A. 俗体字　　B. 繁体字　　C. 生僻字　　D. 通俗字
4. 1935 年 8 月，《第一批简体字表》颁布，正式推行简体字________个。
   A. 316　　B. 324　　C. 352　　D. 424
5. 1930 年，刘复、李家瑞合编的________出版，为简化汉字提供了很有价值的资料。
   A.《宋元以来俗字谱》　　B.《手头字第一期字汇》
   C.《简体字谱》　　D.《异体字表》
6. 王均批评“二简草案”简化了一些________的字和一些较生僻罕用的字。
   A. 笔画较少、结构并不复杂　　B. 笔画较少、结构却很复杂
   C. 笔画较多、结构并不复杂　　D. 笔画较多、结构也很复杂

7. 1988 年国家语委和新闻出版署发表的《现代汉语通用字表》确认恢复“翦、邱、於、澮、骼、彷、菰”等________字为规范字。

A. 12 个　　B. 15 个　　C. 17 个　　D. 18 个

8. 2013 年，国家规定了社会一般应用领域用字的规范，共收入汉字 8 105 个，分为________个级别。

A. 三　　B. 四　　C. 五　　D. 多

9. 刘少奇在讨论《汉字简化方案草案》时指示，汉字简化应________同音代替，要分期分批简化汉字偏旁。

A. 不用　　B. 少用　　C. 多用　　D. 禁用

10.《汉字简化方案》收入的简化字“专(專)、长(長)”的简化方法是________。

A. 减省原字形体　B. 保持原字轮廓　C. 草书楷化　D. 同音代替

三、多选题

1. 中华人民共和国成立以后，由政府积极推进文字改革运动，具体任务是________。

A. 简化汉字　　B. 推广普通话

C. 制订和推行汉语拼音方案　　D. 搜集俗体字

2. 1986 年废止了推行并不成功的“二简字”，主要原因是________。

A. 大多缺乏群众基础，民众的认同度不高

B. 民间通行了很长时间的俗体字不是规范汉字

C. 一些字形也不够美观，饱受批评和争议

D. 部分字形过分近似，容易引起混淆

3.《汉字简化方案》收入的简化字，从简化方法上看，包括下列________。

A. 保持原字轮廓　B. 草书楷化　C. 另造新形声字　D. 同音代替

4.《第一批异体字整理表》存在的问题主要有________。

A. 异体字的整理和汉字简化重叠，浪费时间

B. 选用字的音义小于被淘汰的异体字的音义

C. 淘汰了一些文言死字

D. 有讹误

5. 王均对当时“二简草案”的批评意见有以下哪几点________。

A. 有规律地简化做得不够　　B. 部分同音代替字引起意义混淆

C. 增加了形近易混字　　D. 再次简化了已经简化的字

四、填空题

1. 我国目前使用的简化汉字，是________年国务院正式通过和公布的，其后又经过局部的修订和调整。

2. 简化汉字最初的倡导者，从俗体字入手，经过________等人的搜集和整理，颁布

了《第一批简体字表》。

3. 我们今天使用的简化汉字是通过简化汉字和整理________这两项工作后，才逐步形成最终的方案颁布推行。
4. 1909年，陆费逵首先将简化汉字和________联系起来，提出普通教育应采用俗体字的主张。
5. 异体字整理的另一项重要的工作，是将地名中的________改换为常用字，便于人们认读。
6. 《宋元以来俗字谱》从宋元以来的12种民间刻本收录俗字________多个，为简化汉字提供了很有价值的资料。
7. 1936年，________被收回废止。
8. 减省汉字笔画，主要是搜集整理民间业已广泛通行的________，代替那些原本笔画繁复的汉字。
9. 2013年，国家正式颁布了________，规定今后社会一般应用领域用字的规范，均以其作为标准。
10. 1950年，吴玉章传达了毛泽东的指示：文字改革应首先办"________"，不能脱离实际，割断历史。

五、思考题

1. 阅读并评论以下观点。

《关于精简通用汉字的几点建议》：(1)去掉某些形声字的形旁，"这个法子，特别适用于动植物名称的用字上。举例如下：鱼旁的鲢、鳗、鲟、鳜、鳢、鳟、鳕、鳅、鲥、鳇、鳊、鲳等等。"(2)整理、精简连绵字，如"彷徨"写成"旁皇"，"蚯蚓"写成"丘引"。(3)用同音代替的办法精简地名用字。"蕲春县"可以改为"旗春县"，"黟山"可改为"依山"，"蠡县"可改为"丽县"。(4)直接用拼音字母转译科技名词，淘汰科技专用的怪字。(5)生僻难认或笔画繁多的姓氏专用字，能不能设法简化。"龔"字23笔，简成"龚"也还有11笔，索性把它写成"工"就只剩3笔，岂不省掉许多麻烦？①

2. 2006年，我国大规模开展更换第二代身份证的工作。广东省民政厅、公安厅发出通知，要求广东省19个含生僻字的地名予以改名，理由是这些生僻字地名不在公安部的GB13000字库中，如果不改名就无法让群众领到第二代身份证。这个通知发出后，引发了一场关于生僻字的讨论，以下是争论中的一些观点：

(广东)省公安厅二代证办公室相关负责人解释说：无论是进入字库的字还是要废除的字，每个字都要经过国家文字委审查。国家文字委经专家考证等一系列程序，认为是不规范的字，才没有让其进入字库。该负责人举例说，

① 龚书潮："关于精简通用汉字的几点建议"，载《光明日报》1964年8月5日。转引自苏培成主编《当代中国的语文改革和语文规范》，商务印书馆2010年3版，第348-349页。

肇庆有个村的村民还主动打电话到公安厅，要求改掉他们所在地的生僻字地名。

国务院颁布的《地名管理条例》及其《实施细则》规定：地名更名要征得当地人民群众的同意，可改可不改的和当地群众不同意改的地名不要更改。

中山大学中文系古代汉语教研室主任谭步云教授认为：一个汉字即一部文化史，从文化层面上考虑。禁用部分生僻字，必定造成汉文化某些方面的断层。某些字人为地让它消失，实际上就是删除掉若干部文化史。如果推而广之，在古籍的整理中也废掉若干生僻字，那无疑是一场文化上的灾难。对于古地名的字应给予保留，对于异体字和不规范的方言字则可以借此机会大加整顿，当然应征求专家的意见，并拿出方案予以公示。如果一味地废除，则是下下之策。

有人认为这一措施合理：废除部分生僻字，能起到规范汉字，提高管理效率的作用。

有群众建议：应该用扩大字库来解决问题，因为现在的技术水平完全可以完成这一操作。

试评论以上观点。

第六章
简化汉字的原理

1. 本章提要

本章主要讨论简化汉字的原理，进而说明简化字为什么能取得成功，又为什么会引发一些争议。“世界文字的发展总是由复杂到简单的”，是关心繁简字问题的人耳熟能详的一句话，人们常以此证明简化汉字的合理性。这种观点的产生和“汉字落后论”“世界文字发展的三阶段论”密切相关，不少人将形制简单的拼音文字看成文字发展的最高阶段，故此对文字发展总是由复杂到简单这个说法，也会比较认同。

但是，从汉字简化的具体过程来看，文字发展总是由复杂到简单的说法，并不完全符合事实。比如，二简字笔画更少、形体也大大简化，但推行中却受到很多批评。简化汉字的方法有许多，其中一种是采用笔画更少的古字体。这说明至少在这些繁体字简化之前的几千年里，它们的演化不是越来越简单，而是变得更复杂。简化字推行的几十年间，不断整理和规范汉字，也根据实际使用的需求恢复了个别繁体字。

中华人民共和国成立后，国家正式颁布的第一批简化字和第二批简化字，基本上采用了相同的简化原理和方法。可是为什么第一批简化字受到民众欢迎，而第二批简化字则引发了很大的争议，最终没有被接受呢？最主要的原因是第一批简化字比较好地遵循了“述而不作”的原则，大量采用通行很久、使用广泛、群众基础好的俗体字。《汉字简化方案》的公布，只是为这些俗体字正了名，使它们取得了规范字的地位。而二简字普遍“约而未定，俗而未成”，社会接受度很低，老百姓不习惯，最终不能被语言社团接受也就不足为奇。

民众自发创造的俗体字，主要为了使用方便，不会考虑汉字系统性的问题。采用“述而不作”的原则简化汉字，会在一定程度上牺牲汉字的系统性。语言社团接受了第一批简化字，实质上是牺牲了部分系统性，换取单个汉字的书写效率。不难看出，语言社团有一个动态调节的机制，能在减少汉字笔画和保持汉字系统性之间做出取舍，并且获得新的平衡。

汉字简化的方法中，争议最大的是同音代替和同音合并。汉语同音字只有很小一部分是异体字，绝大多数表示不同的概念。同音字有的是历史上汉语语音简化的结果，还有很多本身就是由同一个字孳乳分化而来的字族。汉字系统经过了漫长的演进，形成了今天形声字占主体、同音字较多的格局。简单地将几个同音字合并成一个，是一种汉字语音化的倾向。语音化在汉字发展的历史上，已被证明是一条行不通的道路。假借字就是语音化的用字机制，非常容易引起意义混淆，最终遭到淘汰。同音代替、同音合并的原理和假借字是一样的。

简化汉字还有一个争议比较多的问题，就是类推简化的范围。类推简化有助于维持汉字的系统性，但是简化范围过大，并不能增加汉字使用的实际效用，并且会增加语言社团的负担。近年来的研究成果，都比较认同类推应该有个合适的范围。2013 年颁布的《通用规范汉字表》对类推简化采取了严格掌握的原则，规定不在《通用规范汉字表》内的汉字，一律不再类推简化。

经过上面的讨论，我们可以看到，汉字是一个非常复杂的体系，它和拼音文字最大的区别，就在于它和汉语不是两个完全独立、互不干扰的系统。汉语和汉字相互作用，关系非常密切。汉字的发展和 20 世纪简化汉字的历史表明，汉字的演进并不总是由复杂到简单的，汉字体系内部有复杂的关系，也有微妙的制衡机制。简化汉字的实质，是以牺牲汉字某一方面的便利，换取另一方面的便利，所以简化汉字只能在一定的限度内进行。一旦超出了限度，就会打破汉字体系的平衡关系，引发混乱的局面。第一批简化字得以顺利推行，是因为没有突破汉字体系平衡的界限，而又便利了语言社团的书写。而第二批简化字则走过了头，只能以失败告终。

我们在引进和学习外来的理论的时候，要特别关注理论的适用性问题，注意观察理论生长的土壤和我们应用这个理论的土壤是否有所不同。只有在运用理论时注意仔细甄别，才能防止“南橘北枳”的现象发生。

2. 述而不作

汉字简化工作得到了政府的大力推动，在短时间内就取得了巨大的成功，大大便利了我国扫盲和文化普及工作的开展。但是，汉字简化的工作，也存在一些争议。例如施蛰存[①]通过举例子说明简化字造成的问题：江南老一辈的妇人指修脸说“做面”，将“麺”简化成“面”，就和“煮面条”没有差别了；“侭”简化成“尽”，于是“侭吃侭用”和“尽吃尽用”相混了；“并”用“併”代，于是“并肩”变成“併肩”了；“嚇”简成“吓”，于是应念“赫”音的“恐嚇”“惊嚇”都变成“恐吓”“惊吓”了。有人批评简化字“爱无心”（愛），“亲不见”（親），“厂空空”（廠），将造字的理据一并简化

① 转引自倪海曙：《文改鸣放录》，载《1957 年文字改革辩论选辑》，新知识出版社 1958 年版，第 1-45 页。该段引文选自第 9 页。

了。由于简化汉字最初是拼音化无法迅速完成而实施的权宜之计，很多人认为汉字终究是要废除的，再加上简化字推行的过程中存在局部的反复调整，“二简字”的负面影响也很难根除，在一定程度上造成了一些人不注意用字规范的现象。简化字有易写的好处，但繁简两套文字事实上并存的状况，也增加了社会用字的成本。

以下我们将从几个方面阐释汉字简化的原理，进而讨论简化汉字取得成功的原因以及存在的一些问题。

“述而不作”是汉字简化的指导思想之一，即在简化过程中，尽量采用已经在民间长期流行的简体字，只进行收集整理和必要的修改，不擅自造字。我国第一批推行的简化字大多早已在民间流传，元明清三代流传的俗体字和今天的简化汉字完全相同的就有 300 多个，故而 1956 年《汉字简化方案》一经推出，就受到群众的普遍欢迎。周有光[①]认为，第一批简化字的成功主要依靠“约定俗成”，“除去极少几个字，都是人们早已在手头上用惯了的，方案不过把‘俗体’改为‘正体’罢了”；而“二简字”的失败，主要是这些字“约而未定、俗而未成”，不易为人接受。

汉字体系具有很强的系统性。民间流行的简体字、俗体字是由老百姓自己创造的，以简便为准则，创造简体字时不会考虑汉字整体的系统性。“述而不作”的简化原则，在使民间俗体字取代“正统”繁体字的同时，也在一定程度上破坏了汉字体系原有的系统性。例如为了书写简便，简化时许多不同的汉字部件都用同样的部件或符号替代：

繁体字	鳳	鷄	鄧	觀	艱	戲	轟	樹	聖
简化字	凤	鸡	邓	观	艰	戏	轰	树	圣

又如“派”本意指江河的支流，“脈”是指人体的脉络，两者意义相关，本属同一字族。“脈”简化成“脉”之后，这两个字意义上的联系就不容易看出来了，而“脉”和永久的“永”，游泳的“泳”，歌咏的“咏”之间似乎也并无太多关系。苏培成[②]认为，“个体简化使汉字的系统性有所削弱”。这一后果在很大程度上是“述而不作”原则的副作用。

3. 同音代替和同音合并

同音代替是汉字简化时采用的重要方法之一，是在原本读音相同（或相近）的数个汉字中，选取笔画较少的一个作为规范的简化字，代替其他笔画较多的汉字使用。这一方法在 1956 年的《汉字简化方案》中就开始使用，例如：

① 周有光：《周有光语文论集·第二卷》，上海文化出版社 2002 年版，第 125-126 页。

② 苏培成：《当代中国的语文改革和语文规范》，商务印书馆 2010 年版，第 300 页。

保留的简化字	里	丑	面	卜	干		谷	后	伙	松
被代替的字	裏	醜	麵	蔔	乾	幹	穀	後	夥	鬆

“二简草案”中同音代替的方法使用得更多，如：

保留的简化字	巴			胡				希	桂	旦	令	邦	付	予	交
被代替的字	芭	粑	笆	糊	葫	蝴	猢	稀	鳜	蛋	龄	帮	副	预	跤

同音合并是指在简化汉字时，用一个简化的字形对应两个或多个繁体字，例如“發”和“髪”都简化为“发”，“鍾”和“鐘”都简化为“钟”。

采用同音代替和同音合并这两种简化汉字的方法，最初的目的是要减少汉字的数量，特别是减少同音字、近音字的数量，但也导致相当程度上的用字混乱，是简化字受到质疑的主要原因。例如，女作家宗璞本名冯锺璞，汉字简化后，“锺灵毓秀”的“锺”变成了“做一天和尚撞一天鐘”的“鐘”，便不用本名，改名“宗璞”。“鍾”和“鐘”、“甯”和“寧”本来是两个不同的姓氏，随着汉字简化和异体字的废除而成为“一家人”。而“萧”简化为“肖”，“阎”简化为“闫”，“傅”被“付”代替，“戴”被“代”代替之后，由于有些人采用了新的字形，有些人则坚持使用老的字形，使原本的一个姓氏拆成了两家。中国名将萧劲光在“二简草案”公布后写为“肖劲光”，但目前的很多书籍、影视节目和网页上两种写法都有，以致有人发问：“萧劲光”和“肖劲光”到底是不是同一个人？学了繁体字的外国人到中国来，要到餐馆吃饭，看见招牌上的“面”却不敢进去，因为繁体的“面”只有“脸面”的意思，简化之后代替了“麵”才上了餐馆的招牌。同音代替和合并造成了繁简汉字间“一简对多繁”的局面，大大增加了简化字转换为繁体字的困难。例如下面左表中的简化字分别对应右表中的繁体字：

简化字

前后	皇后
发现	头发
面部	面粉
木板	老板

繁体字

前後	皇后
發現	頭髮
面部	麵粉
木板	老闆

繁简转换稍不留神就会出错，例如“台”在繁体文本中，“台端”仍是“台端”，“台湾”要写成“臺灣”，“台球”要写成“檯球”，而“台风”则要写成“颱風”。“发卡”转换为繁体字是“髮卡”(头发上的装饰物)呢，还是“發卡”(发售卡)？街头高挂着的“理發”招牌，可能对不少人来说都不陌生。有人形容借助软件转换繁简字体，

"结果就是一场灾难"，这也许过于夸张，但是自动繁简转换必须辅以人工检查，而能够胜任这一工作的人越来越少，目前来说则是毫无疑问的。

4. 类推简化

所谓类推简化，即指某个字形简化了，当这个字作为其他字的构件时也跟着简化。例如"嚴"简化为"严"，则"儼"也简化为"俨"；"龍"简化为"龙"，则"壟"简化为"垄"；"車"简化为"车"，则"軌"简化为"轨"，"軍"简化为"军"，"庫"简化为"库"，"載"简化为"载"。《简化字总表》规定其第二表中的132个简化字和14个简化偏旁，可以类推简化。苏培成[1]认为，类推简化有利有弊：

> 利在于减少的笔画多一些，学习和书写的困难可能减少得也多一些。因为汉字偏旁具有系统性，类推简化正是利用了这个特点，符合汉字学习的规律，群众容易接受。而弊在于增加了汉字的总字数，削弱了汉字的传承性，有的简化字削弱了构字的理据性。简化字的字数如果过多，就会拉大了繁简两式的距离。

目前的简化字中，第一、二两个字表是个体简化，共482个字，第三表是类推简化得来的，共1 753个字。占简化字多数的是类推简化，而不是个体简化。

类推简化存在的问题之一是和个体简化存在矛盾。例如，从"軍"旁的简化字都简化为"军"，如"晕、恽、浑、诨"等，但是"運"却简化为"运"；从"單"旁的都简化为"单"，如"弹、掸、阐"等，可是"戰"却简化为"战"。个体简化遵从的是"述而不作""约定俗成"的原则，这就使得强调系统性的类推简化难以贯彻到底，形成了一批不能类推的例外字，需要对它们单独进行记忆加工，加大了语言社团学习使用的负担。

而类推的范围也成为多年来争议的问题，即类推应该是有限制的类推，只对一定范围内的汉字进行类推简化；还是无限制的类推，将类推简化原则用于所有的汉字。《简化字总表》的说明部分实际上制定了一个无限类推的原则，"未收入第三表的字，凡用第二表的简化字或简化偏旁作为偏旁的，一般应该同样简化"。这样做虽然有利于整个汉字体系的统一，但也造成了汉字数量激增的弊病。詹鄞鑫[2]以简化为"鱼"的"魚"旁字为例，仅部分类推就增加新字120个，如果无限类推将增加新字309个。章琼[3]对《汉语大字典》54 678字范围内所有可以类推简化的繁体字做了穷尽性的类推简化试验，发现这种对全部汉字进行的类推简化会导致无用的同形字大量增多和汉字平衡结构的破坏，认为无限类推"既无必要也不可能"。2013年颁布的《通用规范汉字表》对类推简化采取了"严格掌握"的原

---

① 苏培成："重新审视简化字"，载《北京大学学报(哲学社会科学版)》2003年第1期。

② 詹鄞鑫："汉字规范与汉字字形问题"，载《语言文字应用》2008年第1期。

③ 章琼："汉字类推简化的考察与分析"，载《语言文字应用》2003年第1期。

则，规定不在《通用规范汉字表》内的汉字，一律不再类推简化。

5. 文字的发展总是由复杂到简单吗？

“文字的发展总是由复杂到简单”，这是我们经常听到的一句话。同音代替和同音合并也是在这一思想的指导下进行的。数量庞大的同音字是汉语实现拼音化的最大技术障碍，同音代替和同音合并既可以减少同音字的数量，又符合文字由复杂到简单的发展规律和趋势，就理所当然地成为简化汉字的重要方法。如果我们回想一下采用古汉字创制的注音符号（第二章第 4 节），就不免心生疑惑：注音符号使用的古汉字，都笔画很少，比后世对应的汉字简单许多，何以见得“文字的发展规律总是由复杂到简单的”呢？

ㄅ	“包”之古字
ㄇ	“幂”的本字
ㄊ	古之“突”或“凸”
ㄐ	古之“纠”字
ㄙ	古之“私”字

事实上，庞大的汉语同音字有相当一部分是汉字体系不断发展和完善的结果。当社会经济的发展要求汉语发展出更多词汇的时候，原有的汉字因为数量有限，无法满足这一要求。古代中国人解决这一冲突的办法就是用原有的一个汉字，借以表示另一个同音概念，于是产生了六书中的“假借”现象。例如，“北”原本表示“二人相背”，假借用作北方的“北”；“自”本是鼻子的象形，表示“自己”，假借作自从的“自”；“我”本是一种兵器，借用作第一人称代词。假借可以用较少的文字符号表达较多的概念，曾经是汉语重要的词汇手段。假借虽然解决了汉字数量少、难以表达大量概念的问题，但是借用的数量一大，时间一长，就会出现字义不明、文本难以读懂的现象。例如，表示“农民、农业”的“農”逐渐被用来转指以下一系列相关但又不同的概念：(1)露水多，浓厚；(2)衣服厚；(3)厚酒，醇酒；(4)肿血，脓肿；(5)草木茂盛；(6)味道浓厚。这样一来要确定文本中的“農”字所指的到底是哪个意义，必然颇费一些周折，甚至难以确定，造成理解上的困难。

汉字体系后来的发展，成功地解决了假借泛滥造成的意义混淆。解决的办法，就是给表达不同意义的同一个字，加上各种形旁，形成一系列发音相同或相近、意义相关的形声字。例如，“農”字后来演化成为一系列同音字：

農	
濃	露水多，浓厚
襛	衣服厚
醲	厚酒，醇酒
膿	肿血，脓肿
穠	草木茂盛
噥	味道浓厚

形声制的建立将走入假借这一“死胡同”的汉字系统拉回了快速发展的轨道，是非常高产的词汇手段。由同一声旁衍生的一系列形声字构成一个字族，意义相关，读音相同或相近，构成了结构严密的汉字体系。例如由“戋”衍生的形声字“线、盏、笺、浅、钱、践、贱、饯”等，都含有“小”的意思；由“肖”衍生的形声字“稍、艄、宵、鞘、梢”等，都含有“末端渐小处”的意思。形声字出现之后，汉字的增长满足了社会经济发展的需要，同时也避免了假借字泛滥造成的意义混淆，是汉语词汇发展的一大进步。

从假借到形声，是一个通过添加构字部件发展词汇的过程，其结果是产生了数量更庞大、字形更复杂、意义区别更精细的汉字系统。这说明文字的发展不总是由繁到简的。简化汉字，特别是“二简草案”所采取的同音代替和合并方法，有些是将意义分化的数个形声字合并成为一个笔画简单的字(往往是声旁)，如将“芭、粑、笆”简化为“巴”，“糊、葫、蝴、猢”简化为“胡”，实质是向假借字的倒退，极易引起意义的混乱。

如果将汉字系统和西方的字母文字相比较，我们就会发现，西方意义上的“文字”仅是一套书写系统，而汉字除了具备书写系统的功能，还是一个词汇系统。作为书写系统的汉字，符合“总是由复杂到简单”这一规律，从甲骨文到楷书发展的总体趋势是不断简化，便于语言社团书写。这一简化的过程，是“书体”的简化，而非词汇系统的简化。而作为词汇系统的汉字，则同时受到“由简到繁”和“由繁到简”这两条原则的影响。“由简到繁”，是指词汇的发展会随着人类社会的发展不断扩大规模，经历词汇量由小变大的过程。这一过程在汉字上，就体现为汉字数量的增加。汉字数量增加了，需要在个体汉字有限的空间内通过更多的笔画和更复杂的结构，承载更多的信息，实现对意义更为精细的区分。而“由繁到简”，是指词汇的发展，不可能超越语言社团认知和记忆能力的限制，在数量上无限膨胀，结构上无限复杂化。将汉字作为书写体系和词汇方式这两个不同的功能混为一谈，笼统地说文字的发展必然“由繁到简”，具有极强的误导性。

单元测验6

一、判断题

1. 第一批简化字普遍“约而未定，俗而未成”，社会接受度很低，老百姓不习惯，最终不能被语言社团接受。
2. 假借字是语音化的用字机制，容易引起意义混淆，最终遭到淘汰。
3. 依据类推简化的方法，“車”简化为“车”，则“軌”简化为“轨”。
4. “二简草案”中有些是将意义分化形成的数个形声字合并为一个笔画简单的字，所以非常有效。
5. 中华人民共和国成立后，国家正式颁布的第一批简化字和第二批简化字，采用了两种不同的简化原理和方法。

二、单选题

1. 简化汉字时，用一个简化的字形对应两个或多个繁体字的方法是________。
   A. 同音代替　B. 同义替代　C. 同义合并　D. 同音合并
2. 目前的简化字中，采用类推简化的字表是________。
   A. 第一字表　B. 第二字表　C. 第三字表　D. 三种都是
3. 确定类推简化范围的原则是________。
   A. 无限原则　B. 有限原则　C. 悬而未决　D. 以上都错误
4. 《简化字总表》规定其第二表中的132个简化字和________个简化偏旁，可以类推简化。
   A. 11　B. 12　C. 13　D. 14
5. 采用“述而不作”的原则简化汉字，会在一定程度上________。
   A. 牺牲汉字系统性　B. 保持汉字独立性
   C. 健全汉字排他性　D. 改变汉字繁难性
6. 历史表明，汉字的演进并不总是由复杂到简单的过程，汉字体系内部有复杂的关系，也有微妙的________。
   A. 促进机制　B. 制衡机制　C. 反作用机制　D. 融合机制
7. 2013年颁布的________对类推简化采取了“严格掌握”的原则，规定不在其范围内的汉字，一律不再类推简化。
   A.《通用规范汉字表》　B.《汉字简化方案》
   C.《简化字总表》　D. “二简草案”
8. 简化汉字的方法有许多，其中有一个方法，是采用笔画更少的________。
   A. 俗体字　B. 古体字　C. 通假字　D. 假借字
9. 老百姓自发创造的俗体字，主要是为了使用方便，简化的时候，不会考虑保持汉字________的问题，都是零散地简化。
   A. 系统性　B. 规范性　C. 传承性　D. 独立唯一性

10. 我国第一批推行的简化字大多早已在民间流传，元明清三代流传的俗体字和今天的简化汉字完全相同的就有________。
A. 100 多个　B. 200 多个　C. 300 多个　D. 500 多个

三、多选题

1. 中华人民共和国成立后，国家颁布过第一批简化字和第二批简化字，采用的简化方法有________。
A. 减省原字形体　B. 保持原字轮廓
C. 用符号代替原字的一部分　D. 同音代替
2. 下列现象中，采用汉字语音化方法的包括________。
A. 同音合并　B. 同音代替　C. 另造新形声字　D. 假借字
3. “二简字”引发争议，最终不能被语言社团接受的原因有________。
A. “约而未定，俗而未成”　B. 过度同音代替和同音合并
C. 字形不够美观　D. “述而不作”
4. 汉字是一个非常复杂的体系，并且它和拼音文字最大的区别，就在于它和汉语不是两个________的系统。
A. 完全独立　B. 相对对立　C. 互不干扰　D. 互相干扰
5. 采用同音代替和同音合并这两种简化汉字的方法，最初是为了减少汉字的数量，特别是减少________的数量，但也是导致简化字受到质疑的主要原因。
A. 多音字　B. 近音字　C. 拟音字　D. 同音字

四、填空题

1. 第一批简化字得以顺利推行，是因为没有突破汉字体系________的界限，又便利了语言社团的书写。
2. 采用“________”的原则简化汉字，会在一定程度上破坏汉字的系统性。
3. “述而不作”的汉字简化原则即在简化过程中，尽量采用已经在民间长期流行的简体字，只进行________和必要的修改，不擅自造字。
4. ________的建立将走入假借这一“死胡同”的汉字系统拉回了快速发展的轨道，是非常高产的词汇手段。
5. 将汉字系统和西方的字母文字相比较，我们就会发现，西方意义上的“文字”仅是一套书写系统，而汉字除了具备书写系统的功能，还是一个________。
6. “________”将形制简单的拼音文字看成文字发展的最高阶段。
7. 汉字系统经过了漫长的演进，形成了今天________占主体、________较多的格局。
8. “________”的简化原则，使民间俗体字取代“正统”繁体字。
9. 类推简化，即指某个字字形简化了，当这个字作为其他字的________时也可以

跟着简化。

10. 当社会经济发展要求汉语发展出更多词汇，原有汉字无法满足这一要求时，古代人的解决办法是用原有的一个汉字，借以表示另一个同音概念，于是产生了六书中的“________”现象。

五、思考题

阅读并评论以下观点。

由一个语音所统率的一群形义不同的字叫同音字，然后依照形义的联系将他们分类，在每一类中选一个笔画最少的字做代表，把其余的字去掉，这就叫同音字分类合并。例如，读 lì 的有 40 个字，依照形义联系可以分为 16 类，用“利”代表“利俐猁莉痢”；用“立”代表“立粒笠”；用“戾”代表“戾唳”；用“丽”代表“丽俪骊”等，40 个汉字可以减少 24 个。这样做不会导致书面语言的混乱。因为，第一，这种假借现象早在两三千年前就出现了。第二，以纯粹同音假借而论，现代汉语中更有大量事实存在。第三，以“立粒笠”一组为例，“一粒粮食”写成“一立粮食”，意义十分清楚。①

（同音合并）抹杀了常用字和罕用字的区别，显然是脱离现在汉字使用的实际。用这种字写出来的东西，要比旧式的注音字母更不好念，因为注音字母只代表声音，字母本身的形式不代表任何意义，而汉字正因为字形清楚，容易使读者“望文生义”，而读者看了同音字分类合并的代表字，望文所生的义又不是该汉字的音所代表的义。这样，汉字的字形和字义在阅读中反倒起了抑制作用。同音字分类合并，必须在两个先决条件下才能试行，而试行的结果，又必然把它否定。因为这样的文字远不如注音字母，更不说拼音文字了。这两个先决条件，一个是必须实行词儿连写、词间分写；另一个是文字必须口语化，要读得出来听得懂才行。②

① 何金松：“论同音字分类合并”，载《光明日报》1964 年 11 月 25 日。转引自苏培成主编《当代中国的语文改革和语文规范》，商务印书馆 2010 年版，第 349-350 页。

② 林涛：“精简通用汉字不能光靠同音合并”，载《光明日报》1964 年 12 月 9 日。转引自苏培成主编《当代中国的语文改革和语文规范》，商务印书馆 2010 年版，第 349-350 页。

第七章
汉语方言

1. 本章提要

中国有丰富的语言和方言。汉族是中国人数最多的民族，分布的地域广阔。由于历史上人口流动相对有限，各地的汉语方言差异很大，各有特色，形成了独具一格的地域文化。汉语方言的划分，是复杂的学术问题，学界的意见也不尽统一。目前影响较大的一种观点，把汉语分为七大方言，包括北方方言、吴语、赣语、客家话、湘语、闽语、粤语。其中北方方言也叫“官话”，官话区的人口占汉族总人口的70％以上。各大方言内部还可以进一步细分。

方言和地方文化存在共生关系，当方言呈现萎缩和流失的态势，人们使用方言的能力普遍下降时，依托方言的地方文化的生存状态也不容乐观。方言文学、方言影视作品、地方曲艺和地方戏剧等艺术的发展就会受到较大影响。近年来，我国的不少地方戏面临生存的危机，灭绝和濒临灭绝的地方剧种逐年增加。

如果仅将语言视作交际工具，这个工具越简单、越便利越好。如果这样看，则方言的差异越小越好。但是，当代哲学家海德格尔曾说，“语言是存在的家园”。语言的价值，远不止交际工具。语言是人和动物最重要的区别特征之一，是我们认知和表征世界的方式，是传承人类文化和文明的载体，承载着每个民族的世界观和价值观。

随着人们的生活越来越丰富、交往越来越广泛，多语多言已成为现代社会的常态。从某个角度看，方言仍然是大多数中国人真正意义上的母语，承载着我们的很多情感。方言生动亲切、富有魅力，人们读到或看到家乡话创作的文艺作品，也容易感知其中蕴含的细腻情感和魅力。因此，方言是地方文化的载体，是人们地域身份认同的重要标签，是自己和家乡、家人的情感纽带。

2. 方言的分布

2.1 方言的表现力

地域广阔的中国是一个方言分布复杂的国家。自古以来，由于交通、通信不便，人口流动较少，各地都发展了自己独特的方言，形成了别具一格的地域文化。近年来，方言类的影视节目、文艺作品受到群众的普遍欢迎。电视台、电台作为覆盖面广泛的主流媒体，纷纷推出方言类节目。节目的目标受众不再局限于中老年人群，它们采用风趣、生动、亲切、活泼的本地土话，再加之形式丰富多彩，内容时尚前卫，在全国各地掀起阵阵热潮。如四川方言节目《阿聪读报》和《吃在成都》、宁波方言新闻节目《来发讲啥西》、上海的《新闻坊》方言版、山东的《拉呱》等节目，都取得了不俗的收视(收听)成绩。方言电视剧或加入大量方言成分的电视剧也红红火火，如沪语版的《孽债》、四川话版的《傻儿师长》、东北话版的《东北一家人》和杂合各种方言的《武林外传》都很受欢迎。受到全国观众喜爱的喜剧、小品中，也大多融入了浓厚的方言色彩。赵本山等表演的东北方言小品在全国，特别是中国北方地区受到了广泛的欢迎。赵丽蓉的唐山话、郭达的陕西话、大兵的湖南腔、严顺开的上海话，都给人们留下了深刻的印象。以方言创作的文学作品及电影、话剧很受欢迎，例如韩少功的《马桥词典》、张炜的《丑行或浪漫》、阎连科的《受活》、金宇澄的《繁花》等都受到关注；电影《没事偷着乐》《手机》《疯狂的石头》等广受欢迎，北京人艺的陕西方言话剧《白鹿原》取得空前成功。全国各地的地方性报纸也有不少开辟了方言版面，定期刊登方言文章，吸引了不少读者。

在全国范围内的人口流动日益增加，对普通话的需求越来越强烈的今天，为何方言却受到如此追捧？这恐怕是因为方言自身富有表现力，而这种表现力可能是普通话所不具备的。刘半农在《瓦釜集》中提出，越是传播使用范围狭小的方言，就越具有文学艺术上的感染力：

> 大约语言在文艺上，永远带着些神秘作用。我们作文作诗，我们所摆脱不了，而且是能于运用到最高等最真挚的一步的，便是我们抱在我们母亲膝上时所学的语言；同时能使我们受最深切的感动，觉得比一切别种语言分外的亲密有味的，也就是这种我们的母亲说过的语言。这种语言，因为传布的区域很小(可以严格地收缩在一个最小的地域以内)，而又不能独立，我们叫它方言。从这上面看，可见一种语言传布的区域的大小，和他感动力的大小，恰恰成了一个反比例。这是文艺上无可奈何的事。

胡适在为《海上花列传》作序时，将方言的魅力归结为“最能表现人的神理”：

> 方言的文学所以可贵，正因为方言最能表现人的神理。通俗的白话

固然远胜于古文，但终不如方言的能表现说话的人的神情口气。古文里的人物是死人，通俗官话里的人物是做作不自然的活人，方言土语里的人物是自然流露的人。

直到今天，方言仍然是大多数中国人真正意义上的母语，对我们的语言能力乃至思维能力产生至关重要的影响。“妈妈的话”带给人的温暖感觉，以及富有地域风情、生动活泼的表现形式，都昭示着方言的独特魅力。

2.2 方言和地方文化

方言是地域文化的基础和载体。以我国的地方戏为例，以方言为基础的声腔特性是各类地方戏艺术风格的立身之本。地方戏都是在一定方言基础上的“腔词关系”多年调谐磨合的产物。“唱念做打”是各种地方戏的主要艺术表现形式，而其中“唱”和“念”更是集中体现地方戏特色的精髓所在。“念”是方言的音韵，“唱”是便于方言音韵表情达意的声腔体系。在许多地方戏的演出中，观众如果听不懂方言就不能感受到戏剧的趣味和魅力，也难以捕捉到其声腔中包蕴的微妙情感。因此，某类地方戏影响力的大小、影响面的广狭，主要与那一地方戏所依托的方言的语言魅力和传播区域有关。

关于方言和地方文化之间的关系，学者谭汝为[①]认为：

方言是各具特色的地域文化的基础，比如中国数百种地方戏曲和说唱艺术形式都是以当地方言为依托的。方言本身也是一种文化，甚至是一种情结，具有相当的使用价值和文化价值。

石汝杰[②]表示：

方言是地方文化的第一载体，是地方文化、地方风俗的直接、细致的记录。很多民俗习惯，都有特殊的方言词语来表示，保留完好的方言体系就是一部鲜活的历史。

方言和五彩缤纷的地方文化之间存在着相互依存、共生共荣的关系。方言繁荣，地方文化则繁荣；反之，方言凋敝，地方文化也会随之萎缩、消亡。

2.3 方言和汉语研究

方言是汉语研究的宝库。学者石汝杰[③]认为，“各地方言是汉语历史的投影，汉语历史上曾经存在的特征，在普通话里往往已经消失，但是还有许多保存在各地方言里”。例如，吴语保留了中古汉语的模糊入声，而且具有区分清浊辅音的明显特征；客家话保留了中古中原话的一些特点；闽语的音系相当接近上古汉语的音系；粤语是保留中古汉语最完整的方言之一。以下两首古诗，用普通话读不押韵，而用广东话读则是押韵的：

---

① 谭汝为：《天津方言与地域文化》，载《这是天津话》，天津教育出版社 2009 年版，前言。

②③ 石汝杰：“方言是地域文化的第一载体”，载《苏州日报》2010 年 7 月 9 日。

江上渔者

（宋）范仲淹

江上往来人，
但爱鲈鱼美。
君看一叶舟，
出没风波里。

春望

（唐）杜甫

国破山河在，
城春草木深。
感时花溅泪，
恨别鸟惊心。

杜甫的《梦李白》（节选）：

恐非平生魂，路远不可测。
魂来枫林青，魂返关塞黑。
落月满屋梁，犹疑照颜色。
水深波浪阔，无使蛟龙得。

其中的“测、黑、色、得”四字用普通话读不完全押韵，如果用关中话读作“cei、hei、sei、dei”就完全押韵。

岳飞著名的《满江红》，因为用了入声韵，也要用南方方言朗读才押韵：

怒发冲冠，凭栏处，潇潇雨歇。
抬望眼，仰天长啸，壮怀激烈。
三十功名尘与土，
八千里路云和月。
莫等闲、白了少年头，空悲切。
靖康耻，犹未雪；
臣子恨，何时灭！
驾长车，踏破贺兰山缺。
壮志饥餐胡虏肉，
笑谈渴饮匈奴血。
待从头、收拾旧山河，朝天阙。

现代吴语比较完整地保留了古代的浊声母，存在送气清声母、不送气清声母和浊声母三组音的对立，而汉语普通话则只有送气清声母和不送气清声母两组。例如：

声母类型	国际音标①	例字	国际音标	例字
不送气清声母	[t]	端打对德	[p]	宝贝八
送气清声母	[t^h]	透吞腿托	[p^h]	破扑（出扑进）

① 此处用国际音标标注声母，不送气清声母[t]相当于汉语拼音的 d，送气清声母[t^h]为汉语拼音的 t，浊声母[d]普通话里没有，相当于英语的[d]；不送气清声母[p]相当于汉语拼音的 b，送气清声母[p^h]为汉语拼音的 p，浊声母[b]普通话里没有，相当于英语的[b]。

浊声母	[d]	道谈达头读	[b]	盆棒白

吴语里“并且”和“合并”中的“并”读音并不相同，前者是浊音，后者是清音，两者声母不同。汉字简化前，两者的写法也不同，分别为“並且”和“合併”，简化时因为它们在普通话里同音，合并为一个字。

方言不仅较好地保存了古代汉语的一些语音特征，还保留了不少普通话中没有的古语词汇。例如粤语单音词特别多，而以“子”这样的类词缀结尾的词很少，“鞋”就是鞋子，“箱”就是箱子。“眼睛”在闽语中叫“目”；陕西关中说“赁个车”，而不用“租”或“雇”，称同乡为“乡党”（“乡”和“党”都是我国古代民户编制）；吴越方言“站”叫“立”，“不”用“勿”，“洗”用“汏”或“净”，“二十”用“廿”，“多少”用“几许”；成都方言“舒适”叫“安逸”，形容一个人神情恍惚用“恍兮惚兮①”。文学家莫言认为：

> 我们山东话的许多方言土语，一旦写到书上，是非常典雅古朴的古语，反而能够被人理解。我们说一把刀锋利，不说锋利，而说“风快”。说一个姑娘漂亮，也不说漂亮，我们讲“奇俊”。说今天天气很热，我们不说很热，而说“怪热”。这些方言土语，写到小说里，完全可以看得懂，而且有非常强的感染力。

方言是蕴藏丰富的汉语资源库，各地方言大都保留了富有特色的语言资源。

方言的研究能够在一定程度上揭示语言的规律，对语言研究有重要的意义。例如上海开埠后，上海话的语音发生了巨大的变化。1853 年英国传教士艾约瑟(J. Edkins)的《上海口语语法》中准确地记录了 63 个韵母，是吴语中韵母最多的一种方言，到了 2003 年 40 岁以下的上海人口中，演变为 32 个，几乎减少了一半，成为吴语各地方言中韵母最少的一种。上海话的声调也从原来吴语中最典型的 8 个变成最少的 5 个。钱乃荣②指出：

> 在 160 年中，在每代人中都可以发现韵母正在合并中的几个项目，某个音、某对音已变、未变或正在变、两读的人都可以同时方便地找到，这正提供了世界语言学家要通过上海话进行语音变化来宏观和微观观察研究语音的大好实验天地。在各地不同的移民的方言的撞击这种催化剂的作用下，上海话实现了音系的充分简化而并无使语言交际发生混淆，甚至，使语言的使用更为方便润滑高效。由此，也说明了汉语词语在漫长的从单音节为主向双音节为主的进化中，其实语音系统是很有大幅缩减简化余地的。

近代上海方言的变迁，从一个侧面反映了语言发展演变的普遍规律。对方言

① 语出《道德经·第二十一章》：“恍尔惚兮，其中有物。”

② 钱乃荣：《上海方言》，文汇出版社 2007 年版，第 51-52 页。

进行深入的研究，成为语言学者探求语言奥秘的一个绝佳视角。

2.4 方言的分布

一般认为，汉语有七大方言，包括[①]：

1. 官话。使用人口占汉族总人口的70%以上，分布于整个中国的北部、长江以南的四川、贵州、云南、西藏，以及下列省份沿长江的部分地区：江苏、安徽、江西、湖北、湖南。

2. 吴语。使用人口约占汉族总人口的8%，大致分布于上海、苏南、浙江大部分地区及江西与浙江比邻的几个县。皖南的徽州方言和浙西的建德方言、淳安方言是否归属于吴语还未最后确定。

3. 赣语。使用人口占汉族总人口的2%强，分布于江西的北部和中部。

4. 客家话。使用人口占汉族总人口的4%，分布于江西南部、广东北部、福建的西部及台湾的新竹、苗栗等地。赣语和客家话是很接近的，也可以把它们看作是同一种方言的两大支派。

5. 湘语。传统的看法包括新湘语和老湘语，使用人口占汉族总人口的5%，分布于湖南洞庭湖以南的大部分地区。新湘语可以划归西南官话。湘语只应指老湘语，分布于湘西南的七八个县，以及与之比邻的广西的四个县。

6. 闽语。使用人数占汉族总人数的4%强。分布于福建(除闽西客话区外)、广东东部和海南岛及雷州半岛一部分、台湾大部分地区、浙南与福建比邻的小部分地区。

7. 粤语。使用人口占汉族总人口的5%，分布于广东大部分地区、广西东南部。

七大方言中，北方方言可以粗略地看成古汉语数千年来在广大的北方地区发展的结果，其余六大方言都是由于历史上北方居民的不断南迁，带来不同时期不同地区的北方古汉语，分散到南方不同的区域，从而逐步形成的。

现代汉语七大方言和古汉语及其前身的关系，以及各方言间的亲缘关系，可以用下图[②]表示。

① 周振鹤、游汝杰：《方言与中国文化(第2版)》，上海人民出版社2006年版，第6-7页。

② 周振鹤、游汝杰：《方言与中国文化(第2版)》，上海人民出版社2006年版，第8页。

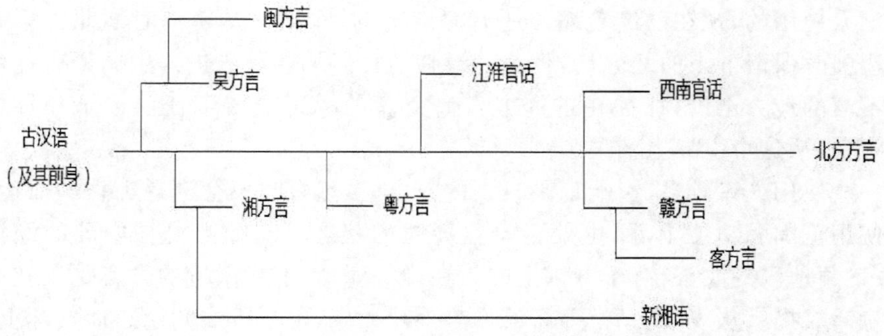

汉语方言的发展

在南方方言中,客家方言和赣方言比较接近,吴语和老湘语比较接近,最早形成的是吴语和老湘语,其次是粤语,再次是闽语,最后是赣语和客家话。北方方言的分支江淮官话的形成比西南官话早,新湘语则是西南官话源头与老湘语接触的产物。

3. 方言的萎缩

方言是生动、鲜活的语言,有非常牢固的社会基础,中国自古就有"少小离家老大回,乡音无改鬓毛衰"的诗句。方言并不是一成不变的,它受社会发展、人口流动等因素的影响,一直处于不断的变动之中。近数十年来,汉语方言的生存状况普遍不容乐观,呈现一种快速萎缩的态势。

方言的萎缩首先体现在方言的消亡上。2010 年联合国教科文组织发布的《濒危语言图谱》表明,全世界的 7 000 种语言中一半以上将在 21 世纪消亡,80%~90%的语言将在未来的 200 年内灭绝;目前全世界每天都有一种语言消亡。我国上一次开展方言普查还是 20 世纪 50 年代,距今已有半个多世纪。目前我国对各地方言的情况还没有摸清楚,很多在乡村一级使用的方言土语从未被人知晓,处于自生自灭的状态,方言流失的情况还没有明确的统计数字。但是语言学家估计,中国方言消亡的状况和国际上的情况基本一致:我国的方言正在快速地消亡。特别是使用人数少、使用范围小、使用环境差的方言最容易消亡,而越复杂、越难听懂的方言消失得越快。中国社科院语言研究所的方言学者周磊表示,中国地方太大,语言太复杂,我们现在能够摸清楚的只是以县城为主的方言,县以下的乡村,正是方言流失的源头。他举了福建省作为例子:福建境内的方言差异特别大,近年来那里的方言也消失得极快,不过,要具体到哪一支小的方言语种在消失,还无法做出确切的统计。曾任中国教育部语言文字信息管理司司长的李宇明指出,方言的流失是汉语资源衰退的主要因素。比如东北的"站话"，是古代驿站一些官员和家人使用的，现在已经萎缩。还有海南岛的"军话"，是明清时期北方军人去保卫边疆时保留下来的北方话，现在已濒临消亡。那些还未进入中国语言地图集的数不清的地方土语，往往在进入方言研究者的视野或留下任何记录和资料之前，就已经从这个世界上消失了。

一些使用人口较多、影响范围较大的方言，虽然暂时不会遭遇消亡的命运，但从其使用范围和功能上看，也处于日益萎缩的状态。比如上海是中国的经济中心，长三角地区的龙头，有千万以上的人在说上海话，上海附近的方言也正在逐渐向上海话靠拢。从表面上看，上海话形势一片大好，生存不成问题。而实际上，上海话的使用环境受到诸多的限制。从20世纪80年代后期开始，上海方言从学校教学中消失，很多中小学甚至课间活动时也不许说上海话。有一段时期，上海方言文章不能上报纸杂志，停止上海话的广播，不准发行上海话歌曲磁带，不准播放讲上海话的电影和电视，不准演出方言话剧。20世纪90年代初，沪语电视连续剧《孽债》受到广大上海市民的喜爱，但第二部沪语连续剧在开播之前就被叫停。上海话只能用在日常生活的狭小范围内，使用的范围越来越窄。长此以往，这必然会造成上海方言词汇贫乏和活力衰退。这样的情况不仅发生在上海。放眼全国，往往规模越大、经济越发达、人口流动越频繁的城市，当地方言使用的范围就越受局限，生存状态越发不容乐观。方言学者周垒表示："如今的濒危方言早已经不局限于使用人数少的语种，而是已经扩展至全部汉语方言，城市规模越大，方言受到的冲击越大"。①

4. 方言能力下降

2012年，上海市举办了名为"上海话·上海情《谈天说地阿福根》"的首届上海话大奖赛，主办方按照年龄(以35岁为界)将参赛选手分为"老上海"组和"小上海"组。报名的选手中，"小上海"人数最多，而入围决赛的仅有10人，暴露出"小上海"方言水平普遍下降的问题。对于方言水平的下降，上海人最直观的感受是现在的上海小孩都不会说上海话了。上海滑稽剧团、上海沪剧院招收了上海土生土长的新演员后，首先要进行上海话的正音培训，因为现在年轻人的上海话发音普遍不准确。据上海方言研究专家、上海大学中文系教授钱乃荣统计，上海话中有很多有特色的、在普通话中没有的单音动词，其中有74个词在现今大学生一代中已消失不再用了。有媒体报道，不少上海孩子发不准上海话的音，将"我"(ngu)读成wu、"虾"读成"花"，甚至将"出生"读成"畜生"，将"山楂片"念成了"三只屁"，闹出了笑话。上海年轻人之间讲话，即使是用上海话，也会夹有大量的普通话词

① 罗雪挥：《方言，在时代面前被揍得鼻青脸肿》，原载于《新闻周刊》，引自国际在线网，http://gb.cri.cn/3601/2004/08/17/342@269130.htm，登录日期2012年10月27日。

汇。现在,上海很多家长认为,孩子首先要学会普通话,其次是英语,上海话是市井语言,其重要性理应在此两者之后。

类似上海的这种状况,在全国各地普遍存在。浙江金华市曾经做过一个金华方言的调查,在 6 岁到 14 岁孩子中,几乎所有的人都会说普通话,但 52.03%的人完全不会说金华方言,能用金华方言较好交流的仅占 22.65%。有记者在长沙随机采访了 100 多名 5~15 岁的长沙本地孩子,有 84%的受访对象表示平时习惯说普通话,不说长沙话;当记者进一步询问会不会说长沙话时,69%的受访对象表示不会说地道的长沙话。甚至有长沙人认为,长沙话日益衰落是大势所趋。河南安阳的唐哲文今年 7 岁了,当记者试图用河南话与他交流时,这个土生土长的河南娃却连连摆手。他告诉记者,从幼儿园开始,老师就要求他们说普通话,回到家里,父母亲也习惯用普通话跟他交流,现在除了和爷爷奶奶姥姥姥爷聊天时偶尔蹦出几句方言,他基本上很难听到地道的河南话。像唐哲文这样的河南孩子不在少数,不少市民表示自己的小孩能听懂河南方言,但是不会说;即使会说,也不流畅、不利索。[①] 汪平[②]对苏州市小学二年级到高中二年级的学生进行了调查,结果表明,在课下跟老师说普通话的学生占 81%,跟父母、祖父母说普通话的为 62%~74%;超过半数的学生表示不能用苏州话谈学习,70%的学生认为,普通话已取代家乡话成为运用自如的交际工具,只有 15%的学生认为家乡话更熟练;年轻学生中有 60%更喜欢普通话,只有 25%更喜欢家乡话。汪平认为,这些数据表明方言作为母语的地位已被大大动摇。年青一代和方言逐渐疏离的现状,表明方言的生存前景不容乐观。

5. 地方文化的困顿

方言代表文化的多样性。表面上看来,方言消亡了无关紧要,反而会促进不同地区之间的沟通。但是方言丢了,一个具备特点的文化载体就消亡了,语言和文化的多样性也随之消失。

方言是地方文化的载体,是地方戏曲和说唱艺术繁荣发展的必要条件。中国方言的萎缩,已经给曾经百花齐放的地方戏带来了严重的负面影响。2005 年,国家重点科研项目《全国戏曲剧种剧团现状调查》的统计数据正式对外公布,结果显示我国传统戏曲艺术正以每年至少消失一种的速度锐减。如有"戏曲之乡"美誉的河南省,原有地方戏曲剧种约 65 个,目前仅剩 30 余个剧种,除豫剧、曲剧和越调仍广泛流传外,其余 30 多个剧种已濒临灭绝。1983 年山西还存在 49 个戏曲剧种,目前存活在山西戏曲舞台上的剧种仅 28 个。在消亡的 21 个剧种中,不乏

---

① 罗雪挥:《方言,在时代面前被揍得鼻青脸肿》,原载于《新闻周刊》,引自国际在线网,http://gb.cri.cn/3601/2004/08/17/342@269130.htm,登录日期 2012 年 10 月 27 日。

② 汪平:"普通话和苏州话在苏州的消长研究",载《语言教学与研究》2003 年第 1 期。

历史悠久、有文化价值的剧种，例如：形成于宋金时期，流传于山西、河北、内蒙古、陕西的“赛戏”；形成于宋代，流传于山西上党地区的“队戏”，流传于晋南的“锣鼓杂剧”；形成于明末清初，流行于山西、河南、河北、山东的“罗戏”“卷戏”等。陕西的第二大剧种“汉调二簧”不仅是一个历史悠久、遗产丰富的古老剧种，而且对京剧的形成产生过重要影响，但目前仅剩下安康汉剧团一个专业剧团，并且也处于濒临解散的危机中。再如福建的地方戏曲中很有艺术特色的一个剧种“打城戏”，目前不仅没有专业剧团，而且唯一能传承打城戏传统艺术的民间职业剧团泉州市打城戏剧团，也由于观众少而濒临解体。辽宁现存的地方戏也面临着种种问题，例如海城喇叭戏目前专业演员不足5人，而且没有专业的演出团体；辽剧剧团仅有两家，并且经营状况不容乐观；唯一火爆的二人转，随着赵本山的走红在全国范围内产生了较大的影响，但是如今的二人转变成了综合性的晚会演出，专家担心这对二人转的发展未必是件好事。沪剧、昆曲、评弹、上海滑稽戏原来是在江浙一带广为盛行的地方曲剧，也正在逐渐丧失其文化地位，甚至与年青一代“绝缘”。

地方戏曲面临的困顿局面并非全由方言的萎缩造成，但是方言的萎缩无疑是推波助澜的因素之一。

单元测验7

一、判断题

1. 方言是各具特色的地域文化的基础，它本身不是文化。
2. 城市规模越大，方言受到的冲击越小。
3. 北方方言的分支江淮官话，形成比西南官话早。
4. 历史上北方居民不断迁到南方不同区域，带来北方古汉语。
5. 方言流失无关紧要，更能促进各地区的交流。

二、单选题

1. 新湘语可划归为________。
   A. 西南官话　B. 江淮官话　C. 中原官话　D. 兰银官话
2. 在南方方言中，客家方言和________方言比较接近。
   A. 闽　B. 粤　C. 湘　D. 赣
3. 李宇明指出，________是汉语资源衰退的主要因素。
   A. 汉字难学　B. 口语能力下降　C. 方言的流失　D. 文言能力退化
4. ________的使用人口约占汉族总人口的8%。
   A. 官话　B. 吴语　C. 赣语　D. 客家话
5. 2005年的调查显示，我国传统戏曲平均每年至少消失________种。
   A. 1　B. 2　C. 3　D. 4
6. 吴语使用人口约占汉族总人口的________。

A. 6%　　B. 7%　　C. 8%　　D. 9%

7. 分布于江西北部和中部的方言是________。

A. 湘语　　B. 客家话　　C. 官话　　D. 赣语

8. ________是大多数中国人真正意义上的母语。

A. 普通话　　B. 方言

9. 官话区人口占汉族总人口________以上。

A. 80%　　B. 70%　　C. 60%　　D. 50%

10. 赣语和________很接近,也可以把它们看作同一种方言的两大支派。

A. 客家话　　B. 闽语　　C. 粤语　　D. 吴语

三、多选题

1. 吴语又称________。

A. 江东话　　B. 江北话　　C. 吴越语　　D. 江南话

2. 方言较好地保存了古代汉语的一些________。

A. 声调　　B. 音素　　C. 词汇　　D. 句法

3. 粤语分布于________。

A. 福建西部　　B. 广西东南部　　C. 江西南部　　D. 广东大部

4. 方言受________的影响,一直处于不断的变动之中。

A. 社会发展　　B. 人口流动　　C. 地方曲艺　　D. 人口数量

5. 南方方言中,最早形成的是________和________。

A. 吴语　　B. 闽语　　C. 老湘语　　D. 粤语

四、填空题

1. 有"戏曲之乡"美誉的是________省。

2. 人类社会对语言的使用,需要在交际的便利性和________的多样性之间寻求平衡。

3. 上海开埠后,上海话的________发生了巨大变化。

4. 方言消失,意味着________多样性也随之消失。

5. 粤语使用人口占汉族总人口的________。

6. 官话方言内部按照其语言特点,又可以细分为________个次方言。

7. 2010 年联合国教科文组织发布的《濒危语言图谱》表明,全世界的 7 000 种语言中________以上将在 21 世纪消亡。

8. 方言流失的源头是________。

9. 调查显示,大多数上海本地学生的优势语言是________。

10. ________是地方戏曲和说唱艺术繁荣发展的必要条件。

五、思考题

1. 阅读并评论以下材料。

印度安达曼群岛上一名叫作波阿的85岁老妇在上周离开了人世，她的离开象征一个古老文明的灭绝。原来，她是一个拥有65 000年历史的古老部落的最后一个成员，同时她也是地球上最后一个会说该部落语言——波族语的人。据印度语言专家称，她的死亡象征一个古老文明和一种古老语言的灭亡，她的去世，意味着安达曼群岛上拥有65 000年历史的波族语也跟着她一起走进了坟墓。

2. 阅读并评论以下材料。

目前上海话在上海的遭遇主要有以下几个方面：上海话的使用场合在缩小，如在过去使用比较活跃的菜场、商店、餐馆、马路、公车上，甚至上海籍大学生一起住的宿舍里，现今大都通用普通话，上海话经常退出这些交际场合；上海出生的青少年由于在学校都必须用普通话说话，对上海话便开始生疏，语言能力降低，有的人在说上海话时常常夹杂普通话或用普通话发音的词语，对大量上代人会说的那些具有上海特色的方言词包括许多上海方言特征词和惯用语熟语不懂或不会运用；上海的多数小孩在小时候只会说普通话而不会说上海话，即上海话变成他的第二语言；过多的场合禁用上海话，方言的使用范围往往局限在家庭、弄堂和滑稽戏里，加深了认为方言仅是市井俚语的错觉，有的语言学工作者也对方言加以贬低；以上海话为基础的沪语地方文化如沪剧、滑稽戏等急剧衰落后继乏人……

上海市民中如今有一句流传甚广的口头禅："内环线以内说英语，外环线以内说普通话，外环线以外说上海话。"也就是说，上海话将只保留在过去的乡下了。这是有些人对上海话前途忧虑的真实思想，虽然是夸张、讽刺的语言，然民谣往往是应该关注的，但愿它不要成为是一句谶语。①

① 钱乃荣：《又到风云激荡时——上海方言变化的展望和对策》，载迟志刚主编《上海文化观察》，文汇出版社2009年版，第162页。

第八章
推广普通话

1. 本章提要

古代中国各地方言差异极大，但是“书同文”，有汉字这一共同的书面载体维系着文化和民族的认同感，加之人口很少流动，“语异音”对国家治理来说，不是个突出的问题。

从某种意义上说来，现代民族共同语是国家现代化的标志之一。随着中国开启现代化进程，对统一民族共同语的需求便自然产生，而且越来越迫切。早在1911年，倒台前的清政府就颁布了《统一国语办法案》。1912年后，范围较为广泛的国语运动兴起，议定“国音”，培训师资，推动学校的国语教育，取得了初步成功。中华人民共和国成立后，积极开展文字改革运动，具体包括三项任务，即简化汉字、推广普通话、制订和推行汉语拼音方案，推广普通话是三项任务中争议最少的一个。目前中国大陆地区使用的普通话，1956年起正式推广，是以北京语音为标准音，以北方话为基础方言，以典范的现代白话文著作为语法规范的现代汉民族共同语。

大力推广普通话，一定程度上压缩了方言生存的空间。在方言和普通话的关系问题上，有人认为方言逐步萎缩和消亡，是经济发展、社会进步的表现，是未来发展的必然趋势。也有人认为方言萎缩和消亡，将给我们的文化带来负面影响，方言需要更多关注和保护。事实上，推广普通话和传承方言没有必然矛盾。普通话和方言相互补充，在人们的语言生活中发挥不同的作用，在社会公共生活领域使用民族共同语，在日常生活中使用方言，两者和谐共存，体现了用语主体性和多样性的统一。

近年来有研究表明，良好的语音意识对儿童今后的阅读能力和学业成就有较好的预测作用。而幼儿接触丰富的语音刺激，能有效提升语音意识。普通话的音系比较简单，而方言的语音则丰富得多，南方方言尤其如此。让孩子从小接触和学习方言，能促进儿童语音意识的发展，提升今后的阅读能力和学业成就。

2. 推广普通话

中国自古以来就有“通语”的概念。先秦时期的通语称为“雅言”，“雅”即“正”，雅言就是标准语的意思。据说孔子给学生上课时使用的就是雅言；我国最早按照义类编写的字典《尔雅》，就是以“雅正之言”解释古语词、方言词，使之近于规范。后世的“官话”，如南京官话、北京官话，也是当时的通语。中国虽然地域辽阔、人口众多、各地方言分歧很大，但是古代中国是典型的农业社会，人口流动较少，只有离家做官和经商的少数人才需要掌握通语，故而通语虽然自古就有，但并不普及。自清朝末年开始，中国开始了向现代社会转型的艰难历程，出现普及推广“国语”的需求，兴起了轰轰烈烈的“国语运动”。1909 年，清政府资政院提出把“官话”正名为“国语”，1911 年清政府学部通过《统一国语办法案》，决议审定“国语”标准，编辑国语课本、国语辞典和方言对照表等。1912 年至 1913 年间，“读音统一会”召开，议定“国音”和“注音字母”。1919 年，“国语统一筹备会”成立，培训国语师资，推动学校的国语教育，取得初步的成功。中华人民共和国成立以后即着手开展文字改革工作，改“国语”为“普通话”，将普通话的推广作为文字改革的三项内容之一大力推进。

普通话是以北京语音为标准音，以北方话为基础方言，以典范的现代白话文著作为语法规范的现代汉民族共同语。1956 年，国务院颁布《关于推广普通话的指示》，全文如下：

国务院关于推广普通话的指示

（一九五六年二月二十日）

汉语是我国的主要语言，也是世界上使用人数最多的语言，并且是世界上最发展的语言之一。语言是交际工具，也是社会斗争和发展的工具。目前，汉语正在为我国人民所进行的伟大的社会主义建设事业服务。学好汉语，对于我国的社会主义事业的发展具有重大的意义。

由于历史的原因，汉语的发展现在还没有达到完全统一的地步。许多严重分歧的方言妨碍了不同地区的人民的交谈，造成社会主义建设事业中的许多不便。语言中的某些不统一和不合乎语法的现象不但存在在口头上，也存在书面上。在书面语言中，甚至在出版物中，词汇上和语法上的混乱还相当严重。为了我国政治、经济、文化和国防的进一步发展的利益，必须有效地消除这些现象。

汉语统一的基础已经存在了，这就是以北京语音为标准音、以北方话为基础方言、以典范的现代白话文著作为语法规范的普通话。在文化教育系统中和人民生活各方面推广这种普通话，是促进汉语达到完全统一的主要方法。为此，国务院指示如下：

（一）从 1956 年秋季起，除少数民族地区外，在全国小学和中等学校的语文课内一律开始教学普通话。到1960年，小学三年级以上的学生、中学和师范学校的学生都应该基本上会说普通话，小学和师范学校的各科教师都应该用普通话教学，中学和中等事业学校的教师也都应该基本上用普通话教学。各高等学校的语文教学中也应该增加普通话的内容。中等学校、高等学校的就要毕业的学生和高等学校的青年教师、助教，如果还不会说普通话，应该进行短期的补习，以便于工作。教育部和高等教育部应该分别定出大力加强各级学校汉语教学、促进汉语规范化的专门计划，报国务院批准施行。

（二）中国人民解放军文化教育中的语文课和中国人民解放军所属各级学校的语文课，都应该用普通话教学。战士入伍一年之内，各级军事学校学员入学一年之内，都应该学会使用普通话。各机关业余学校中的语文教学，也都应该以普通话为标准。

（三）青年团的各地支部和工会的各地组织，都应该采用适当的和有效的方式，在青年中和工人中大力推广普通话。青年团员在学习和推广普通话方面应该起带头作用。工厂（首先是大工厂）中的文化补习学校、文化补习班和农村中的常年民校的高级班，都应该尽可能地、逐步地推广普通话的教学。

（四）全国各地广播电台应该同各地的推广普通话工作委员会合作，举办普通话讲座。各个方言区域的广播站，在它们的日常播音节目中，必须适当地包括用普通话播音的节目，以便帮助当地的听众逐步地听懂普通话和学习说普通话。全国播音人员、全国电影演员、职业性的话剧演员和声乐（歌唱）演员，都必须受普通话的训练。在京剧和其他戏曲演员中，也应该逐步地推广普通话。

（五）全国各报社、通讯社、杂志社和出版社的编辑人员，应该学习普通话和语法修辞常识，加强对稿件的文字编辑工作。文化部应该监督中央一级的和地方各级的出版机关指定专人负责，建立制度，训练干部，定出计划，分别在两年到五年内基本上消减出版物上用词和造句方面的不应有的混乱现象。

（六）全国铁路、交通、邮电事业中的服务人员，大城市和工矿区的商业企业中的服务人员，大城市和工矿区的卫生事业中的工作人员，大城市和工矿区的警察，司法机关中的工作人员，报社和通讯社的记者，文化馆站的工作人员，县级以上的机关团体的工作人员，都应该学习普通话。上述各有关机关应该分别情况，定出关于所属工作人员学习普通话的具体计划，并负责加以执行，使它们所属的一切经常接近各方面群众的工作人员在一定时期内都学会普通话。

（七）一切对外交际的翻译人员，除了特殊的需要以外，应该一律用普通话进行翻译。

（八）中国文字改革委员会应该在1956年上半年完成汉语拼音方案，以便于普通话的教学和汉字的注音。

（九）为了帮助普通话的教学，中国科学院语言研究所应该在1956年编好以确定语音规范为目的的普通话正音词典，在1958年编好以确定词汇规范为目的的中型的现代汉语词典，并且会同教育部和高等教育部，组织各地师范学院和大学语文系的力量，在1956年和1957年完成全国每一个县的方言的初步调查工作。各省教育厅应该在1956年内，根据各省方言的特点，编出指导本省人学习普通话的小册子。教育部和广播事业局应该大量灌制教学普通话的留音片。文化部应该在1956年内摄制宣传普通话和教学普通话的电影片。

（十）为了培养推广普通话工作的干部，教育部应该经常举办普通话语音研究班，训练各地中学和师范学校的语文教师和教育行政干部，各机关、团体、部队也应该派适当的干部参加受训。同样，各省、市和县的教育行政机关也应该普遍地举办普通话语音短期训练班，训练各地中小学和师范学校的语文教师，当地机关、团体、部队也应该派适当的干部参加学习。

（十一）国务院设推广普通话工作委员会，统一领导全国的推广普通话工作。它的日常工作，由中国文字改革委员会、教育部、高等教育部、文化部、中国科学院语言研究所分工进行：中国文字改革委员会负责整个工作的计划、指导和检查；教育部和高等教育部负责全国各级学校和业余学校的普通话教学的领导，普通话师资的训练和普通话教材的供应；文化部负责出版物上的语言规范化工作、有关普通话书刊的出版和留音片、电影片的生产；语言研究所负责普通话语音、词汇、语法的规范的研究和宣传。各省、直辖市人民委员会都应该设立同样的委员会，并以各省、直辖市的教育厅、局为日常工作机关。

（十二）各少数民族地区，应该在各地区的汉族人民中大力推广普通话。各少数民族学校中的汉语教学，应该以汉语普通话为标准。少数民族地区广播电台的汉语广播应该尽量使用普通话。各自治区人民委员会可以根据需要设立推广普通话工作委员会，以便统一领导在各自治区的说汉语的人民中推广普通话的工作。

自此，全国开展了由政府主导的轰轰烈烈的"推普"运动，推广普通话成为国家的基本语言政策之一。李玉琴①用"一场空前的纯洁和统一汉民族语言，提高全民族文化素质的运动在全国展开"来形容全国推广汉语拼音和普通话的"双推"运动。她所在的山西省万荣县除了在学校推广普通话，还投入相当大的力度开展"社会推普"工作：

> 首先，县政府责成教育局拟定了社会"推普"方案，团县委等六个单位联合发出"大家都来讲普通话"的倡议书。接着，县"双推"教研室又在荣河等五个镇举办了三期"农民普通话培训班"。1 500多人参加了培训。在此基础上，我们于1984年3月再次举行了有200名干部、职工、农民参加的普通话观摩表演，并将实况录音在县广播站连续播放，有力地促进了社会"推普"工作。与此同时，我们还做了明确规定，要求商店、

① 李玉琴：《坚持"双推"三十年》，载《新时期的语言文字工作——全国语言文字工作会议文件汇编》，语文出版社1987年版，第173-188页。

医院、剧场、邮电局等公共场所的工作人员，都必须讲普通话，要求学校要把普通话作为教师的职业语言。不过，到目前为止，我们的社会"推普"工作进展还不够理想，但我们有信心通过长期的工作完成这个艰巨的历史任务。

"推普"作为国家文化建设和语言规范化的重要内容，业已写入诸多法律和法规中，例如：

《中华人民共和国宪法》第十九条：国家推广全国通用的普通话。

《中华人民共和国国家通用语言文字法》第二条：本法所称的国家通用语言文字是普通话和规范汉字。第三条：国家推广普通话，推行规范汉字。

《中华人民共和国民族区域自治法》第三十七条：招收少数民族学生为主的学校（班级）和其他教育机构，有条件的应当采用少数民族文字的课本，并用少数民族语言讲课；根据情况从小学低年级或者高年级起开设汉语文课程，推广全国通用的普通话和规范汉字。

《中华人民共和国教育法》第十二条：国家通用语言文字为学校及其他教育机构的基本教育教学语言文字，学校及其他教育机构应当使用国家通用语文字进行教育教学。

《中华人民共和国义务教育法》第六条：学校应当推广使用全国通用的普通话。招收少数民族学生为主的学校，可以用少数民族通用的语言文字教学。

《中华人民共和国义务教育法实施细则》第二十四条：实施义务教育的学校在教育教学和各种活动中，应当推广使用全国通用的普通话。师范院校的教育教学和各种活动应当使用普通话。

《扫除文盲工作条例》第六条：扫除文盲教学应当使用全国通用的普通话。

《幼儿园管理条例》第十五条：幼儿园应当使用全国通用的普通话。

《民族乡行政工作条例》第十四条：民族乡的中小学可以使用当地少数民族通用的语言文字教学，同时推广全国通用的普通话。

《广播电视管理条例》第三十六条：广播电台、电视台应当使用规范的语言文字。广播电台、电视台应当推广全国通用的普通话。

国家开展"推普先进城市"和"推普先进工作者"的评选，开展各级各类的普通话竞赛。1994 年起开始举办普通话水平测试，规定公务员的普通话水平一般要求达到三级甲等，教师的普通话水平一般应达到二级乙等，语文教师则必须达到二级甲等水平。1998 年，国务院决定每年 9 月的第三周为"全国推广普通话宣传周"。

2004 年，国家语言文字工作委员会开展的首次"中国语言文字使用情况调查"结果公布。调查表明，全国能用普通话进行交际的人口比例为 53.06%，能用汉语方言进行交际的人口比例为 86.38%，能用少数民族语言进行交际的人口比例为 5.46%。城镇的普通话比例为 66.03%，高出乡村 21 个百分点。在 15～69

周岁人群中,年龄越低,能用普通话交际的比例越高;受教育程度越高,能用普通话交际的比例也越高。60～69岁年龄段人群能用普通话交际的比例为30.97%,而15～29岁年龄段的比例高达70.12%。“没上过学”人群能用普通话交际的比例为10.36%,而“大专及以上”人群达到86.77%。在家庭中最常使用普通话的比例为17.85%,而在单位最常使用普通话的比例为41.97%。教育部的统计显示,2011年,国内能够用国家通用语言文字进行交流和沟通的人比例大概是70%左右。2015年,普通话普及率提高到了73%左右。21世纪我国推广普通话的基本目标是:2010年以前,普通话在全国范围内初步普及,交际中的方言隔阂基本消除,受过中等或中等以上教育的公民具备普通话的应用能力,并在必要的场合自觉地使用普通话;21世纪中叶以前,普通话在全国范围内普及,交际中没有方言隔阂。

不少开展“推普”工作的专家认为,我国“推普”工作虽然取得了巨大的成就,但是目前的成绩和普及普通话的目标仍有距离,“推普”工作仍需坚持不懈的努力。当前,我国东西部之间、城乡之间发展很不平衡,西部和东部的普通话普及率相差有20个百分点;大城市的普及率超过90%,而很多农村和民族地区只有40%左右[①]。农村和民族地区的推普工作,仍然任重道远。

3. 放任方言流失

3.1 “推普”对方言的影响

推广普通话是社会现代化的需要,是现代化进程的一部分,适应了社会和经济活动日趋活跃、人口流动日益频繁的发展趋势,无疑是十分必要的。1949年后,国家提出了推广和普及普通话、整理和简化汉字、制订和推行汉语拼音方案这三项语言文字工作的任务,其中“推普”工作争议最少,成绩也最为显著,受到语言社团普遍的欢迎和支持。

关于推广普通话和方言的关系,早在1958年,周恩来[②]就做出如下阐释:

> 我们推广普通话,是为的消除方言之间的隔阂,而不是禁止和消灭方言。推广普通话是不是要禁止或者消灭方言?自然不是的。方言是会长期存在的。方言不能用行政命令来禁止,也不能用人为的办法来消灭。推广普通话,要区别老年和青年,要区别全国性活动和地方性活动,

① 刘延东:《在纪念〈国家通用语言文字法〉实施15周年暨国务院发布〈关于推广普通话的指示〉60周年座谈会上的讲话》,原载于《中国教育报》,引自中华人民共和国教育部网站,http://www.moe.gov.cn/jyb_xwfb/moe_176/201609/t20160929_282659.html,登录日期2020年7月20日。

② 周恩来:《当前文字改革的任务》,1958,载王均主编《当代中国的文字改革》,当代中国出版社1995年版,第556-569页。

要区别今天和明天，不能一概而论。相反地，只会说普通话的人，也要学点各地方言，才能深入各个方言区的劳动群众。

要把六亿汉族人民的方言逐渐统一起来，这是一项艰巨的任务，必须作长期不懈的努力，才能实现。究竟要多长？就要看交通、经济和文化的发展和我们的工作，但是只要我们不断地认真地工作，这个任务是一定可以实现的。我们应该有这样的信心。我希望大家多做一些宣传工作，造成有利于推广普通话的社会风气。我们还应该随时举办一些普通话演说竞赛，对于普通话说得好的学生、教得好的教师给以奖励。总之，要多用一些办法来宣传鼓励，来改变社会风气，使它有利于普通话的推广工作。

“推广普通话不是要消灭方言”成为阐释“推普”工作和方言生存问题的“官方说法”。然而，推广普通话的工作和方言日益萎缩的现状之间又确实存在着千丝万缕的联系。

“推普”对方言的冲击首先体现为推普工作中一些失当的做法。例如，过去在推广普通话的时候，人们有意无意地将普通话和文明、高雅、进步联系在一起，而把方言贬低为落后、“土”的语言，“讲普通话，做文明人”这样的推普标语不时出现在公众视野里。钱乃荣①指出：

由于长期以来某种思维主导而形成的错误观念，有的人妖魔化方言，使一些人认为方言是低级的，是“市井俚语”，是“上不了台面的话”，甚至认为说了方言就是“狭隘的地方意识”，把方言看成是“推普”的拦路虎。为了“推普”而极力贬低母语方言、丑化方言，这种流毒使现在还有很多人对说自己的母语怀着卑微心理，不是以说自己会说的方言而平等自豪，反而认为是低下一等，在大方言或普通话面前羞于启口，自惭形秽，以致经常发生彼此间看不起和歧视对方方言的行为。

此外，人们认为“学说普通话要从娃娃抓起”，据此规定孩子在幼儿园和学校内要讲普通话。这被一些语言学家认为是对方言的“釜底抽薪”②。不少学校为了更好地推广普通话，还将学校里要讲普通话的规定极端化，校园内全面禁止方言的使用。2010 年媒体报道广州一所小学就是如此，一位学生家长如此描述学校采取的“推普”措施：

……小学极力推行普通话教育，有一条“不成文”的规矩，不仅要求学生上课要讲普通话，还要求学生在课余时间与同学们聊天、玩乐时也要讲普通话，“他们的口号是，普通话是校园的语言”！

“学校专门让环保小卫士来监督，一旦发现有学生讲粤语，就会登记名字，交给老师处理。听我女儿说，违反规定就要扣学分，被扣 10 分

①② 钱乃荣：《又到风云激荡时——上海方言变化的展望和对策》，载迟志刚主编《上海文化观察》，文汇出版社 2009 年版，第 145-176 页。

以上就不准做班干部,还要全校点名批评。"曾先生告诉记者,女儿因为害怕被扣分,再也不敢讲粤语,久而久之就不会说了。

公共媒体对方言的使用也有诸多限制。国家广电总局在2000年至2007年间多次发出专项通告,整治地方广电媒体使用方言。例如,2004年10月,国家广电总局发出通知,要求各级广播电视播出机构一律不得播出方言译制的中国境外的广播电视节目,因为这种节目不符合推广普通话的政策;2005年国家广电总局下发了"电视节目主持人一律使用普通话,不模仿港台腔以及夹杂外语、方言"的通知;规定影视作品中国家领导人的配音也不允许使用方言,原来操着方言出现在影视作品中的"毛泽东""周恩来""邓小平"现在也都讲起了普通话。国家广电总局不断加大整治力度的原因是"普通话水准下降,方言土语泛滥",这些措施使得一个时期内全国绝大部分省市方言节目非常少,并且播出的时段、范围都受到限制。这样的规定对方言具有巨大的杀伤力,"使大家不能听到准确的和生动的"方言,"一种方言不能顺其自然地说用,就会萎缩"①。

陈章太②指出,我国各地方言出现了逐级向普通话靠拢的趋势:

> 由于经济的迅速发展,文化教育科学的飞越发达,社会交际的日益频繁,大众传播媒介的巨大影响,人民的观念形态的变化,国家意识的相对提高,地方意识的相对下降,语言发展变化的客观规律,同时也由于政府和各界人士推广普通话的不懈努力,我国汉语呈现小方言向大方言靠拢,地域方言向地点方言靠拢,乡村的方言向城镇的方言靠拢,城镇方言向大中城市或中心城市的方言靠拢,所有方言向民族共同语靠拢的基本趋势。

3.2 放任方言流失的态度

虽然推广普通话和方言的生存之间并不必然存在对立,但是在全国推普的大背景下,方言的萎缩甚至消亡是一个事实。这一现象在很大程度上是由社会经济发展、人口流动频繁造成的,但是长期以来人们对方言流失的放任态度,也起到了推波助澜的作用。

2006年,为纪念《汉字简化方案》和《国务院关于推广普通话的指示》发布50周年,教育部举办了新闻发布会。会上陈章太就方言问题回答记者提问,表示"强势方言会保持很长时间,弱势方言逐渐萎缩,有一部分方言就会变成濒危甚至消失,这是很正常现象"③。有媒体报道长沙80%的孩子都不讲长沙话,针对长沙话

① 钱乃荣:《又到风云激荡时——上海方言变化的展望和对策》,载迟志刚主编《上海文化观察》,文汇出版社2009年版,第145-176页。

② 陈章太:《论语言生活的双语制》,1989,载《语言规划研究》,商务印书馆2005年版,第48-58页。陈章太,原国家语委副主任兼秘书长、语言文字应用研究所所长。

③ 《教育部就〈汉字简化方案〉等发布50周年答记者问》,2006年3月22日,引自中华人民共和国中央人民政府网站,http://www.gov.cn/xwfb/2006-03/22/content_233556.htm,登录日期2013年1月5日。

正在消失的现象，时任湖南省语言文字工作委员会办公室主任的谭知和表示，“方言的传承应该是一种自然而然的事情，有生命力的方言自然能够生存下去。长沙话作为方言正在消失，省语言文字工作委员会目前不会刻意采取措施干预，不会要求人们在日常工作和生活中使用方言”。近年来，各地不少两会代表提交议案，呼吁加大保护方言的力度。对此，人民大学教授杨宏山[①]认为：

> 我认为随着社会的发展，随着人口流动的增加，方言的使用量在某种程度上减少，这本身是一个非常正常的现象。一下子提出来要保护方言，听起来是有点危言耸听，因为某种意义上来说，方言这种东西是不需要政府加以保护的，因为如果大家都认为这个语言没有它的价值了，都不选择使用了，那么我们知道，语言也有它的生和死的问题，这个本身是一种社会的选择，不能说社会中某一种东西一减少，我们动辄就需要政府来进行保护，实际上这样一种思维，本身也是对政府行为的一种简单的理解。

目前，我国对于方言的保护，主要的工作是采取种种技术手段将方言保存下来。从2008年开始建设的“中国语言资源有声数据库”就是国家语委正在开展的一项重大语言工程，旨在用现代信息技术，遵循统一的工作规范和技术规范，将中国各县域的语言实态（也包括方言和地方普通话）记录下来，归档建库，永久保存。[②] 曾任教育部语言文字信息管理司司长的张浩明表示，数据库的建设是“要从保护民族文化、保护民族记忆和民族历史的角度来认识语言和方言的保存保护的意义和价值。对方言，特别是一些濒危的方言，还要利用现代技术手段，如有声数据库建设等进行调查、整理、保存和开发应用”，同时他也指出“我们说保护方言，把它发扬光大的可能性并不大，而这也不是我们工作的初衷。坚持国家通用语言文字仍占核心地位”。建设中国语言资源有声数据库的工作吸引了很多关注，在先期启动数据库建设的地方，方言“发言人”的招募工作成了社会热点，众多媒体争相报道数据库建设的进展情况。除了有声数据库的建设，我国还开展了“中国方言文化典藏”工程，出版了几十种方言词典，如《广州方言词典》《上海方言词典》《哈尔滨方言词典》等，为方言的书写正字做了有益的工作。

从总体上说，我国目前在国家层面上开展的方言保护工作，主要是“保存”而非“传承”。方言的未来，是应该成为文化遗产和博物馆、档案馆的馆藏，还是老百姓口中富有活力的语言呢？

4. 幼儿说普通话不说方言，有利于智力开发吗？

在推普工作中，尤其是早期阶段，由于工作方法和认识上的局限，民众中产生

① 《各地两会代表提出拯救方言，专家：方言流失是正常现象》，2012年1月17日，引自新华网。

② 李宇明：“论中国语言资源有声数据库的建设”，载《中国语文》2010年第4期。

了一些不正确的看法。“幼儿从小说普通话不说方言有利于智力开发”，就是比较典型的例子。不少父母认为，孩子从小不说方言，有利于掌握标准普通话，有利于智力开发，有利于今后的教育和职业发展。父母担心在家里说方言，可能对孩子产生诸多不利影响，因此许多父母不跟孩子说方言，也不让爷爷奶奶外公外婆跟孩子说方言。这种看法至少有以下两个误区。

首先，从小接触方言不会影响孩子学习普通话。大量研究发现，婴儿的早期语言习得有很强的统计学习特性，即婴儿对语言环境中语音的频次分布十分敏感，可以通过对语音频次分布的计算，从声音的连续体中区分出各个语音范畴，也可以通过对语言输入中的频次分布的计算形成对母语语音的特异性感知①。这也就是说，婴儿通过对语言环境进行采样，提取语言信息的分布概率来调整语言的心理表征。环境里的语言是什么样，孩子的语言就会学成什么样。如果孩子生活的语言环境是标准普通话和四川方言，他学会的就是标准普通话和四川话，而不是带有四川口音的普通话。现在，有些年轻的父母担心帮忙带孩子的老人说方言，影响孩子今后普通话的发音，要求老人对孩子说普通话。不少老人能说一口地道的方言，可是普通话的发音却不标准，强迫他们和孩子说普通话，孩子学会的反而是带方言腔的普通话，不但说不好普通话，也不会说方言。

其次，年幼的孩子接触普通话的同时，也接触方言，不仅不会干扰普通话的习得，而且能增强语音意识。语音意识是个体对语言音位片段的反应与控制能力。近年来，语言学和教育学界的研究发现，良好的语音意识不仅对孩子的语言习得大有助益，而且和孩子的拼写、阅读能力高度相关，是预测儿童学业表现的重要参数。初生的婴儿是天才的语言学习者，具有分辨人类自然语言中的所有音素的能力，是真正的“世界公民”。但是在母语环境的刺激下，婴儿的这种语言天分，在 6 至 12 月龄间逐渐丧失，只保持对母语音素的敏感性，为习得母语做好准备。

各种语言的语音系统，在丰富程度上有较为明显的差异。如果母语的语音系统比较简单，音素数量较少，就会使儿童的语音敏感性停留在相对较低的水平。例如，日语是音系较为简单的语言，日本人说外语也大多口音比较重，不容易学会其他语言里有而日语没有的音素。比如，日语没有[r]和[l]的区别，只有一个近似的[ra]，介于英语的[r]和[l]之间。因此，如何教会日本人区分并准确地发出[r]和[l]这两个英语的音素，被戏称为英语教学的“世界级难题”。

美国语言学家帕特里夏·库尔通过行为试验证明，如果给予 8～10 月龄的婴儿另外一种语言的适当刺激，能使婴儿对母语之外的音素保持敏感，提升他们的语音敏感性。中国学者也开展了相关的研究，对比方言儿童和单一普通话儿童在语音意识上的差异。例如，一项针对沪语儿童的研究发现，“沪语儿童的总体语音意识和声调意识比单一普通话儿童较好，且不受年龄增长的影响”②。普通话和

① 宋新燕，孟祥芝：“婴儿语音感知发展及其机制”，载《心理科学进展》2012 年第 6 期。

② 林泳海等：“方言经验对早期沪语儿童汉语语音意识的影响”，载《心理科学》2011 年第 2 期。

方言之间的差别，突出地体现在语音上。我国各地方言的语音特征，大多比普通话更为丰富多样，可谓是语音资源的丰富宝库。当孩子年幼的时候，既接触标准的普通话，又接触生动活泼的方言，不仅能传承地方文化，还能提升语音意识，为今后学习语言和发展阅读能力打下更好的基础。

5. 主体性和多样性的统一

粤语可算得上是我国除普通话之外，生存状态最好的、最为强势的方言。粤语是我国香港、澳门两个特别行政区的官方语言，同时也是海外华人社区的主要交际用语。粤语是岭南文化的主要载体，围绕粤语文化形成了一个强大的经济圈。我国政府对粤语也采取了特别宽容的“特殊政策”。1988 年，广州作为毗邻港澳的特殊地区，其电视台经国家广电总局批准用粤语播音。现在，广州台仍以粤语节目为主。

统一语言的形成有助于强化对民族共同体的认同感，巩固民族国家的统一。早在 20 世纪 20 年代的国语运动时期，就产生了“有统一的国语，才有统一的国家”的口号，鲜明地昭示了统一语言和现代国家之间的关系。中国幅员辽阔，历史悠久，自古各地就形成了丰富多彩的方言。语言学家赵元任①说：“从哈尔滨到昆明，从重庆到南京的官话区，言语还比较一致，可是东部和南部方言之间的差别，不亚于法语之于西班牙语，或者荷兰语之于德语。”中国古代的统治者借“书同文”强化臣民对民族和国家的认同；然而到了现代，随着社会、经济的发展，“语异音”逐渐成为阻碍中国社会进步的一大难题。20 世纪上半叶的国语运动和下半叶的推广普通话运动，之所以受到社会各界的普遍重视和一致欢迎，并得到政府的大力支持和推动，是符合社会发展方向的，有其内在的必然性。所有的现代国家，也都必然会对本国的语言进行符合现代社会需要的规划和设计。普通话作为统一规范的官方语言的主体地位，是不容撼动的。

人们对方言的认识则不尽一致。不少人认为，方言的消失，正是社会进步的体现，是社会发展的需要和历史演变的大趋势。方言难懂，阻碍人们交际，我们应该采取种种方式促使方言尽早尽快消亡，这有利于促进国家统一和强化民族认同感。也有人认为，方言是文化多样性的基因，我们应该像保护生物多样性一样，来保护文化的多样性。方言是我国重要的语言资源，是弥足珍贵的非物质文化，一旦失去就不可再生、不可逆转，在当今经济全球化和一体化的背景下，保护我国的方言资源刻不容缓。

当前，我们要谋求普通话主体性和方言多样性之间的统一。普通话和方言并不存在对立关系，推广普通话不应以消灭方言为代价。民众在学习和掌握民族共同语

---

① 赵元任：《赵元任语言学论文集》，商务印书馆 2002 年版，第 880 页。

的同时，也要注意方言的传承。曾任国家语委副主任、语信司司长的李宇明[1]指出：

> 语言一旦丧失，就不能再找回来。一个民族富强了，发展了，但语言失掉了，文化失落了，实际上等于这个民族消失了……建立和谐的语言生活，首先要对语言多样性有充分的认识，要尊重各民族的语言，要尊重各种方言，包括尊重繁体字等历史上的文字，因为这些都是中华民族的宝贵财富。我们应该做文化的守护者，使中华民族的文化继承下来，弘扬起来。通过尊重、保存、保护中华民族的非物质文化遗产，才能够真正达到对包括少数民族、各种方言使用者在内的群体的尊重。目前我们国家通过外语学习和推广普通话，在解决沟通方面有了很大成就，但是如何进行民族语言和方言的保护，并没有现成的道路可走，对此我们必须重视，必须进行研究，而不能像西方一些国家那样，在工业化进程中导致很多语言与方言的消失，给人类留下了不可弥补的过失。

陈章太[2]认为，“语言生活的双语制”将在我国存在相当长的一个时期，几十年内，也可能上百年，方言与普通话并存共用都将是我国汉语语言生活的基本特征。而钱乃荣、潘文国等学者则大力支持“双语制”，认为在社会公共生活领域使用民族共同语，而在日常的生活中应该坚持和鼓励使用方言，让方言能够传承下去，继续为子孙后代服务。

单元测验 8

一、判断题

1. 方言影响普通话的学习，应该给孩子创造单一的语言学习环境。
2. 过去推普工作中的失当做法给方言带来了一定的冲击。
3. 公务员的普通话水平一般要达到三级乙等。
4. 方言一旦失去，就再也找不回来，不可再生，不可逆转。
5. 推广普通话和方言日益萎缩之间并无联系。

二、单选题

1. 先秦时期的通语称为________。

   A. 官话　　B. 标准语　　C. 雅言　　D. 国语

2. ________年，国务院颁布《关于推广普通话的指示》。

   A. 1956　　B. 1955　　C. 1957　　D. 1958

3. ________年起开始举办普通话水平测试。

   A. 1991　　B. 1992　　C. 1993　　D. 1994

---

① 夏莉、张雪莲：“构建和谐的语言生活——访教育部语信司司长李宇明”，载《语言文字周报》2005年11月9日。

② 陈章太：《论语言生活的双语制》，1989，载《语言规划研究》，商务印书馆2005年版，第48-58页。

4. 普通话和方言存在________的关系。

A. 并存共用　　B. 对立矛盾

5. 我国推普工作的目标是，到21世纪中叶以前，交际中________方言隔阂。

A. 减少　　B. 大部分消除　　C. 消除

6. 我国正在进行"________"的重大语言工程，将各地语言实态记录下来，归档建库，永久保存。

A. 中国语言资源有声数据库　　B. 中国方言调查

7. 普通话以北京语音为标准音，以北方话为基础方言，以典范的________著作为语法规范。

A. 白话文　　B. 现代白话文　　C. 现代文学　　D. 现代汉语

8. 国家通用语言文字指的是________和规范汉字。

A. 汉语拼音正词法基本规则　　B. 注音字母

C. 普通话　　D. 汉语拼音方案

9. 教师的普通话水平一般要达到________。

A. 三级乙等　　B. 三级甲等　　C. 二级乙等　　D. 二级甲等

10. 在对待普通话和方言的关系上，我们要坚持________的统一。

A. 平等性和多样性　　B. 主体性和多样性

C. 平等性和同一性　　D. 主体性和同一性

三、多选题

1. 要重视母语的发展，因为母语是________。

A. 交际的工具　　B. 思维运行的轨道　　C. 文化传承的载体

2. 我国保护方言的措施，包括________等。

A. 建设"中国语言资源有声数据库"　　B. 开展"中国方言文化典藏"工程

C. 树立方言的核心地位　　D. 放弃推广普通话

3. 国家通用语言文字的使用应当有利于________。

A. 维护国家主权和民族尊严

B. 国家统一和民族团结

C. 社会主义物质文明和精神文明建设

4. "推普"作为国家________的重要内容，业已写入诸多法律和规范。

A. 经济建设　　B. 语言规范　　C. 普及法律　　D. 文化建设

5. 20世纪的________运动，都是符合现代社会发展潮流的语言统一运动。

A. 方言复兴　　B. 推广普通话　　C. 国语运动　　D. 白话文

四、填空题

1. 孩子从小接触方言，有助于________意识的发展。

2. 推广普通话是国家的基本________政策之一。

3. 1998 年，国务院决定每年 9 月的第________周为“全国推广普通话宣传周”。

4. 中华人民共和国成立以后，政府着手开展文字改革工作，改“国语”为________。

5. “双推”运动是指推广________和________。

6. 我国最早按照义类编写的字典是《________》。

7. 2004 年，国家语言文字工作委员会首次开展“________调查”。

8. 目前，我国的保护方言工作主要是采取技术手段________方言。

9. 语言学家________认为，“推广普通话是社会现代化的需要，必然冲击方言”。

10. 中国历代的统治者，都重视“书同文”，以此强化民众对国家和文化的________感。

五、思考题

1. 阅读并评论以下材料。

推广普通话就是我国语言规范化的重要措施之一。在这个问题上，不同的阶段，不同的人，有着不同的认识。多年来，我县“推普”工作的重点一直放在学校，特别是小学，对于社会“推普”，则是时抓时放，收效甚微。一些同志认为，“咱生活在农村，成天与农民打交道，不说家乡话就不合套，就是忘本”。一些农民群众也认为，“咱一辈子与土坷垃打交道，又不走南闯北，学普通话是喝凉水使筷子——多此一举”。因此，不仅普通话在社会上推广不开，就是从学校毕业的有普通话基础的学生，一回村就操起方言来了。①

2. 阅读并评论以下材料。

教育要从娃娃抓起，推广普通话也要从娃娃抓起。幼儿时期一开始学话就学普通话，有利于儿童的早期智力开发。还在咿呀学语的时候，教孩子说话的第一个老师是妈妈。我们希望，当妈妈的妇女积极学习普通话，并且能够教孩子讲普通话。孩子进了托儿所、幼儿园，那里的阿姨、老师们如果能够继续教孩子讲普通话，用普通话讲故事、做游戏，那么学前教育的质量就会得到明显的、大大的提高。儿童的模仿能力、吸收能力都是比较强的，学习普通话，也不会有什么思想障碍和顾虑，学起来就会比较快、比较好。我们千万不要错过了在学前教育中推广普通话的宝贵时机。②

---

① 李玉琴：《坚持“双推”三十年》，载《新时期的语言文字工作——全国语言文字工作会议文件汇编》，语文出版社 1987 年版，第 173-188 页。

② 王庆淑：《全国妇女联合会书记处书记王庆淑代表的发言》，载《新时期的语言文字工作——全国语言文字工作会议文件汇编》，语文出版社 1987 年版，第 281-284 页。

第九章
白话取代文言

1. 本章提要

文言和白话是两种不同风格的文体。先秦两汉时期，文言就形成了一套特定的写作规范，具有超越时空的稳定性，对中国文化的统一和延续，起了巨大的作用。但文言不易掌握。白话是较为接近口语的书面语体，容易随时间地点的不同产生变化，因此各时代的白话差异也比较大。白话贴近民众，容易掌握。文言和白话适用于不同的场合，服务于不同的目的。到了19世纪末20世纪初，中国开启了现代化进程。面对教育落后、文盲众多的局面，“言文合一”自然而然地成为历史潮流，催生了白话文运动。

清朝末年，提出“我手写我口”的黄遵宪倡导“诗界革命”，创造“新文体”的梁启超掀起一股清新的“文界革命”，成为白话文运动的先声。“五四”前后兴起的新文化运动，掀起了一场意义深远的文学革命。1917年，胡适和陈独秀在《新青年》上分别发表了《文学改良刍议》和《文学革命论》。此后，文学革命的主张迅速受到北大进步师生的支持，钱玄同、刘半农、李大钊、周作人、鲁迅、傅斯年等人，迅速加入新文化阵营并成为中坚力量。1918年，《新青年》完全采用白话文，鲁迅发表中国第一部现代白话文小说《狂人日记》，这都是白话文运动史上的标志性事件。文学革命大大推动了白话文运动的进程，最终促使崭新的现代汉语书面语形成。

文学革命力图彻底否定文言的正统地位，主张把白话文作为现代汉语书面语的唯一载体，彰显进步意义的同时，也引发了一些争议，新文化派和文化保守派的论争尤其引人关注。这场论争从文言白话的兴废，拓展到对待中西文化的态度、引进西方现代文明成果的方法等问题上。对新文化派提出批评的，先后有国粹派、国故派、甲寅派等。但是对后世影响最为广泛的，当属全面系统研究西方文化的学衡派。文化保守主义构成文化激进主义的一种边界，成为制衡的力量，两者形成对峙又互补的格局，其历史价值得到越来越多学者的肯定。

2. 文言和白话

2.1 何为文言，何为白话？

张中行认为，文言是只见于文而不口说的语言；白话，白是说，话是所说，总的意思是口说的语言。[①] 文言是中国古代社会正式的书面语，是行政、文学和教育的语言，至少从秦汉开始就逐渐和当时的口语脱离，形成一套较为稳定的写作规范，在此后两千年间始终充满活力。直到清末民初，翻译家严复仍主张“用汉以前字法句法，则为达易；用近世利俗文字，则求达难”[②]，以文言译《天演论》。

很多人将白话等同于口语，可是事实上白话和有声语言之间往往存在这样或那样的差距，有时候差距还算不得小。例如，研究白话小说《红楼梦》的学者根据小说文本判断出曹雪芹除了使用北方官话，还谙熟扬州南京一带的下江官话[③]；但曹雪芹讲话究竟是什么韵味，则无从知晓。中国古代的“话本”是“写在本子上”的口头故事，“语录”则是“记录下来”的口语；“五四”时期，人们主张写“白话文”，后来又称“语体文”“现代文”，归根结底，都是“文”，是书面语。说白话是一种和口语比较接近的书面语体，才是比较确切的。

一般人往往能够凭借直觉分辨文言和白话，但两者之间也确实存在不少难以辨别的情况。吕叔湘[④]曾用12段古籍文选作为测试的题目，请朋友辨别哪些属于文言，哪些属于白话，得出的意见不尽一致，甚至同一个人判断同一段文字，粗看和细看之下，结论也不尽相同。张中行认为，文白之间并无截然之分。一般认为，白话典籍主要包括佛经译文、变文[⑤]、曲子词、语录、话本[⑥]、章回小说、弹唱作品、戏曲、民歌笑话等。下面是一则著名的白话佛经故事[⑦]：

> 昔有梵志年百二十，少小不娶妻，无淫泆之情，处深山无人之处，以茅为庐，蓬蒿为席，以水果蓏为食饮，不积财宝。国王聘之，不往。意静处无为于山中数千余岁，日与禽兽相娱乐。有四兽：一名狐，二者猕猴，三者獭，四者兔。此四兽日于道人所听经说戒，如是积久，食诸果蓏皆悉讫尽。后道人意欲使徙去。此四兽大愁忧不乐，共议言：“我曹各行求索，供养道人。”猕猴去至他山中，取甘果来，以上道人，愿止莫去。狐亦

① 张中行：《文言和白话》，1988，中华书局2007年版，第1页。

② 严复：《〈天演论〉译例言》，载罗新璋、陈应年编《翻译论集（修订本）》，商务印书馆2009年版，第202-203页。

③ 王世华：“《红楼梦》语言的地方色彩”，载《红楼梦学刊》1984年第2期。

④ 吕叔湘：《文言和白话》，1944，载《吕叔湘文集（第四卷）》，商务印书馆1992年版，第67-85页。

⑤ 变文是唐代兴起的一种说唱文学，多用韵文和散文交错组成，内容原为佛经故事，后来范围扩大，包括历史故事、民间传说等。

⑥ 宋代“说话”就是讲故事，类似现代的说书。话本是宋元民间艺人说唱的底本。

⑦ 转引自张中行：《文言和白话》，1988，中华书局2007年版，第244-245页。

复行化作人求食，得一囊饭麨来，以上道人，可给一月粮，愿止留。獭亦复入水，取大鱼来，以上道人，给一月粮，愿莫去也。兔自思念："我当用何等供养道人耶？"自念："当持身供养耳。"便行取樵，以然火作炭，往白道人言："今我为兔，最小薄能，请入火中作炙，以身上道人，可给一月粮。"兔便自投火中，火为不然。道人见兔，感其仁义，伤哀之则自止留。（吴康僧会译《旧杂譬喻经·梵志与四兽》）

对今天大多数读者来说，这则故事颇难理解，和一般人观念中的"白话"似乎差距不小。

2.2 历史上的文白关系

文言突出的特点是有一套固定的词汇句法系统，并且这套系统不受时间和地点的限制，具有相当高的稳定性。在浩如烟海的文言文献中，最能体现这套词汇句法系统的是先秦两汉阶段的文言。这一时期，文言已发展为具有高度艺术表现力的成熟文体，同时又有质朴无雕饰的简洁之美，成为后世典范。唐宋时期的古文运动中，古文家们倡导"文必秦汉"，清末严复主张"用汉以前字法句法"翻译西方典籍，张中行则称战国两汉时期的作品为文言的"标本"。①

文言这种不随时空而变的特性，赋予了它顽强的生命力和空前的影响力。文言绵延近三千年而无显著变化，直到一个世纪之前还富有鲜活的生命力，这在世界文明史上可以说是绝无仅有的奇迹。余秋雨在一次演讲中说："我们现在读2500年以前孔子、孟子的书，如果有一点文言文水平，就会像读乡下的外公给我们写的信一样亲切。"如果拿大家比较熟悉的英语做比较，1500年甚至是1000年前的古英语和当代英语比起来，简直就是一门外语。延续数千年的文言传统，不仅使文言自身有充分的时间不断发展、成熟、完善，留下大批艺术水准极高的文学作品传世，也成为中华文明生生不息的有力保障，使汉文明的命运迥异于其他消失在历史烟尘中的古代文明，直到今天还能不断迸发出青春和活力。

自古以来，汉民族生活的不同地区之间的语言差异就很显著，汉民族自身的迁徙、与周边少数民族的交往和融合，更增加了口头语言的复杂性。然而不同地域、方言不一的人，著书作文却都使用文言的统一规范。张中行②举例道：

《诗经》的《风》是按地域分类的，齐处东偏，秦处西偏，而表现在文字上却像是出自一家。其后，汉朝也是这样，司马相如是四川人，班固是陕西人，写起赋来，用的是一个调调。再往后说，王士禛是山东人，朱彝尊是浙江人，口语一定相差很多，可是写文章，作诗词，用的也是一个调调。文言这个系统就是这样，他定了形，就可以不随地域的不同而变化。

文言超越地域时间限制的特性，反过来又不断巩固和强化其作为行政、学术

① 张中行：《文言和白话》，1988，中华书局2007年版，第15页。

② 张中行：《文言和白话》，1988，中华书局2007年版，第22-23页。

和文学领域标准文体的地位，产生了巨大的政治、经济和文化影响力。在古代中国，进入学校接受教育，主要就是学习文言经典作品和创作文言。一个人要想进入文人士大夫阶层，必须掌握精英阶层所使用的书面语——文言。入主中原的异族统治阶层如北魏孝文帝、金章宗、清朝皇室和贵族，更是主动学习和使用文言，并且不少有很高的文言造诣。甚至和中国相邻的日本、朝鲜、越南等国，历史上也都将文言作为正统书面语加以推行，言语不通的各国使臣，可以用文言笔谈而没有任何交流的障碍。文言还具有"意之所到，则笔力曲折，无不尽意"①的惊人表现力，产生了大量成熟的艺术形式和经典的文学作品。例如在描写美人时，《诗经·硕人》称：

手如柔荑，肤如凝脂，领如蝤蛴，齿如瓠犀，螓首蛾眉，巧笑倩兮，美目盼兮。

宋玉《登徒子好色赋》称：

增之一分则太长，减之一分则太短；著粉则太白，施朱则太赤；眉如翠羽，肌如白雪；腰如束素，齿如含贝；嫣然一笑，惑阳城，迷下蔡。

曹植《洛神赋》称：

髣髴兮若轻云之蔽月，飘飖兮若流风之回雪。远而望之，皎若太阳升朝霞。迫而察之，灼若芙蕖出绿波。秾纤得衷，修短合度。肩若削成，腰如约素。延颈秀项，皓质呈露，芳泽无加，铅华弗御。云髻峨峨，修眉联娟。丹唇外朗，皓齿内鲜。明眸善睐，靥辅承权。瑰姿艳逸，仪静体闲。柔情绰态，媚于语言。奇服旷世，骨像应图。披罗衣之璀粲兮，珥瑶碧之华琚。戴金翠之首饰，缀明珠以耀躯。践远游之文履，曳雾绡之轻裾。微幽兰之芳蔼兮，步踟蹰于山隅。

美人难以言说、抽象微妙的美感，通过文言传达出来。而文言叙事，也往往能有真切生动的效果，如《史记·李将军列传》：

广出猎，见草中石，以为虎而射之，中石，没镞，视之，石也，因复更射之，终不能复入石也。

文中"中石，没镞，视之，石也"八字，简洁紧凑，烘托出当时紧张的氛围。瑞典汉学家马悦然②曾说："在世界其他国家文学还没有出现的时候，中国文学就达到了一个很高的高度，包括诗歌、散文、小说等都是如此。"而这里"中国文学"的主体，无疑是由文言作品构成的。

文言虽好，却也有很多局限，而局限的根源就是文言和口语间有相当的距离。文言脱离口语，学习文言需要经受"十年寒窗"的辛苦，使得文言成为只有少数人才能掌握的文体，普通百姓不学文言，自然也读不懂、写不了文言。于是和口语比较接近的文体——白话就应运而生，并日趋发展成熟，产生了大量的优秀白话文学作品，如《三言二拍》《水浒传》《儒林外史》《红楼梦》等。

① 见宋代何薳《春渚纪闻》。

② 马悦然："中国人的美感会消失吗"，载《环球时报》2007年3月2日。

白话虽然浅近易懂，受到普通百姓的欢迎，但属于“俗文学”，无法和典雅的文言平起平坐。例如，古代有身份、有名望的文人，几乎都不屑于写白话。先生在教授古文义法时，也往往要反复强调，不得以小说、语录入文。有些白话文学作品，如《水浒传》等，虽然享有盛名，流传甚广，但是作者却羞于承认；后世学者花费诸多考证功夫，才最终将作者确认下来。

历史上的文言和白话，前者是高雅的行政、学术和文学文体，后者是百姓乐于接受的通俗文体；两者使用于不同的情景和场合，为不同的目的服务。张中行将文言和白话在历史上的关系总结为“通常是和平共处，少数时候也曾或明或暗地表现为冲突”，是比较贴切的。

2.3 文言能力下降

林少华教授是我国著名翻译家，译介了村上春树的大量作品。他招收“日本文学与翻译”专业的硕士研究生，每年都会在入学考试中出一道古汉语题，以考查考生的中文根基。某年考题要求考生将文言语篇译为白话[1]：

> 去年出的是岳飞《五岳祠盟记》，要求译成白话文。全文不到二百字，其中有句云：“今又提一旅孤军，振起宜兴、建康之城，一鼓败虏，恨未能使匹马不回耳。”难吗？我看没多难，基本是白给的便宜。不料数十名考生，有不少人不愿意捡这个便宜。一名考生独辟蹊径，居然把最后一句译为“恨不能够让一匹马回过耳朵”。这无论如何也太幽默了，看得我不由偷着乐。

林少华教授曾将其研究生的考题和日本“国文”科目的高考试卷的古汉语考题相比较，认为日本高考的古汉语试题，无论从篇目和考题的难度，还是所占分值的比重，都超过了他本人招收研究生的考题。林教授感慨道：“当你的学生只懂外文，你怎么教他翻译？”

林少华教授的遭遇仅是个案，但是当代中国人古文水平下降的现象，却几乎成为大家的共识。例如华南师范大学谢飘云教授在点评 2006 年广东省高考语文评卷情况时表示：“古诗文题目的难度比过去略有下降，但与往年相比，古诗文鉴赏的得分呈逐年稳步下降的趋势。”有教师表示，中医院校学生的医古文水平出现了整体下滑的趋势，有些学生连基本的中医名篇文献也不能掌握，令人担忧。早在 1962 年，任应秋等名老中医就反映学生古文程度太差，不足以传承祖国医学的问题；建议“医古文”课程应教授百篇古文与六十篇医古文，并练习毛笔字，以求写字端正。但是目前，各大中医院校的本科教育中，“医古文课程”一般只有一学期 64 学时（有的仅 54 学时，有的改为考查课，有些专业甚至免去），远不足以达到教学目标。

---

① 林少华：“学习古文有什么用”，载《学习博览》2010 年。

当代人不仅文言水平普遍下降，甚至不少人阅读古白话的能力也不敢恭维。笔者曾在所任教的某全国重点高校的学生中做过调查，当代大学生中，完整地读过四大名著的堪称凤毛麟角。问及学生为什么不读原著，只看电视剧、动画片，学生的回答五花八门，但有一个竟然说“除了《红楼梦》以外，其他几部不查工具书都看不懂”。

一个世纪之前尚且富有生命力的文言，在中国向现代社会急剧转型的百余年间，正在逐步退出中国人的语言生活。回顾这一过程，对今天的我们仍有不少启示。

3. 梁启超的“新文体”

古代中国的书面语以文言为正统，识字之后仍需专门学习，普通民众大都不懂文言。历代不少学者为了让更多的人能读懂书面语，提出了“言文合一”的主张，认为应该采用和口语一致的书面语。早在1861年，洪仁玕就根据洪秀全的指示，颁布《戒浮文巧言谕》，提出了改革文体的方针：“不须古典之言……总须切实明透，使人一目了然。”①

清末“诗界革命”的倡导者黄遵宪提出“我手写我口”的主张，于1868年写下了著名的《杂感》：

> 大块凿混沌，浑浑旋大圜；隶首不能算，知有几万年。羲轩造书契，今始岁五千；以我视后人，若居三代先。俗儒好尊古，日日故纸研；六经字所无，不敢入诗篇。古人弃糟粕，见之口流涎；沿习甘剽盗，妄造丛罪愆。黄土同抟人，今古何愚贤？即今忽已古，断自何代前？明窗敞流离，高炉爇香烟；左陈端溪砚，右列薛涛笺；我手写我口，古岂能拘牵！即今流俗语，我若登简编；五千年后人，惊为古斓斑。②

黄遵宪反对诗歌创作中的尊古与拟古，首倡以白话入诗。这一主张成为诗界革命的纲领，黄遵宪也成为诗界革命的一面旗帜。

19世纪90年代，维新派代表人物梁启超③“夙不喜桐城派古文”，在撰写报刊

---

① 洪仁玕、蒙时雍、李春发：“戒浮文巧言谕——太平天国文献”，1861，载《文字改革》1959年第2期。洪仁玕（1822—1864），广东花县人，洪秀全族弟，曾流亡香港等地，受西方传教士和西方文化的影响。1859年春被洪秀全封为干王，总理全国政事。著作有《资政新篇》等。

② 黄遵宪：《杂感》，1868，载李春雨、杨志编《中国现代文学资料与研究（上）》，北京师范大学出版社2008年版，第3-4页。黄遵宪（1848—1905），字公度，别号人境庐主人，广东梅州人；晚清诗人，外交家、政治家、教育家。工诗，喜以新事物熔铸入诗，有“诗界革新导师”之称，著有《人镜庐诗草》，被誉为“近代中国走向世界第一人”。

③ 梁启超（1873—1929），中国近代史上著名的政治活动家、启蒙思想家、资产阶级宣传家、教育家、史学家和文学家、学者；戊戌变法领袖之一；曾倡导文体改良的“诗界革命”和“小说界革命”；其著作合编为《饮冰室合集》。

文章、宣传新思想的过程中，创造了一种“新文体”。由于梁启超常在《时务报》和《新民丛报》上发表以这种文体写成的文章，故新文体也称“报章体”“时务体”“新民体”。新文体是一种浅近文言，平易畅达，语言丰富，杂以俚语、韵语及外国语法；笔调自由，纵笔所至不检束；条理明晰，感情饱满；句法参差多变，常用排句及偶句。以下仅举几例：

六经不能教，当以小说教之；正史不能入，当以小说入之；语录不能渝，当以小说渝之；律例不能治，当以小说治之。（《译印政治小说序》，1898）

少年智则国智，少年富则国富，少年强则国强，少年独立则国独立，少年自由则国自由，少年进步则国进步，少年胜于欧洲则国胜于欧洲，少年雄于地球则国雄于地球。（《少年中国说》，1900）

梁启超的新文体影响很大，掀起一股清新的“文界革命”之风，风行一时。梁启超的学生、历史学家吴其昌曾在《梁启超》一书中评价说，“文体的改革，是梁启超最伟大的功绩”，梁启超所创立的“杂以俚语的新文体（报章体），才使得国民阅读的程度一日千里”。而胡适评价梁启超的文章，“梁先生章，明白晓畅之中，带着浓挚的热情，使读的人不能不跟着他走，不能不跟着他想”。

4.“五四”文学革命

清末阶段的白话文运动，主旨是以浅显的文字启蒙民众，文言标准书面语的地位没有动摇，仍然是统治阶层和文化精英使用的语言。随后而来的“文学革命”，则力图彻底否定文言的正统地位，主张把白话文作为现代汉语书面语的唯一载体。打响文学革命“第一枪”的，是胡适 1917 年发表在《新青年》上的《文学改良刍议》①。该文提出改良文学的八条主张，即：

一曰，须言之有物；二曰，不模仿古人；三曰，须讲求文法；四曰，不作无病之呻吟；五曰，务去滥调套语；六曰，不用典；七曰，不讲对仗；八曰，不避俗字俗语。

胡适以欧洲民族语言取代拉丁语为例，指出“以今世历史进化的眼光观之，则白话文学之为中国文学之正宗，又为将来文学必用之利器”，试图建立白话文学的正统地位，表示以白话取代文言是历史发展的必然趋势。

① 胡适：《文学改良刍议》，1917，载李春雨、杨志编《中国现代文学资料与研究（上）》，北京师范大学出版社 2008 年版，第 54-63 页。胡适（1891—1962），字适之，安徽绩溪人；现代著名学者、诗人、历史家、文学家、哲学家。因提倡文学革命而成为新文化运动的领袖之一。其名与字，取“物竞天择适者生存”之意。

胡适“改良文学”的主张一出，陈独秀立即发表《文学革命论》①一文，批判桐城派和骈体文，立场鲜明地提出了“文学革命”的口号：

> 文学革命之气运，酝酿已非一日，其首举义旗之急先锋，则为吾友胡适。余甘冒全国学究之敌，高张“文学革命军”大旗，以为吾友之声援。旗上大书特书吾革命军三大主义：曰，推倒雕琢的阿谀的贵族文学，建设平易的抒情的国民文学；曰，推倒陈腐的铺张的古典文学，建设新鲜的立诚的写实文学；曰，推倒迂晦的艰涩的山林文学②，建设明了的通俗的社会文学。

相比胡适的主张，陈独秀将阶级的对立和文体相联系，其观点更激进，更具有革命性。

此时，陈独秀受蔡元培之聘担任北大文科学长，胡适 1917 年夏由美回国后也在北大任教。文学革命的主张一经提出，同在北大任教的钱玄同、刘半农（刘复）、李大钊、周作人、鲁迅等人都表态呼应，当时还是北大学生的傅斯年也起而和之。他们称文言为“死文字，死语言”，鼓吹白话文在文学上的正统地位，呼吁废除文言，以白话作为书面语的“正宗”：

> 我曾仔细研究：中国这二千年何以没有真有价值真有生命的“文言的文学”？我自己回答道：“这都因为这二千年来的文人所作的文学都是死的，都是用已经死了的语言文字作的。死文字决不能产出活文学。所以中国这二千年只有些死文学，只有些没有价值的死文学。”……再看近世的文学：何以《水浒传》《西游记》《儒林外史》《红楼梦》可以称为“活文学”呢？因为他们都是用一种活文字作的。若是施耐庵、吴承恩、吴敬梓、曹雪芹都用了文言作书，他们的小说一定不会有这样生命，一定不会有这样价值。③

在这样的舆论下，《新青年》自 1918 年 1 月第四卷第一号起，便完全采用白话文。

然而，“文学革命”的口号提出后，虽然在进步人士中有一定反响，但是毕竟有限。新文学派心目中的对手——正统的文人士大夫，对革命的口号似乎毫无反应：

> 从他们打起了“文学革命”的大旗以来，始终不曾遇到过一个有力的敌人们。他们“目桐城为谬种，选学为妖孽”。而所谓“桐城”“选学”也者

① 陈独秀：《文学革命论》，1917，载李春雨、杨志编《中国现代文学资料与研究（上）》，北京师范大学出版社 2008 年版，第 63-66 页。陈独秀（1879—1942），安徽怀宁人；中国新文化运动的发起人和旗手，中国文化启蒙运动的先驱，“五四”运动的总司令，中国共产主义运动的先行者，中国共产党创始人和早期领导人之一。

② 泛指以描述山林景物为主，讲求骈偶格律，堆砌典故辞藻，内容晦涩的文学作品。

③ 胡适：《建设的文学革命论：国语的文学——文学的国语》，1918，载李春雨、杨志编《中国现代文学资料与研究（上）》，北京师范大学出版社 2008 年版，第 74-81 页。

却始终置之不理。因之，有许多见解他们便不能发挥尽致。旧文人们的反抗言论既然竟是寂寂无闻，他们便好像是尽在空中挥拳，不能不有寂寞之感。①

为了扩大文学革命的影响，新文学阵营里的钱玄同和刘半农联手上演了一出“双簧信”。由钱玄同化名王敬轩，模仿旧文人的口吻，给《新青年》写信，罗织文学革命的种种罪状，反对新文学与白话文，攻击主张新文学的人是不要祖宗。该文洋洋洒洒数千言，以《文学革命之反响》为题在《新青年》上刊出。而该期《新青年》同时刊出了刘半农以记者身份所写的《复王敬轩书》，对王敬轩的观点逐一辩驳。双簧信的出现，唤起了社会的注意，很快引来了林纾等“旧文人”对废除文言等主张的批评，激化和扩大了新旧文学的争论，同时也吸引了越来越多的有识之士投身于建设新文学的事业。鲁迅评论这场论战是一场“大仗”，并评价刘半农“跳出鸳蝴派，骂倒王敬轩，为一个‘文学革命’阵营中的战斗者”②。

1918 年 5 月发表于《新青年》第四卷第五号的《狂人日记》，是中国第一部现代白话文小说。中国传统的小说有章回体和笔记体，都采用第三人称叙事的形式。《狂人日记》首次采用第一人称叙事的日记体形式，借“狂人”之口，“暴露家族制度和旧礼教的弊害”③。鲁迅自己评价这篇及其后在《新青年》上发表的数篇作品：

在这里（指《新青年》）发表了创作的短篇小说的，是鲁迅。从 1918 年 5 月起，《狂人日记》《孔乙己》《药》等，陆续的出现了，算是显示了“文学革命”的实绩，又因那时的认为“表现的深切和格式的特别”，颇激动了一部分青年读者的心。

现代白话文学创作的序幕由此拉开，越来越多的白话文学作品涌现出来，白话文学日趋成熟。

5. 文化保守派的声音

白话文运动在当时代表了先进文化发展的方向。“文学革命”日渐深入人心的同时，也有不少“落后”和“保守”的势力，对文学革命的主张质疑。

---

① 郑振铎：《导言》，1935，载郑振铎编《中国新文学大系·文学论争集》，上海文艺出版社 2003 年版，第 1-22 页。

② 转引自房向东：《鲁迅与他的论敌》，上海书店出版社 2007 年版，第 592 页。

③ 鲁迅：《导言》，1935，载鲁迅编选《中国新文学大系·小说二集》，上海文艺出版社 2003 年版，第 1-18 页。

5.1 林纾

早在白话文运动之前，林纾[①]就以能文、能诗、能画、能译而蜚声海内，成为全国知名的古文大家。激进的文学革命需要讨伐的靶子，几员闯将就缠住了大名鼎鼎的林纾。文学革命的先驱们，在批判文言、鼓吹白话的文章中，几乎都或明或暗地批判林纾，其中以钱玄同和刘半农的"双簧信"最为激烈，对早已成名的"前辈"指名道姓地讨伐。

早在1917年2月，胡适的《文学改良刍议》和陈独秀的《文学革命论》发表，林纾旋即就在上海《大公报》(一说《民国日报》)发表《论古文之不当废》一文，提出"知腊丁之不可废，则班马韩柳亦有其不宜废者"的观点：

> 夫学不新而唯词之新，匪特不得新，且举其故者而尽亡之，吾甚虞古系之绝也……呜呼，彼人(指日本)求新而惟旧之宝，吾则不得新而先殒其旧！……夫马班韩柳之文虽不协于时用，固文字之祖也……嗜者学之，用其浅者以课人，辗转相承，必有一二钜子出肩其统，则中国之元气尚有存者。

林纾主张文言有其存在的价值，在提倡白话的同时不能废除文言。

此后两年间，虽然文学革命的干将们屡将批判的矛头指向林纾，林纾却并未予以太多的理会。然而1918年的双簧信却惹恼了林纾，他于1919年初在《文艺丛刊》上发表了《论古文白话之相消长》一文，再次表明兴白话不能尽废古文的观点[②]：

> 至白话一兴，则喧天之闹，人人争撤古文之席，而代以白话，其但始行白话报。忆庚子客杭州林万里汪叔明创为白话日报，余为作白话道情，颇风行一时。已而予匆匆入都，此报遂停。沪上亦间有为白话为诘难者，从未闻尽弃古文行以白话者。今官文书及往来函札，何尝尽用古文，一读古文则人人瞠目，此古文一道，已厉消烬灭之秋，何必再用革除之力。其曰，废古文用白话者，亦正不知所谓古文也。但闻人言，韩愈为古文大家，则骂之，此亦韩愈之报应，何以言之，《楞严》《华严》之奇妙，而文公并未寓目，大呼跳叫，以铙钹钟鼓为佛，而《楞严》《华严》之妙处，一不之管，一味痛骂为快，于是遂有此泯泯纷纷者，尾逐昌黎骂之于千载之后。盖白话家之不知韩，犹韩之不知佛也。然今日斥白话家为不通，而白话家决不之服，明知口众我寡不必再辩，且古文一道，曲高而和少，宜

---

① 林纾(1852—1924)，福建闽县(今福州市)人，近代文学家、翻译家；博学强记，能诗、能文、能画，有"狂生"的称号；其古文为桐城派大师吴汝纶所推重。林纾翻译小说200余种，被公认为译界泰斗。梁启超称赞"译才并世数严林"。

② 林纾：《论古文白话之相消长》，1919，载郑振铎编《中国新文学大系·文学论争集》，上海文艺出版社2003年版，第78-81页。

宗白话者之不能知也。……总之能读书阅世，方能为文，如以虚枵之身，不特不能为古文，亦并不能为白话。……即谓古文者白话之根柢，无古文安有白话。

1919年2、3月间，林纾在上海《新申报》上发表了文言小说《荆生》《妖梦》，以影射的笔法攻击丑化陈独秀、胡适等新文化人士；又在北京《公言报》上发表了致蔡元培的公开信，即著名的《致蔡鹤卿太史书》，重申了自己对文言的看法①：

若尽废古书，行用土语为文字，则都下引车卖浆之徒，所操之语，按之皆有文法，不类闽广人为无文法之啁啾，据此凡京津之稗贩，均可用为教授矣。若水浒红楼，皆白话之圣，并足为教科之书，不知水浒中辞吻，多采岳珂之金陀粹篇；红楼亦不止为一人手笔，作者均博极群书之人。总之，非读破万卷，不能为古文，亦并不能为白话。

和《荆生》《妖梦》这类为逞一时之快的笔墨游戏不同（事后林纾爽快地承认"不应有过激骂詈之言"），《论古文之不当废》《论古文白话之相消长》和《致蔡鹤卿太史书》这三篇文章集中反映了林纾对文学革命"废除文言"这一主张的态度和观点。一方面，作为中国最早实践白话创作的文人之一，林纾清醒地意识到文言"已厉消烬灭之秋"，白话的兴起是不可阻挡的历史潮流。另一方面，他坚信文言的存在有巨大的价值，不能因为兴白话就"尽废古文"。林纾反对的不是兴白话，而是废古文。

林纾去世后，新文化阵营中的人也渐渐能够公正地评价这位"守旧势力"的代表。郑振铎②说：

他的晚年的生活，除了译书之外，并靠卖画为生。有人说，他的画较他的古文为好。他当七十岁的高龄时，还是一天站立在画桌前六七个小时，不停不息的作画。他实是一个最劳苦的自食其力的人。他的朋友及后辈，显贵者极多，但他却绝不去做什么不劳而获的事或去取什么不必做事而可得的金钱。在这一点上，他实在是最可令人佩服的清介之学者。这种人现在是极不容易见到的。

胡适③也表示：

林先生的新乐府不但可以表示他文学观念的变迁，而且可以使我们知道，五六年前的反动领袖在三十年前也曾做过社会改革的事业。我们这一辈的少年人只认得守旧的林琴南，而不知道当日的维新党林琴南；只听得林琴南老年反对白话文学，而不知道林琴南壮年时曾做过很通俗

---

① 林纾：《林琴南原书》，1919，载胡适编选《中国新文学大系·建设理论集》，上海文艺出版社2003年版，第171-173页。

② 郑振铎：《林琴南先生》，1924，载罗新璋、陈应年编《翻译论集》，商务印书馆2009年版，第246-254页。

③ 胡适：《林琴南先生的白话诗》，1924，载姜义华主编《胡适学术文集·新文学运动》，中华书局1993年版，第460-461页。

的白话诗，——这算不得公平的舆论。

5.2 《国故》与《新潮》之争

1918年11月，由于深受新文化派和《新青年》的感召和影响，北大学生傅斯年、罗家伦、顾颉刚、俞平伯等发起成立了北京大学第一个学生社团——新潮社，并于1919年1月起出版发行社刊《新潮》。《新潮》与《新青年》相呼应，“专以介绍西洋近代思潮，批评中国现代学术上、社会上各问题为职司”[①]，甫一出版，便广受欢迎，产生了较大影响。

1919年1月，北大学生张煊、薛祥绥等在守旧教员刘师培、黄侃、马叙伦等的支持下，“慨然于国学沦夷，欲发起学报，以图挽救”，成立了学生社团——国故月刊社，出版发行《国故》杂志。《国故》“以昌明中国固有之学术为宗旨”[②]，由刘师培、黄侃出任总编辑。

所谓《国故》与《新潮》之争，始于1919年5月，毛子水在《新潮》发表了《国故和科学的精神》一文，对《国故》的办刊旨趣提出了尖锐批评，傅斯年还为此撰写了一段编者附识。当月，张煊在《国故》上刊发了《驳〈新潮〉〈国故和科学的精神〉篇》，回应毛子水的批评。10月，毛子水又在《新潮》上发表《〈驳“新潮”“国故和科学的精神”篇〉订误》一文，并同时附录胡适《论国故学》一函，对张煊的观点再加批驳。此后，由于国故月刊社的解体，双方争论也自然终结。

卢毅[③]总结了毛子水、张煊之间的互相辩驳和傅斯年、胡适的先后介入，指出争议主要集中在以下几个方面：

> 第一，在“国故之生死”的性质判分上，双方的论断针锋相对。
>
> 一方面，毛子水将“国故”断定为“过去的已死的东西”。而另一方面，作为《国故》成员的张煊，自然难以接受这一结论。……
>
> 第二，在“国故与欧化”的地位比较上，双方的估量也不无悬殊。
>
> 毛子水认为：“国故是过去已死的东西，欧化是正在生长的东西；国故是杂乱无章的零碎智识；欧化是有系统的学术。这两个东西，万万没有对等的道理。”
>
> ……对于这种明显贬低“国故”地位的观点，张煊起而申辩说：“国故，东洋文明之代表也；欧化，西洋文明之代表也。今日东西洋之文明，当然处对等地位。”……
>
> 第三，在“研究国故”的目的上，双方的认知亦截然异趣。……

---

① 新潮社：“新潮杂志社启事”，载《北京大学日刊》1918年12月13日。

② 王学珍、郭建荣：《国故月刊社记事录》，载《北京大学史料·第2卷(1912—1937)》第3册，北京大学出版社2000年版，第2715页。

③ 卢毅：“《国故》与《新潮》之争述评——兼论‘五四’时期‘整理国故运动’的兴起”，载《人文杂志》2004年第1期。

第四，在“研究国故”的方法上，双方对“科学的精神”的理解也大相径庭。

从国故派的观点看来，国故社并不反对新文化的引进和传播，反对的是将“国故”即“中国古代的学术思想和中国民族过去的历史”，毫不顾惜地扫进历史的垃圾堆。然而从国故派的研究实践来看，他们仍然较多地拘泥于中国传统的治学方法和路径，秦弓[①]对此评价如下：

若单从《国故》月刊第三期的张煊文章《驳新潮国故和科学的精神篇》来看，国故派的主张未可全然否定……但从《国故》月刊及其同人发表的其他成果来看，多为版本校勘、真伪考辨、错简订正、修辞及用语分类、字义辨析、音韵举例、经典引申等，基本承袭传统，少有对西学的借鉴，以朴学功底见长，而个性化的创新不够。《国故》月刊甚至在形式上也恪守旧例，文字竖排，有的用句读，有的通篇不用一个标点。

看来，要想真正做到贯通中西，从“败布”“破纸”中创造出“新纸”来，是相当不容易的事。

5.3 学衡派

1922 年 1 月，梅光迪、吴宓、胡先骕等七人，在国立东南大学（今南京大学）发起创办《学衡》杂志[②]，围绕该杂志形成了中国近代史上著名的文化流派——学衡派。《学衡》杂志的主要撰稿人除发起人外，还包括国立东南大学的师生，以及吴宓 1925 年任教清华后，王国维、陈寅恪、梁启超等清华大学师生。学衡派核心人物大多出身名门，都曾留学国外，有的甚至在西方学习、生活达 10 年之久，对西方文化较为了解。学衡派的文化纲领是“论究学术，阐求真理，昌明国粹，融化新知。以中正之眼光，行批评之职事。无偏无党，不激不随”[③]。

《学衡》杂志自创刊起就对新文化派提出了尖锐的批评[④]：

国人倡言改革，已数十年。始则以欧西之越我，仅在工商制造也，继则慕其政治法制，今日兼及其教育、哲理、文学、美术矣。其输进欧化之速，似有足惊人者，然细考实际，则功效与速度适成反比例。工商制造，显而易见者也，推之万国，无甚差别也。得其学理技巧，措之实用，而输进之能事已毕。吾非谓国人于工商制造已尽得欧西之长，然比较言之，所得为多。若政治法制，则原于其历史民性，隐藏奥秘，非深入者不能窥

① 秦弓：“‘整理国故’的历史意义及当代启示”，载《文学评论》2001 年第 6 期。

② 《学衡》从 1922 年 1 月至 1926 年 12 月，以月刊刊行了 60 期；1927 年停刊一年；复刊后以双月刊刊行了 10 期；1930 年后又不定期地刊出了 9 期，1933 年 7 月终刊。

③ 吴宓：《学衡杂志简章》（原载《学衡》创刊号），1922，转引自陈漱渝主编《一个都不宽恕——鲁迅和他的论敌》，人民日报出版社 2010 年版，第 8 页。

④ 梅光迪：《评提倡新文化者》，1922，载李春雨、杨志编《中国现代文学资料与研究（上）》，北京师范大学出版社 2008 年版，第 119-124 页。

其究竟。而又以东西历史民性之异，适于彼者，未必适于此，非仅恃模拟而已。至于教育、哲理、文学、美术，则原于其历史民性者尤深且远，窥之益难，采之益宜慎。故国人言政治法制，垂二十年，而政治法制之不良自若。其教育、哲理、文学、美术，号为"新文化运动"者，甫一启齿，而弊端丛生，恶果立现，为有识者所诟病。惟其难也，故反易开方便之门，作伪之途，而使浮薄妄庸者，得以附会诡随，窥时俯仰，逐其功利名誉之野心。夫言政治法制者之失败，尽人皆知，无待余之哓哓。独所谓提倡"新文化"者，尤以工于自饰，巧于语言奔走，颇为幼稚与流俗之人所趋从，故特揭其假面，穷其真相，缕举而条析之。非余好为苛论，实不得已而。

学衡派并不反对西方文明的引进，反对的是对西方学说不深入研究、不加批判地引进，将新文化派斥为"最下乘之模仿家"，批评他们"模仿西人"①：

其所称道，以创造矜于国人之前者，不过欧美一部分流行之学说，或倡于数十年前，今已视为谬漏，无人过问者……彼等于欧西文化，无广博精粹之研究，故所知既浅，所取尤谬。以彼等而输进欧化，亦厚诬欧化矣……实则模仿西人与模仿古人，其所模仿者不同，其为奴隶则一也。况彼等模仿西人，仅得糟粕，国人之模仿古人者，时多得其神髓乎。

学衡派主要强调对西方文化进行全面系统的研究，穷其本源、察其流变之后，再慎重取舍，引进那些具有普遍性的"真理"。

在对待文言和传统文化的态度上，新文化派倡导"文学进化论"，认为人类历史是一个弃旧图新的过程，先起的、陈旧的东西必然没有价值和生命，主张废除文言，代之以白话。而学衡派认为将生物界的进化论移植到文学上，是"误解科学误用科学之害也"②；"若古文白话之递兴，乃文学体裁之增加，实非完全变迁，尤非革命也"③。故而，文言白话"各有所长，不可更代混淆，而有独立并存之价值"，不能"尽弃他种体裁，而独尊白话"④。

《学衡》杂志办刊时间比较长，撰稿人大多谙熟西方文化，受过较为系统严谨的学术训练，其中有多位著名学者，享有较高的声誉和社会影响力。故而学衡派对新文化派的反驳，相比之前的国粹派、国故派和之后的甲寅派，产生的影响也更大。

5.4 文化保守主义的历史价值

在相当长的一段时期内，林纾、国故派、学衡派等和新文化阵营持不同观点的人，被评价为"落后""守旧"，视作时代前进和社会发展的绊脚石。而近些年来，越来越多的学者开始重新评价文化保守主义者，肯定了他们存在的历史价值。

①③④ 梅光迪：《评提倡新文化者》，1922，载李春雨、杨志编《中国现代文学资料与研究（上）》，北京师范大学出版社2008年版，第119-124页。

② 江飞："胡先骕古典主义文学思想探究"，载《江西社会科学》2010年第11期。

学者李欧梵[①]认为,文化保守派的失败是不可避免的:

> 在这热情奔放的破除迷信的新时代,这种理性地保卫传统的主张无论想得多么周到,也注定要失败,因为它与要求革命变革的激进冲力背道而驰。

这种悲剧的结局,也许最能体现在学衡派身上——早在《学衡》创刊之前的1921年,相关部门就通令全国小学教科书一律改用白话,白话的"国语"地位已然确立。然而也正是这份"明知不可为而为之"的勇气,才使得文化保守派的坚持显得更加难能可贵。

在激进和保守的对峙中,文化激进主义和文化保守主义形成了对峙又互补的格局,共同塑造了中国现代转型中文化发展的合力,既保证了现代性实现过程中不可或缺的突围性力量,又保证了现代性在实现过程中的自我矫正与补偿。[②] 文化保守派对传统文化的执着坚守,促使新文化阵营在鞭笞旧传统、旧文化的同时,不得不正面回答如何继承传统的问题。秦弓[③]表示:

> 保守派对传统文化的极力维护,对新文化阵营及时调整文化战略起到了不容忽略的作用,一个切近的例证就是:正是在《国故》的逼促下,《新潮》才正式提出了整理国故。也正是在相互驳难的过程中,新文化阵营整理国故的思路才越来越清晰,越来越宽广。

"五四"时期,文化保守主义以边缘的姿态构成了权威话语——文化激进主义的一种边界,保证了不同价值范畴之间的有效制衡。成为制衡的力量,正是文化保守主义者之价值所在。

单元测验 9

一、判断题

1. 先秦两汉之后的两千年里,文言的发展变化很大。
2. 学衡派得名于1922年在国立东南大学创办的刊物《学衡》。
3. 文言和白话,用于不同场合,服务于不同目的,两者关系冲突。
4. 国故派反对的是将中国古代的学术思想和中国民族过去的历史都毫无顾惜地扫进历史的垃圾堆。
5. "五四"时期,文化激进主义成为文化保守主义的一种制衡力量。

二、单选题

1. "意之所到,则笔力曲折,无不尽意"描写的是________。

---

① 李欧梵:《文学的趋势 I:对现代性的追求,1895—1927》,中国社会科学出版社1993年版,第527页。

② 王桂妹、林红:"对峙的意义:从理解《学衡》到反思'五四'文化激进主义",载《西南师范大学学报(人文社会科学版)》2004年第5期。

③ 秦弓:"'整理国故'的历史意义及当代启示",载《文学评论》2001年第6期。

A. 文言　　B. 白话

2. 在古代中国，要想进入文人士大夫阶层，必须掌握________。

A. 文言　　B. 白话

3.《水浒传》《儒林外史》《红楼梦》属于________作品。

A. 文言　　B. 白话

4. 主张"我手写我口"的学者是________。

A. 黄遵宪　　B. 陈独秀　　C. 胡适　　D. 梁启超

5. 对新文化派的反驳，影响最大的是________。

A. 国粹派　　B. 国故派　　C. 学衡派　　D. 甲寅派

6. 古代中国，被认为是"俗文学"的是________文学。

A. 白话　　B. 文言

7. 中国第一部现代白话文小说是________。

A.《孔乙己》　　B.《狂人日记》　　C.《呐喊》　　D.《彷徨》

8. "五四"时期，文化保守主义和文化激进主义形成________的格局。

A. 对峙　　B. 互补　　C. 对峙又互补　　D. 冲突

9. 清末"诗界革命"的倡导者是________。

A. 吴宓　　B. 胡适　　C. 陈独秀　　D. 黄遵宪

10. ________主张"兴白话，废文言"。

A. 学衡派　　B. 国故派　　C. 林纾　　D. 新文化派

三、多选题

1. 白话文又叫________。

A. 古文　　B. 语体文　　C. 散文　　D. 现代文

2. 针对文学革命"废除文言"的主张，林纾在________中表达了他的态度和观点。

A.《论古文之不当废》　　B.《论古文白话之相消长》

C.《致蔡鹤卿太史书》　　D.《文学革命论》

3. 新潮社的发起人是________。

A. 傅斯年　　B. 罗家伦　　C. 顾颉刚　　D. 俞平伯

4. 唐宋时期的古文运动中，以________为首的古文家们倡导"文必秦汉"。

A. 张中行　　B. 严复　　C. 韩愈　　D. 柳宗元

5. 1917 年，继胡适、陈独秀之后，________等都加入新文化阵营。

A. 钱玄同　　B. 李大钊　　C. 鲁迅　　D. 刘半农

四、填空题

1. 张中行称战国两汉时期的作品为文言的"________"。

2. 文言不随________而变的特性，赋予了它顽强的生命力和空前的影响力。

3. 将新文化派斥为“最下乘之模仿家”的是________派。
4. “文学革命”主张把________作为现代汉语书面语的唯一载体。
5. ________派认为,新文化派将生物界的进化论移植到文学上,是误解和误用科学。
6. ________被吴其昌称为“梁启超最伟大的功绩”。
7. 北京大学的第一个学生社团是________。
8. 在文言文献中,最能体现固定的词汇句法系统的是________时期的文言。
9.《黑奴吁天录》和《茶花女遗事》的译者是________。
10. 历代不少学者提出的“________”是指采用和口语一致的书面语。

五、思考题

1. 阅读并评论以下材料[①]。

那时偶或来谈的是一个老朋友金心异[②],将手提的大皮夹放在破桌上,脱下长衫,对面坐下了,因为怕狗,似乎心房还在怦怦的跳动。

“你钞了这些有什么用?”有一夜,他翻着我那古碑的钞本,发了研究的质问了。

“没有什么用。”

“那么,你钞他是什么意思呢?”

“没有什么意思。”

“我想,你可以做点文章……”

我懂得他的意思了,他们正办《新青年》,然而那时仿佛不特没有人来赞同,并且也还没有人来反对,我想,他们许是感到寂寞了,但是说:

“假如一间铁屋子,是绝无窗户而万难破毁的,里面有许多熟睡的人们,不久都要闷死了,然而是从昏睡入死灭,并不感到就死的悲哀。现在你大嚷起来,惊起了较为清醒的几个人,使这不幸的少数者来受无可挽救的临终的苦楚,你倒以为对得起他们么?”

“然而几个人既然起来,你不能说决没有毁坏这铁屋的希望。”

是的,我虽然自有我的确信,然而说到希望,却是不能抹杀的,因为希望是在于将来,决不能以我之必无的证明,来折服了他之所谓可有,于是我终于答应他也做文章了,这便是最初的一篇《狂人日记》。从此以后,便一发而不可收,每写些小说模样的文章,以敷衍朋友们的嘱托,积久了就有了十余篇。

2. 阅读并评论以下材料[③]。

20 世纪勃兴于中国的新文化运动,与世界文化思潮紧密交织,成为 20 世

---

① 鲁迅:《呐喊·自序》,转引自房向东著《鲁迅与他的论敌》,上海书店出版社 2007 年版,第 13 页。
② 即钱玄同。林琴南小说《荆生》中有一个人物名“金心异”,影射钱玄同。
③ 乐黛云:“世界文化语境中的学衡派”,载《中国现代文学研究丛刊》2005 年第 3 期。

纪世界文化对话的一个重要组成部分，自然也出现了保守主义、自由主义、激进主义这样的三位一体。以李大钊、陈独秀为代表的激进派尊崇马克思，以胡适等为代表的自由派找到了杜威、罗素，以《学衡》杂志为代表的现代保守主义者则服膺新人文主义宗师白壁德。他们思考和企图解决的问题却大体相同（如何对待传统，如何引介西方，如何建设新文化等），而又都同样带着中国文化启蒙运动的特色……中国启蒙运动发生在第一次世界大战引起的西方衰敝时期，西方文明的矛盾和弱点已有所暴露，中国的激进派、自由派和保守派都向西方寻求真理，但都想绕开这些矛盾和弱点。激进派反对资本主义，自由派提倡"整理国故"，保守派倡导"昌明国粹，融化新知"都与这一意向有关……学衡派不同意自由派的"弃旧图新"，更不同意激进派的"破旧立新"，而认同于以"存旧立新""推陈出新"或"层层递嬗而为新"的新人文主义。另外，学衡派诸人与政治保守派不同，他们是真正的文化保守主义者，他们绝不维护社会现状，也不想托古改制，而以文化启蒙为改造社会的惟一途径，这使他们和风云突变的政治运动保持了一段"知识分子的距离"，他们以追求绝对真理为己任，鄙弃"顺应时代潮流"，反对"窥时俯仰""与世浮沉"。当激进派投入革命，自由派鼓吹"好人政府"时，《学衡》派诸公却始终坚持在文化教育岗位上，正是对于人文教育的看重与执着使他们汇入了世界新人文主义的潮流。

第十章
创制白话

1. 本章提要

新文化派倡导的现代白话文,要替代使用了两千多年的文言,绝非易事。创制白话,可资借鉴的资源,比较有限。新文化派中态度较为温和的胡适,提出在明清白话小说的基础上,用当时的口语和传统的文言作为"补助",创造出新的白话。而傅斯年则认为,古白话中可借鉴的仍然太少,创制白话,除了吸收口语,主要依靠模仿西洋文。在傅斯年看来,理想的白话文,就是"欧化的白话文"。欧洲语言中的词法、句法、章法、修辞,尽可以引入汉语中来。

由于欧化的白话文被视作理想的白话文,翻译就成为引进新的表达法、创造欧化白话文的有效途径。鲁迅先生主张严格的直译,甚至把自己的翻译风格称为"硬译"。直译和硬译使现代汉语出现了很多典型的欧化特征,不仅充满了难解的新名词,而且句段长度加长,代词使用频率加大,"他"出现了性别的分化,长定语增多,迂回结构增多等,导致汉语"翻译腔"盛行。

1929年梁实秋发表《论鲁迅先生的"硬译"》,批评鲁迅的译文近乎"死译",读起来"要伸着手指来寻找句法的线索位置"。1935年,林语堂发表《今文八弊》,批评当时盛行的"西崽"文风。诗人余光中从20世纪70年代起,撰写了一系列文章批评现代汉语恶性西化的文风。

过度欧化的现代汉语,也引发了人们对当代文学语言的批评。人们一般都认同,中国当代文学的世界影响力不及古典文学和现代文学。这种局面和当代文学创作语言的水平也有一些关系。德国汉学家顾彬曾对当代文学语言提出过尖锐的批评。文学杂志《收获》的副编审叶开认为,当代文学的语言困境的原因是白话文本身不成熟和当代作家缺乏文言修养。

当前,人们对中国传统文化的认识有了新的提升,认同优秀传统文化是中华民族的精神命脉,是最深厚的文化软实力。而文言作为优秀传统文化的主要载体之一,也引起了更多关注,激发了更多人了解和学习的热情。

2. 创制白话的方法

新文化派倡导现代白话文的口号一出，一个现实的问题就摆在他们面前了，即这种白话文该如何创制，以便形成中国人现代用语的典范，成为“标准国语”的基础。胡适①指出创作现代白话文的困难：

> 我们从小到如今，都是用文言文作文，养成了一种文言的习惯，所以虽是活人，只会做死人的文字。若不下一些狠劲，若不用点苦功夫，绝不能使用白话圆转如意。

对于这个实际且迫切的问题，新文化派一方面努力从事白话创作的实践，另一方面，在理论上也有所总结。胡适②指出：

> 我以为我们提倡新文学的人，尽可不必问今日中国有无标准国语。我们尽可努力去做白话的文学，我们可尽量采用《水浒》《西游》《儒林外史》《红楼梦》的白话；有不合今日的用的，便不用他；有不够用的，便用今日的白话来补助；有不得不用文言的，便用文言来补助。这样做去，绝不愁语言文字不够用，也绝不用愁没有标准白话。

可见胡适心目中的标准现代白话，是以明清白话小说的语言风格为基础，整合现代口语和文言资源的综合体。

而傅斯年发表于1919年《新潮》第1卷第2号的名文《怎样做白话文?》③，提出的路径则和胡适的观点大相径庭。傅斯年首先否定了借鉴古白话的可能性：

> 只可惜我们历史上的白话产品，太少又太坏，不够我们做白话文的凭藉物……我们历史上的好小说，能有几部？不过《水浒传》《红楼梦》《儒林外史》三部，有文学价值；其余都是要不得的……小说以外，中国也没有用白话做的解论辨义④的文章。照这样说，以前的白话出产品，竟不够我们乞灵，我们还要乞灵别个去。

既然古白话不足以借鉴，傅斯年进而提出了创制白话的方法，第一条便是“乞灵于说话”：

> 我的意思就是乞灵说话——留心自己的说话，留心听别人的说话……一面随时自反，把说话的毛病、想法除去，把文学的手段、组织和趣味，用到说话上来；一面观察别人，好的地方，我去学他，不好的地方，求自己的解免。但能刻刻如此用心，不须把笔作字，已经成了文学家了。

---

①② 胡适：《建设的文学革命论：国语的文学——文学的国语》，1918，载李春雨、杨志编《中国现代文学资料与研究（上）》，北京师范大学出版社2008年版，第74-81页。

③ 傅斯年：《怎样做白话文?》，1919，载李春雨、杨志编《中国现代文学资料与研究（上）》，北京师范大学出版社2008年版，第92-100页。

④ “解论”指exposition，“辨义”指argumentation。

从口语中汲取新文学的资源，不仅上承黄遵宪“我手写我口”的口号，而且和文学革命“言文合一”的主张毫无二致。同时我们也应该注意到傅斯年身上西方“口语至上”观念的明显影响：

> 第一流的文章，定然是纯粹的语言，没有丝毫掺杂；任凭我们眼里看进，或者耳里听进，总起同样的感想。若是用眼看或用耳听，效果不同，便落在第二流以下去了。

主张“乞灵说话”的同时，傅斯年也认识到“说话”的局限，认为全凭说话，并不能创造具有文学性的白话文，进而指出更高层次的白话文，需要仿照西洋文才能创造：

> 就这一点而论，我们仅仅做成代语的白话文，乞灵说话就够了，要是想成独到的白话文，超于说话的白话文，有创造精神的白话文，与西洋文同流的白话文，还要在乞灵说话以外，再找出一宗高等凭藉物。
>
> 这高等凭藉物是甚么，照我回答，就是直用西洋文的款式，文法、词法、句法、章法、词枝(Figure of Speech)……一切修辞学上的方法，造成一种超于现在的国语，欧化的国语，因而成就一种欧化国语的文学。

其后，傅斯年描绘了理想的白话文，并且表明模仿西洋文正是实现这一理想的最好方法：

> 这理想上的白话文是什么？我答道：
>
> (1)“逻辑”的白话文。就是具“逻辑”的条理，有“逻辑”的次序，能表现科学思想的白话文。
>
> (2)哲学的白话文。就是层次极复，结构极密，能容纳最深最精思想的白话文。
>
> (3)美术的白话文。就是运用匠心做成，善于入人情感的白话文。
>
> 这三层在西洋文中都早做到了。我们拿西洋文当做榜样，去模仿他，正是极适当，极简便的办法。所以这理想的白话文，竟可说是——欧化的白话文。

新文化运动之后，新文学的语言在口语和欧化的共同影响下发展，这个态势至今仍在继续。

3. 通过直译改造汉语

欧化的白话文既然被视作理想的白话文，翻译就成为引进新的表达法、创造欧化白话文的有效途径，受到很多有识之士的重视。瞿秋白[①]认为：

> 翻译——除出能够介绍原本的内容给中国读者之外——还有一个

① 瞿秋白、鲁迅：《鲁迅和瞿秋白关于翻译的通信》，1931，载罗新璋、陈应年编《翻译论集》，商务印书馆2009年版，第335-349页。

很重要的作用:就是帮助我们创造出新的中国的现代言语。中国的言语(文字)是那么穷乏,甚至于日常用品都是无名氏的。中国的言语简直没有完全脱离所谓“姿势语”的程度——普通的日常谈话几乎还离不开“手势戏”。自然,一切表现细腻的分别和复杂的关系的形容词,动词,前置词,几乎没有。宗法封建的中世纪的余孽,还紧紧的束缚着中国人的活的言语,(不但是工农群众!)这种情形之下,创造新的言语是非常重大的任务……翻译,的确可以帮助我们造出许多新的字眼,新的句法,丰富的字汇和细腻的精密的正确的表现。因此,我们既然进行着创造中国现代的新的言语的斗争,我们对于翻译,就不能够不要求:绝对的正确和绝对的中国白话文。这是要把新的文化的言语介绍给大众。

由于翻译肩负着引进欧化语言的重担,其重要性被充分肯定。鲁迅认为,“翻译并不比随便的创作容易,然而于新文学的发展却更有功,于大家更有益”①。中国自古就有翻译活动,但是将翻译作为建设新文学的手段,其地位居于创作之上,恐怕是前无来者的。

为了引进欧化语言,丰富汉语,翻译时自然就会尽量将西洋文中的词汇、句法引入译文。新文化运动的主将鲁迅在自己的翻译实践中就主张坚持严格的直译,他自己甚至将这种翻译风格称为“硬译”,即“按板规逐句,甚而至于逐字译”②。这样产生的译文,自然也就会有不少晦涩难懂的地方。例如下面是鲁迅1929年翻译的《文艺与批评》(卢那卡尔斯基文艺评论集)中的一段文字:

内容上虽然不相近,而形式底地完成着的作品,从受动底见地看来,对于劳动者和农民,是只能给与半肉感底性质的漠然的满足的,但在对于艺术底化身的深奥,有着兴味的劳动者和农民,则虽是观念底地,是应该敌视的作品,他们只要解剖底地加以分解,透彻了那构成的本质,便可以成为非常的大的教训。

鲁迅在该书的《译者后记》中说:

从译本看来,卢那卡尔斯基的论说就已经很够明白,痛快了。但是因为译者的能力不够,和中国文本来的缺点,译完一看,晦涩,甚而至于难解之处也真多;倘将仂句拆下来呢,又失了原来的精悍的语气。在我,是除了还是这样的硬译之外,只有“束手”这一条路——就是所谓“没有

① 转引自李季:《鲁迅对于翻译工作的贡献》,1951,载罗新璋、陈应年编《翻译论集》(《现今的新文学的概观》,1929,原载于《鲁迅全集》第四卷,第147页),商务印书馆2009年版,第376-386页。

② 鲁迅:《“硬译”与“文学的阶级性”》,1930,载陈漱渝主编《一个都不宽恕——鲁迅和他的论敌》,人民日报出版社2010年版,第111-121页。

出路”——了，所余的唯一的希望，只在读者还肯硬着头皮看下去而已。[1]

直译或者硬译产生的译本，开启了现代汉语欧化的历程。但是，这种译文一诞生，就有人质疑。例如，1929年鲁迅翻译的《艺术论》和《文艺与批评》出版后，梁实秋就发表《论鲁迅先生的“硬译”》一文，批评鲁迅的翻译已经近于“死译”[2]：

什么叫死译？西滢先生说：“他们非但字比句次，而且一字不可增，一字不可先，一字不可后，名曰翻译，而‘译犹不译’，这种方法，即提倡直译的周作人先生都谥之为‘死译’。”“死译”这个名词大概是周作人先生的创造了……没有人能说鲁迅先生的文笔不济，但是他的翻译却离“死译”不远了……读这样的书，就如同看地图一般，要伸着手指来寻找句法的线索位置。

此后，鲁迅曾多次撰文重申他“宁信而不顺”的翻译主张，例如[3]：

动笔之前，就先得解决一个问题：竭力使它归化，还是尽量保存洋气呢？……如果还是翻译，那么，首先的目的，就在博览外国的作品，不但移情，也要益智，至少是知道何地何时，有这等事，和旅行外国，是很相像的：它必须有异国情调，就是所谓洋气。其实世界上也不会有完全归化的译文，倘有，就是貌合神离，从严辨别起来，它算不得翻译。凡是翻译，必须兼顾着两面，一当然力求其易解，一则保存着原作的风姿，但这保存，却又常常和易懂相矛盾：看不惯了。不过它原是洋鬼子，当然谁也看不惯，为比较的顺眼起见，只能改换他的衣裳，却不该削低他的鼻子，剜掉他的眼睛。我是不主张削鼻剜眼的，所以有些地方，仍然宁可译得不顺口。

并解释“硬译”的原因：“输入新的表现法”，克服汉语不够“精密”的缺点[4]：

至于供给甲类的读者[5]的译本，无论什么，我是至今主张“宁信而不顺”的。自然，这所谓“不顺”，决不是说“跪下”要译作“跪在膝之上”，“天河”要译作“牛奶路”的意思，乃是说，不妨不像吃茶淘饭一样几口可以咽完，却必须费牙来嚼一嚼。这里就来了一个问题：为什么不完全中国化，

① 转引自梁实秋：《论鲁迅先生的“硬译”》，1929，载陈漱渝主编《一个都不宽恕——鲁迅和他的论敌》，人民日报出版社2010年版，第139-141页。该文原载于《春潮》月刊1929年1月第1卷第3期《托尔斯泰之死与少年欧罗巴》译文的译者跋语，后全文引抄在1929年出版的《文艺与批评》的《译者附记》中，见顾钧著《鲁迅翻译研究》，福建教育出版社2009年版，第13页。

② 梁实秋：《论鲁迅先生的“硬译”》，1929，载陈漱渝主编《一个都不宽恕——鲁迅和他的论敌》，人民日报出版社2010年版，第139-141页。

③ 鲁迅：《“题未定”草》，1935，载傅光明主编《论战中的鲁迅》，京华出版社2006年版，第188-193页。

④ 瞿秋白、鲁迅：《鲁迅和瞿秋白关于翻译的通信》，1931，载罗新璋、陈应年编《翻译论集》，商务印书馆2009年版，第335-349页。

⑤ 鲁迅将大众分为三类：甲，有很受了教育的；乙，有略能识字的；丙，有识字无几的。而其中的丙，则在“读者”的范围之外。

给读者省些力气呢？这样费解，怎样还可以称为翻译呢？我的答案是：这也是译本。这样的译本，不但在输入新的内容，也在输入新的表现法。中国的文或话，法子实在太不精密了，作文的秘诀，是在避去熟字，删掉虚字，就是好文章，讲话的时候，也时时要辞不达意，这就是话不够用，所以教员讲书，也必须借助于粉笔。这语法的不精密，就在证明思路的不精密，换一句话，就是脑筋有些胡涂。倘若永远用着胡涂话，即使读的时候，滔滔而下，但归根结蒂，所得的还是一个胡涂的影子。要医这病，我以为只好陆续吃一点苦，装进异样的句法去，古的，外省外府的，外国的，后来便可以据为己有。

鲁迅并不认为"硬译"是最好的方案，而将自己的译本看作过渡的"中间物"，若将来有了成熟完善的汉语，更好的译本就会出现，译本"不顺"的地方，能够被读者慢慢接受的，就会保留下来，而不能被读者接受的，自然就会被淘汰。[①]

但我自信并无故意的曲译，打着我所不佩服的批评家的伤处了的时候我就一笑，打着我的伤处了的时候我就忍疼，却决不肯有所增减，这也是始终"硬译"的一个原因。自然，时间总会有较好的翻译者，能够译成既不曲，也不"硬"或"死"的文章的，那时我的译本当然就被淘汰，我就只要来填这从"无有"到"较好"的空间罢了。

鲁迅的创作文字流畅，影响巨大，而翻译作品的影响力远不如创作，和他坚持"直译""硬译"的翻译方法恐怕不无关系。

4. 欧化的汉语

通过直译改造汉语的直接后果是，欧化迅速地由翻译语言波及创作语言，甚至导致汉语"翻译腔"的盛行。早在1935年，林语堂发表《今文八弊》，就对充满洋味的"西崽"文风提出批评[②]：

今人一味仿效西洋，自称摩登，甚至不问中国文法，必欲仿效英文，分"历史地"为形容词，"历史地的"为状词，以模仿英文之historic-al-ly，拖一西洋辫子，然则"快来"何不因"快"字是状词而改为"快地的来"？此类把戏，只是洋场孽少的怪相，谈文学虽不足，当西崽颇有才。

著名诗人余光中自20世纪70年代起，就不断撰文批评现代汉语恶性西化的

① 鲁迅：《"硬译"与"文学的阶级性"》，1930，载陈漱渝主编《一个都不宽恕——鲁迅和他的论敌》，人民日报出版社2010年版，第111-121页。

② 林语堂：《今文八弊》，1935，载傅光明主编《论战中的鲁迅》，京华出版社2006年版，第180-187页。

文风。他在《早期作家笔下的西化中文》[1]一文中，列举了鲁迅、周作人、徐志摩、沈从文、何其芳、艾青等名家笔下“西而不化”的语言问题，并指出“从鲁迅到艾青，白话文西而化之颓势日益显著”。余光中《白而不化的白话文》[2]以朱自清为例，指出朱自清《桨声灯影里的秦淮河》末段就有 34 个代名词，其中“我们”有 26 个。他改写了《荷塘月色》的“的的句”：

> 月光是隔了树照过来的，高处丛生的灌木，落下参差的斑驳的黑影，峭楞楞如鬼一般；弯弯的杨柳的稀疏的倩影，却又像是画在荷叶上。（朱自清原文）
>
> 月光隔树照过来，高处丛生的灌木，落下参差而斑驳的黑影，峭楞楞如鬼一般；杨柳弯弯，稀疏的倩影却又像画在荷叶上。（余光中改写）

余光中认为，“民初作家年轻时用青涩的白话文写出来的不很成熟的作品”，并不值得全国青年当作经典范文，日习夜诵：

> 民初的这几位作家，停笔又早，作品又少，而寥寥几篇不耐咀嚼不堪细析的少作，却盘踞课文和文选达数十年之久，这真是一个怪现象。

“西而不化”的翻译腔，似乎越来越成为汉语的常态。例如，著名作家莫言的《檀香刑》，欧化痕迹明显的句子比比皆是：

> 1. 她用可怜巴巴的眼睛，看着他，正在乞求着他的宽恕和原谅。
> 2. 挑水的人们，用惊讶的目光，打量他们。
> 3. 春生和刘朴用骑牲口骑罗圈了的腿支撑着身体，搀扶着知县。
> 4. 他接过帽子，戴正在头上。

长期接触欧化语言，使得当代中国人鉴赏语言的能力也受到了影响。例如，不少读者读到下面的句子[3]：

> 一只吊睛白额虎在星月光辉之下，随着一阵风，大吼一声，忽地跳了出来。

或者：

> 李逵在星月光辉之下，猛觉一阵风起，听到一声大吼，看到一只吊睛白额虎跳出来。

都会觉得这是很好的汉语。非得读到《水浒传》的原话：

> 那一阵风起处，星月光辉之下，大吼了一声，忽地跳出一只吊睛白额虎来。

---

① 余光中：《早期作家笔下的西化中文》，1979，载《余光中谈翻译》，中国对外翻译出版公司 2007 年版，第 100-108 页。余光中(1928—2017)，当代著名作家、诗人、散文家，祖籍福建永春；创作风格先西化后回归：“少年时代，笔尖所染，不是希顿克灵的余波，便是泰晤士的河水。所酿业无非一八四二年的葡萄酒”；20 世纪 80 年代后诗笔“伸回那块大陆”。

② 余光中：《白而不化的白话文——从早期的青涩到近期的繁琐》，1983，载《余光中谈翻译》，中国对外翻译出版公司 2007 年版，第 132-141 页。

③ 例句引自潘文国：《汉英语对比纲要》，1997，华东师范大学出版社 2002 年版，第 125-126 页。

两相对比之后才能体味到白话本来灵动的美感。而不少欧化的表达，其实都能找到简洁地道的中文表达。例如余光中[①]曾说：

在“译文体”里，“他是他父亲唯一的儿子”，用中文“他是独子”就完了；“他是一位素食主义者”，其实只要说“他吃素”就行；“这个政治家充满前瞻性”，我们其实讲“远见”就很简单；然后说“企图心”，用“雄心”就够了。

当今过度欧化的重灾区，当属媒体和广告。媒体抢新闻争分夺秒，翻译国外媒体的报道往往不及细细推敲言辞，深受“翻译腔”困扰。久而久之，这种译文风格波及新闻创作，形成了新闻语体较为欧化的风格。

而一些广告则为了吸引眼球，刻意加入一些洋腔洋调，迎合大众的心理。

我们日常的语言中，“名气”变成“知名度”，书“好看”成为“可读性高”，“政策不稳定”说成“政策充满了高度的不稳定性”，“买东西”先变成“购物”，继而又成了“血拼”……一百年前开启的汉语欧化之路，目前似乎仍然不见终点。

5. 当代文学的语言困境

对文学的评价，是非常复杂的问题。对当代中国文学的评价，更是各派标准纷繁，观点林立：有人说当代中国文学成就巨大，也有人说当代中国文学是“垃圾”[②]“烂苹果”。

如果拿中国当代文学和古代文学、现代文学相比，一般都认为当代文学相对薄弱。齐燕荣[③]等调查了美国五大著名教材出版社出版的6～12年级的世界文学教材，发现以上教材共选录中国文学作品71篇，然而其中当代作品为数寥寥。当代诗人中，仅选了北岛、舒婷和顾城的诗，而张洁的《爱是不能忘记的》成为五大出版社教材中唯一入选的当代小说作品。调查指出，美国世界文学教材对中国现当代文学作品的重视程度明显不如中国古典文学，不仅总量少，且没有一个中国现代作家的作品入选。

学习中国古典文学出身的瑞典著名汉学家马悦然，曾经赞叹中国古代文学的巨大成就，“在世界其他国家文学还没有出现的时候，中国文学就达到了一个很高的高度，包括诗歌、散文、小说等都是如此”；也曾在采访中表达对中国当代文学的忧虑[④]：

从五四运动开始，有些人开始受到西方文学的影响，比如那时创作

---

① 谢正宜：“余光中：根求其深，文求其便，心求其平”，载《新闻晚报》2009年9月26日。

② 2007年德国汉学家顾彬批评“中国当代文学是垃圾”的消息曾经引发了巨大的媒体效应和学界争议，后来顾彬本人多次澄清，他从没说过“中国当代文学是垃圾”，而是说个别当代作家的作品是垃圾。

③ 齐燕荣等：“美国中学世界文学教科书中的中国文学”，载《北京师范大学学报（社会科学版）》2011年第4期。

④ 马悦然：“中国人的美感会消失吗”，载《环球时报》2007年3月2日。

的一些诗歌，字是中国字，但已经没有中国味了，看起来就像法文诗或英文诗。……到上世纪80年代，中国出现了一批朦胧诗人，不过他们与五四运动时期的中国诗人有很大区别。那时候的诗人对中国古代文学有爱有憎，是有感情的，但到了朦胧诗人那里，他们中的大多数就对中国古代文学甚至五四时期的作品都没有兴趣了。比如我曾经与一位朦胧诗人谈起过五四文学，但后来我发现，我所提到的作品他什么也没读过。

就说顾城吧，他早期的诗非常好，但后期的作品我就看不明白了。他曾寄给我一本诗集，我读了40遍还是没弄懂他要说什么，比如里面有首诗叫《男》，只有三行："苹果 布 食"。可能一些年轻人会认为这很深刻，但在我看来一点意义也没有。还有我现在正在编一本诗集，收录了华语世界一些40岁以下年轻人的诗，没有一首能让我感动。

作家群体庞大，作品数量众多，但是有世界影响力的作家和作品不多，可能是中国当代文学留给世人的普遍印象。

与国内一些学者高唱赞歌不同，海外汉学家对中国当代文学的批评比较尖锐，其中的代表人物是曾经引发很大争议的德国汉学家顾彬。顾彬对当代中国文学的批评包括很多方面，涉及很多作者和作品。其中引起我们注意的，是他对当代中国文学创作语言的批评①：

几年之前，欧阳江河提出中国语言的命题。"何谓好的中文?"他这么问。他得到了任何答案吗？恐怕没有。有可能的回答吗？我认为有。民国时期(1912—1949)作家们的语言水平是非常高的，许多作家是多语作家。他们通常不只掌握多种语言，也以各外来语文书写文学作品。林语堂和张爱玲写英文小说，而戴望舒以法文、郭沫若以德文写诗。我到现在还是觉得鲁迅的语言水平非常高，20世纪没有哪个作家可以和他比肩。我觉得他作品的语言非常漂亮，我看他的作品非常舒服，当代作家原本可以承接鲁迅而创造比较合适的白话语言，但他们不这样做。我完全不了解，为什么会这样？

顾彬认为中国当代作家对创作语言的态度过于随意，他的观点得到《收获》杂志副编审叶开的认同：

叶开：我记得您在《二十世纪中国文学史》里专门引用过一段话，说鲁迅的文字是不能随便删的。

顾彬：是。

叶开：删不了他的东西。

顾彬：对，删不了。

叶开：我们把他的一句话，甚至一个词删了以后，就不行了。

① 顾彬："从语言角度看中国当代文学"，载《南京大学学报》2009年第2期。

顾彬：对。

叶开：当代的作家作品，很多的可以随便删，我经常干这样的工作。我可以把二十万字删到十五万，也没有什么困难，一点都不影响阅读。很多人甚至还说，还是《收获》杂志这个版本更好。他们的写作就是这样。①

顾彬还多次提到不少中国当代文学作品在海外销售得很好，是因为翻译往往会在语言上进行二次加工；而忠实原作语言的翻译家，反而不受出版社和社会欢迎②：

我曾经这么做过，对中国当代文学家中文字较差的作品，我还是翻译成比较好的德文，因为我同情当代中国作家，我希望能够帮他们的忙。但是我这样做是很有问题的。……我还记得最近有两个翻译家跟我诉苦。第一个人说，我特别喜欢翻译中国当代文学，但是好的作品我从来没有看过；第二个人说，很可惜，中国作家他们多写多赚钱，但是这样让我非常非常累，因为多余的话太多了，很多话我不想翻译出来。这说明什么呢？一个作家真正的对象是语言，是一个字、一个词。如果我们从1949年以前的历史来看，我们可以发现鲁迅无论他写过什么，但少一个字不行，多一个字也不行。一个作家应该找到恰当的字或词。但是中国当代作家为了赚钱，他们觉得语言无所谓。多一个字少一个字，多一句话少一句话，多一章少一章都可以。好的文学作品不该如此。

顾彬对中国当代文学的批评或许存有一些偏激之见；但是他对中国当代文学创作语言的批评，则无疑是中肯的。

在和顾彬的访谈中，叶开试图为中国当代作家的语言危机寻找原因③：

我们在谈到现代和当代的问题，中间实际上隔了两条巨大的鸿沟，第一个是意识形态的鸿沟，第二个是简体字的鸿沟。现代作家，他们传统的文化教育在十八岁以前就完成了。我看过一个资料，胡适说《四书五经》他不仅能够背，里面的注释都能背下来。这就是我们现在这一代作家跟上一代作家在传统文化修养上相比显出来的缺陷。您又专门提到，他们不懂外语。又不懂外语又不懂传统的文化，那我们还有什么？……所以当代中国的作家的处境是非常尴尬的。我们既不能从西方直接获得第一手的体会，跟传统文化也已经割裂了。……为什么我要提这个话题呢，我想说现代汉语是个不成熟的语言。这个我没有跟您交流过。我认为现代汉语从我们假设是——你这本书里还提到过其他的作家——我们假设我们中国本土的学者认为就是1918年鲁迅发表《狂人日记》开始，现代白话文创作到现在只有九十年。九十年的时间，在中国

①③ 顾彬，叶开："需要重新审视的现当代文学"，载《西湖》2009年1期。

② 顾彬："从语言角度看中国当代文学"，载《南京大学学报》2009年第2期。

的历史是非常短的。

叶开认为中国当代作家缺乏文言修养和白话文本身的不成熟，是造成中国当代文学语言困境的重要原因。事实上，创造了20世纪上半叶文坛辉煌的白话大师们，个个都有深厚的文言根基。林语堂曾说，鲁迅先生读的中国书比谁都多；巴金也曾表示，幼时背诵的两百多篇《古文观止》是一生文学的根基。学者董桥说，“仔细阅读鲁迅的白话文，不难发现他笔下其实‘白’中处处有‘文’，可见文言真是白话的基础”①。余光中在讨论汉语西化问题时，也指出“五四”时期的新文学领袖如鲁迅、胡适、傅斯年虽然激烈反对文言，但动笔写起文言来却毫不含糊，有了这样的文言功底，笔下的白话也能简洁有力；故此“足见真通中文的人，体魄健全，内力深厚，所以西化得起，西化不起、西而不化的人，往往中文原就欠通”②。韩军③则将20世纪下半叶黯然失色的中国文坛，归咎于文言教育的缺失：

> 在20世纪下半叶的成为文坛主流的文人们，在他们孩童时期的语言“敏感期”阶段，即13岁之前，没有受过系统的、深入的文言教育。他们在语言“敏感期”所接受的“语文教育”，即20世纪30年代之后的所谓“现代语文教育”，是在废除文言的背景之下，是基本以白话为主体的、为本位的。

有人调侃白话文是“白化文”。如果有一天，人们不会说“虽千万人吾往矣”而只会说“老子和你拼了”，不会说“执子之手，与子偕老”而只会说“我想和你结婚”，不会说“恻隐之心”而只会说“你好可怜”，我们的语言必然走上越来越白，越来越俗的歧途。

单元测验10

一、判断题

1. 关于如何创作现代白话文，傅斯年和胡适的观点一致。
2. 瑞典著名汉学家马悦然对中国古代文学评价很高。
3. 欧化语言影响当代中国人鉴赏语言的能力。
4. 对当代中国文学的评价，各派标准纷繁，褒贬不一。
5. 在美国五大著名教材出版社出版的世界文学教材中，中国当代作品较多。

二、单选题

1. 1929年，________发表《论鲁迅先生的“硬译”》，批评鲁迅的翻译近于“死译”。

   A. 梁实秋　　B. 余光中　　C. 林语堂　　D. 钱玄同

2. 新文化派倡导________，形成中国人现代用语的典范。

---

① 转引自韩军：《韩军与新语文教育》，北京师范大学出版社2006年版。

② 余光中：《论中文之西化》，载《余光中谈翻译》，中国对外翻译出版公司2002年版，第85-99页。

③ 韩军：《韩军与新语文教育》，北京师范大学出版社2006年版，第92页。

A. 文言文　　B. 标准语　　C. 白话文　　D. 国语

3. 傅斯年否定借鉴________去创制现代白话。

A. 古白话　　B. 西方语言　　C. 口语

4. “逻辑”的白话文，就是具备“逻辑”的条理，有“逻辑”的次序，能________的白话文。

A. 容纳最深最精思想

B. 表现科学思想

C. 善于入人情感

5. 直译或硬译产生了大量________特征的译文。

A. 现代化　　B. 简化　　C. 欧化

6. 语言学家通过语料库等实证研究，证实现代汉语的形成与同时期的________活动存在密切关系。

A. 创作　　B. 翻译

7. 新文化运动后，新文学的语言在________的共同影响下发展。

A. 创作和口语　　B. 创作和欧化　　C. 欧化和口语

8. 德国汉学家顾彬评价中国当代作家对创作语言的态度过于________。

A. 严谨　　B. 随意

9. 创造了 20 世纪上半叶文坛辉煌的大师们，其实都有深厚的________功底。

A. 诗歌　　B. 新闻　　C. 散文　　D. 文言

10. 韩军把 20 世纪下半叶黯然失色的中国文坛归咎于________教育的缺失。

A. 文言　　B. 散文　　C. 诗歌　　D. 新闻

三、多选题

1. 傅斯年主张从口语中汲取新文学的资源，与________的主张一致。

A. “我手写我口”　B. “言文合一”　C. “兴白话不必废文言”

2. 傅斯年描绘的理想的白话文是________。

A. 逻辑的　　B. 哲学的　　C. 美术的　　D. 学术的

3. 叶开认为________是造成当代文学语言困境的重要原因。

A. 当代作家缺乏文学修养　　B. 不从事翻译工作

C. 白话文本身不成熟　　D. 错失了接受高等教育的机会

4. 新文化派倡导现代白话文，积极投身________。

A. 创作实践　　B. 兴办教育　　C. 理论总结　　D. 发展工业

5. ________都曾撰文批评现代汉语过度西化。

A. 鲁迅　　B. 余光中　　C. 林语堂　　D. 吕叔湘

四、填空题

1. 傅斯年提出创制白话的方法，包括“乞灵于________”和仿照西洋文。
2. 傅斯年认为，理想的白话文就是________的白话文。
3. 鲁迅主张翻译要“宁________而不顺”。
4. 胡适认为创作现代白话文，可用________的语言风格作为基础，整合现代口语和文言资源。
5. ________的《早期作家笔下的西化中文》中指出鲁迅、周作人、徐志摩等名家“西而不化”的语言问题。
6. 中国古代文学、现代文学、当代文学相比，一般都认为中国________相对薄弱。
7. 受欧化影响较深的文体有________。
8. ________成为新文化运动时期改造汉语的有效途径。
9. 鲁迅认为汉语不够精密，所以要通过________输入新的表达法。
10. 汉语过度欧化，由翻译语言波及创作语言，甚至导致“________”的盛行。

五、思考题

1. 阅读并评论以下材料①。

传统文化已经成为其精神结构重要因子的激进派，即使在反传统时也在从传统汲取力量，当新文化运动高潮过去后，在感受了迎接异域文化的新奇和破坏旧文化的快意之余，他们不能不感受到文化认同的困境，五四后期知识分子的苦闷与困惑便与此有关。激进派渐渐意识到：一个民族的文学与文化虽然可以在外来因素的刺激与启迪下发生革命性的飞跃，但不可能离开传统底蕴的支持，有着深厚历史积淀的中国文化尤其如此。新文学新文化要想成就一番事业，必须向民族传统回溯。传统文化丰富而复杂，要明了其发展历史与本来面目，弄清究竟何者可资继承借鉴、发扬光大，何者可以与西方文化沟通、融会，何者属于糟粕必须屏弃，何者是被旧势力曲解利用需要还原重构，则要费一番整理的功夫。

2. 阅读并评论以下材料②。

北京市著名特级教师韩军先生是主张多学文言的，他说：“没有‘文言’，我们找不到回‘家’的路。”……今年7月间我们一起参加山东齐鲁电视台举办的关于文言文教学的电视讨论会，我对他说：“你要回去的那个家，不但没有电灯、电话、电视、电脑、自行车、汽车、火车，也没有自由、民主、平等、人权、法制，你受得了吗？你一定要回那个家，我也没办法，但你要把我们广大中小学生都领回那个家，可千万要慎重啊！”在讨论会上，我还送他一首《鹧鸪天》：

---

① 秦弓：“‘整理国故’的历史意义及当代启示”，载《文学评论》2001年第6期。

② 王尚文，“语文教育呼唤现代化”，引自中国教师文学网，http://www.eduwx.com/rwbj/mingshizhuanjia/200603/2576.html，登录日期2013年2月19日。

历纪依然衣袖香，京华握手未能忘。三春桃李心魂绕，九曲江河风雨狂。邀海岳，话沧桑，百年论战意深长。闻君欲觅回家路，愿向前方迎艳阳。

人是符号的动物，语言的动物。言，心声也。马克思就说过："语言是思想的直接现实"，"语言是一种实践的、既为别人存在并仅仅因此也为我自己存在的、现实的意识。"语言的差异，意味着世界观的差异，思想观念、思维方式、生活方式的差异。文言和白话的差异，从根本上说是古代意识和现代意识的差异。对此，严复在翻译《天演论》过程中有深切的体会，他说："新理踵出，名目纷繁。索之中文，渺不可得；即有牵合，终嫌参差。"乌申斯基说得好："现代社会的智慧并非蕴涵在古代的语言里，而是蕴涵在最新的语言中。"显然，我们要在中小学生身上培养的是他们作为现代公民所必须具备的现代意识、现代思维和现代智慧，这种现代意识、现代思维和现代智慧不在文言中，而在白话中。在山东齐鲁电视台的那场讨论会上，一位中学生说得非常到位："一代一代的人离开文言越来越远，而不是越来越近，这是历史发展的必然。"我们的家在前方！

第十一章 现代语文教育

1. 本章提要

古代中国的基础教育基本在私塾开展，主要学习文言和儒家经典。19 世纪末 20 世纪初，中国开始了艰难的现代化进程，语言生活和学校教育都出现了剧烈的变动。白话文运动的兴起，引发了汉语社团语言生活的变革，也使学习和掌握文言的必要性骤然下降。此外，中国的有识之士开始兴办现代学堂和学校，引进西方先进的教育模式，大力推广新式教育，促使传统教育从形式到内容的全面革新。

2. 语文教育政策的变革

1920 年初，有关政策规定，全国学校从当年秋季起，一、二年级都改用国语，原来使用的国文教科书，也要尽快更换为国语教科书。胡适认为这是“几十年来第一件大事”，“把中国教育的革新至少提早了二十年”。这一政策标志着中国现代语文教育制度的建立。自此，以白话为主的现代语文教育逐步取代了传统语文教育，其教学的理念和方法，也全面借鉴西方。

我国的传统语文教育，在长期实践中积累了一套针对汉语汉字的有效方法。例如，启蒙教材“三百千”，能让儿童在较短的时间内识认两千汉字，跨越阅读的识字门槛，对汉语的声韵和节奏特点有初步感知，并掌握基本的历史、名物、掌故知识。另外，在孩子机械记忆强大的时期，采用在背诵的基础上理解的教学方法，让孩子背诵大量经典篇目。随着语文教育政策的变化，中国现代教育在放弃“三百千”“四书五经”的教学内容时，也放弃了经过两千年实践总结的语文教学方法。在教学的内容上，小学阶段不再学习文言，改学白话文，主张内容贴近儿童的生活，学习儿童感兴趣的话题，内容更加浅显。在教学方法上，放弃了集中识字、使用韵语、强化记诵等传统方法，强调要在理解的基础上记忆。

现代语文教育的变革，使教学内容大大拓展和丰富，更加贴合大众，也更适合现代社会的要求，成就巨大。但是，社会上对语文教育"费时低效"的批评，也一直不绝于耳。毕生从事语文教育研究的张志公先生，晚年对全面西化的语文教育进行了反思，撰写了《传统语文教育初探》，主张继承传统语文教育中适合汉语汉字特点的教学模式和方法。100 年来，语文教育的文白之争似乎仍未终结，文言要不要教、教多少、从什么时候开始教，仍是争论的焦点。

近年来，随着我国文化自信的提升，全民对中华优秀传统文化也越来越重视。2017 年 9 月，全国中小学语文教材统一采用全新的"部编本"，文言文比例出现大幅提升，是自白话文运动后的百余年来，语文教材中文言文占比最高的一次。

1920 年 1 月，有关政策规定，"从本年秋季始业起，国民学校的一二年级都改用国语……凡照旧制编辑之国民学校国文教科书，其供第一第二两学年用者，一律作废"[①]。这意味着，1922 年之后，国民学校一律都要改用国语，到 1925 年，高等小学的教科书也都将改成国语。胡适[②]评价说："这个命令是几十年来第一件大事。他的影响和结果，我们现在很难预先计算。但我们可以说：这一道命令把中国教育的革新至少提早了二十年。"

1923 年，全国教育会联合会刊布《新学制课程标准纲要》，形成了新学制课程标准，规定了小学、初中和高中阶段设置的课程，受到全国教育界普遍欢迎。这一课程标准规定，国语教育在小学阶段主要学习语体文，高中阶段主要学习文体文，而初中阶段则为小学和高中的过渡，第一年语体文约占四分之三，第二年约占一半，第三年约占四分之一。新的课程标准改变了以往以文言学习为主的语文教育模式。此后，出版商如商务印书馆和中华书局等，纷纷参照新学制课程标准出版新的国语教材。

3. 现代语文教育的实践

中国传统的语文教育，主要是为学习文言服务的，有一套适合汉语特点的完整步骤和方法。古代中国没有教育管理部门统一规定教学内容，但学童入塾后的启蒙教材主要是《三字经》《百家姓》《千字文》，全国的情况基本一致。"三百千"的编写都采用常用汉字，用字基本不重复，三字或四字一句，句子两两相对，押韵自然，诵读起来朗朗上口。《三字经》和《千字文》还将中国的历史、名物、掌故编进去，使得儿童在识字的同时能够掌握文言的基本词汇和名物掌故。如《三字经》：

人之初 性本善 性相近 习相远 苟不教 性乃迁
教之道 贵以专 昔孟母 择邻处 子不学 断机杼
窦燕山 有义方 教五子 名俱扬 养不教 父之过
教不严 师之惰 子不学 非所宜 幼不学 老何为

①② 胡适：《〈国语讲习所同学录〉序》，1920，载《胡适学术文集 · 语言文字研究》，中华书局 1993 年版，第 301-304 页。

玉不琢 不成器 人不学 不知义

《千字文》：

天地玄黄 宇宙洪荒 日月盈昃 辰宿列张 寒来暑往 秋收冬藏

闰馀成岁 律吕调阳 云腾致雨 露结为霜 金生丽水 玉出昆冈

剑号巨阙 珠称夜光 果珍李柰 菜重芥姜 海咸河淡 鳞潜羽翔

龙师火帝 鸟官人皇 始制文字 乃服衣裳 推位让国 有虞陶唐

吊民伐罪 周发殷汤 坐朝问道 垂拱平章 爱育黎首 臣伏戎羌

儿童学完“三百千”之后，能认识大约 2 000 个汉字，初步了解韵语的特点，掌握基本的历史、名物、掌故知识，打下学习古代经典的坚实基础。此后，学生就可以接受正式的读写教育，研习“四书五经”等古代经典文献，逐步学习和掌握文言的写作。学习文言的传统方法，很突出的一个特点就是大量的背诵。江苏省语文特级教师钱吕明①在总结我国传统语文教育的经验时指出：“最主要的经验是诵读经典，背诵经典，在背诵基础上理解的教学方法。”文言经典著作往往句式工整，韵律优美，朗朗上口，很适合背诵。孩子在机械记忆力强大的年纪大量背诵经典篇目，往往能终身不忘。对于篇目的理解，在学习的初级阶段则不做过高的要求，随着孩子不断成长，理解力不断加强，对文章思想内容的理解也会逐步加深。

20 世纪初开始，随着语文教育政策的变化，中国传统语文教育的内容和方法被抛弃。首先是在教学的内容上，旧学的“三百千”和“四书五经”作为封建思想的载体，渐渐退出了学校教育。教学语言向口语，特别是孩子的生活语言靠拢；背诵经典著作的方法，由于不符合孩子的“心理”被抛弃。在小学这样的低龄阶段，教材内容的编排尤为浅显。以小学教材为例，1917 年初版的《商务国语教科书》②第一课是“入学”，第二课是“敬师”，第三课是“爱同学”；前 33 课都只有标题和图画，从第 34 课起才出现课文。1932 年初版的《开明国语课本》③第一册第一课课文是“先生早。小朋友早”。20 世纪 30 年代初版的《世界书局国语读本》④第一课是名为“小猫咪咪”的连环画，第五课《小弟弟》出现课文“小弟弟，小妹妹，来，来，来”。在教学方法上，传统的集中识字改为西方式的随文识字，由识写分开改为识写同步；利用学习整齐的韵语、对偶实现从白话向文言过渡的做法，由于教学目的的改变也渐渐被抛弃。

20 世纪二三十年代以后开始接受学校教育的人，不必摇头晃脑地背诵“三百千”和“四书五经”，同时接触的文言也相应地越来越少。张志公⑤指出学生古文水平下降的现象及其症结所在：

---

① 钱吕明：“文言经典与语文教育”，载《文学教育》2011 年第 1 期。

② 庄俞等编、张元济等校订：《商务国语教科书》，1917，上海科学技术文献出版社 2005 年版。

③ 叶圣陶编，丰子恺绘：《开明国语课本》，1932，开明出版社 2005 年版。

④ 魏冰心等编：《世界书局国语读本》，上海科学技术文献出版社 2005 年版。

⑤ 张志公：《传统语文教育初探》，上海教育出版社 1962 年版，第 79-84 页。

从前十岁上下的孩子就能念的古文，今天拿到高中来教，学生们还觉得念着吃力，我想，原因就在于，从前的孩子念过三字头、四字头[①]的东西，有底子，而今天的中学生没有。

同时，他也指出新式语文教育存在的问题：

集中识字和使用韵语的办法都相继废弃……进一步抛弃传统的作法，逐渐产生了"狗，大狗，小狗，大狗叫，小狗跳"，"小小狗，快快走，小小猫，快快跑"那一路课本。更进一步，连那极少的一点还算整齐的特点也放弃了……对千百年来行之有效的方式，采取了全盘否定的态度。儿童的课本成了只能说说看看，既浅得毫无趣味，又干枯得不能朗朗诵读的东西。事实上，当我们还在使用方块汉字的时候，要初识字的孩子读的东西全然合乎口头语言的需要，那是很难办到的。"马来，马来"，"大狗叫，小狗跳"，这是什么语言实际！六七岁的、说话早已相当完整的孩子，他们的语言实际又何尝是这么一副样子！

同时接受过旧学、新学两种教育的历史学家唐德刚，对新旧两种语文教学模式有切身的体会，他这样描述自己学习语文的经历[②]：

这场推行白话文运动——尤其是以白话文为中小学"教育工具"这一点——其建设性和破坏性究竟孰轻孰重，最好还是让在这个运动影响最重的时期受中小学教育的过来人，来现身说法。因为他们是这场"教育实验"中的"实验豚鼠"(Guinei Pig)。人为刀俎，我为鱼肉；是祸是福，亲身感受，最为真切。笔者不敏，便生在"祸福身受"这一辈之中。所以近年来个人论胡之作虽然已写了数十万字，久思搁笔，然在刘绍唐先生和一些严肃批评指教的前辈、平辈和晚辈读者们的鼓励之下，稍有管见，仍不敢藏拙，也是这个道理。

请先从个人亲身的感受说起：

笔者本人便是胡先生所称许的当年在"新学制"之下受教育的"小学生"之一。不幸我是个乡下孩子。那时最近的"国民小学"距我家也在十里之外。上不了公立小学，就只好留在家里，在祖父延师设立的"改良私塾"上学。由塾师分授英、汉、算三门功课。

先祖原是位"革命党"；后来又是陈独秀的好友和崇拜者。因而他在家中一旦当政，便把祖宗遗留的封建称呼，磕头仪式，全部豁免。可是他对我们这个"改良私塾"里的"汉文"一课的教学却十分"反动"：他规定我们要背诵短篇的古文选读，作文也以文言为主，不许用白话。

启蒙之后，笔者便在这个改良私塾之内，被"改良"了有七八年之久。

① 指"三百千"。

② 胡适口述，唐德刚评注：《胡适全集第十八卷·胡适口述自传》，安徽教育出版社 2003 年版，第 339-342 页。唐德刚(1920—2009)，美籍华人学者，历史学家、传记文学家、红学家。

我们的“汉文”也就从“床前明月光”，一直背诵到“若稽古帝尧”。最后连《左传选粹》到《史记菁华录》也能整本的背。那些故事都有趣而易解。我底同班“同学”，除了两三位“实在念不进去”的表姐表弟之外，大多数的孩子，均不以为苦。最后在家中长辈的“物质刺激”之下，竟然也主动地读起《通鉴》《文选》等“大部头”书来。

在我们十二岁的那一年春天，家人为要送我们投考初中，乃把我和两位同年的表兄送入附近一所小学，插班入六年级下学期，以便取得一张“小学文凭”。

这所小学是两位留美乡绅筹款设立的。全校一半是新建的西式楼房。操场上“足篮排网”一应俱全。校舍内“图书馆”“实验室”也应有尽有。笔者等三个土孩子初入此“洋学堂”，真是眼花缭乱，自惭土气熏人。

我记得我们小学之中国语班所用的教材，便是适之先生在本文中所说的“新学制国语教科书”。我清楚地记得，我所上的第一堂国语课，便是一位黄慰先老师教的，有关“早晨和雄鸡”的“白话诗”。那首诗的开头几句，似乎是这样的：

喔喔喔，白月照黑屋……喔喔喔，
只听富人笑，那闻穷人哭……
喔喔喔……
喔喔喔……

那时表兄和我虽然都已经能背诵全篇《项羽本纪》，但是上国语班时，我们三人还是和其他“六年级”同学，一起大喔而特喔。

在我们这个“毕业班”楼下那一间便是“初小一年级班”。他们的国语课，我也还记得几句：

叮当叮。上午八点钟——了！
我们上学去。
叮当叮，下午三点钟——了！
我们放学回。

那时的小学生们念国语还有朗诵的习惯。所以早晨上“晨课”，晚间上“自习”，只听全楼上下几十个孩子们，一边“喔喔喔……”，一边“叮当叮……”，好不热闹！

小学毕业后，表兄和我又考进当地的初中。我记得初一国文班上也有一篇，大概是胡适之先生北大里“成熟的学生”所翻译的，俄国盲诗人艾罗先珂所写的《时光老人》。我也记得其中几句像是：

时光老人，滴答、滴答
滴答、滴答：
无必要，莫奔跑……

表兄和我，又在这国文班上，"滴答、滴答"了一学年。学龄儿童在十二三岁的时候，实是他们本能上记忆力最强的时期，真是所谓出口成诵。要一个受教育的青年能接受一点中、西文学和文化遗产，这个时候实在是他们的黄金时代——尤其对中国古典文学的学习与研读。这时如果能熟读一点古典文学名著，实在是很容易的事——至少一大部分儿童是可以接受的；这也是他们一生将来受用不尽的训练。这个黄金时代一过去，便再也学不好了。

如果我们把一些智力上能够接受这些宝贵文化遗产的学龄儿童们的黄金时代，给"喔喔喔"或"叮当叮"，叮当去了，岂不是太可惜了吗？

胡适之先生他们当年搞"革命"，非过正，不能矫枉，原是可以理解的。加以他们又都是一批高高在上的"决策人"，原不知"民间疾苦"。在他们大旗之下受教育的孩子们将来是"祸"是"福"，不是他们可以想像出来的。本来一个政策——尤其是教育政策——的成效如何，也不是应该可从想像中得出的；它只有在长期实践之中，才能找出真正的答案。

六十年过去了。今后的教育家，千万不可再讲大话、讲空话。办教育的人一定要实事求是，去研究出受教育儿童的真正需要才好。

唐德刚先生治史的学术根基和流畅的文笔，恐怕更多得益于早年在"改良私塾"中接受的文言教育。

4. 文白之争的延续

新文化运动后，文言逐渐退出语言生活，白话大获全胜，似乎文言白话的争论应该偃旗息鼓了。然而，一方面人们为简便起见，赞成在生活、文艺、学术和行政上应当使用白话；另一方面，也大致同意古代中国的历史和文化有了解和继承的价值，接受了中等教育的中国人应该具备阅读浅近文言的能力。例如文学革命的领袖胡适力主废文言，但也认为中学国文的理想标准包括"人人能看懂平易的古文书籍，如《二十四史》《资治通鉴》；人人能作文法通顺的古文；人人有懂得一点古文文学的机会"①。故而一百年来，文白之争似乎从未终结，在语文教育领域的争论尤其激烈。

20世纪20年代，《新学制课程标准纲要》公布之后，初级小学应采用语体文教学已成共识，于是高小以上特别是中等学校国文教科书的编排就成为文白之争

① 胡适：《中学国文的教授》，1920，载《胡适学术文集·语言文字研究》，中华书局1993年版，第45-57页。1922年7月6日，胡适在中国教育改进社济南年会上演讲时，将此三条改为"人人能看平易的古书；人人能作文法通顺的古文；人人有懂得古文文学的机会"。引自胡适《再论中学的国文教学》，1922，载《胡适学术文集·语言文字研究》，中华书局1993年版，第57-65页。

的主战场。蔡元培[①]指出,“国文的问题,最重要的,就是白话和文言的竞争”。吴晓峰[②]对比了 1923 年商务印书馆出版的《新学制国语教科书》和 1924 年中华书局出版的《初级国语读本》这两套初中语文教材的编撰思路,揭示了两套教材编者对文白问题的不同理念。《新学制国语教科书》的校订者[③]是文学革命的领袖胡适,这套教材中整合了文言和白话两种文体,在文言文和语体文的编辑方面采取的方法如下:

> 一、本书第一二册文言文占十分之三,第三四册文言文占十分之五,第五六册文言文占十分之七。这样的配置,要使小学及高级中学相衔接。
>
> 二、本书第一二册酌采语文对译方法以便语文过渡。
>
> 三、本书中有字义及典故较为艰生的……一律加以注释,附在篇末,务使学生在课外可以考查。[④]

而在实际的教材编排中,胡适在学术上主张归入白话范围的《老残游记》《木兰诗》《卖炭翁》等,在本教材中被纳入文言的范畴。这一方面是因为文言白话之间存在模糊性,另一方面也体现了编者尽量减少文言篇目,增加语体文数量的意图。《初级国语读本》则由国语运动的领袖黎锦熙担任校订,另有一套《初级古文读本》与之相配套,在文言文和语体文的教学上,并未区分孰轻孰重。《初级国语读本》除了三篇《水浒传》《西游记》和《红楼梦》的片段之外,其余都是时人作品;而在选文和体例上都保持了中国古代语文教育的传统。

两套教材编排上的差异反映了校订者对中学语文教学文白比例认识的差异。黎锦熙主张“现制高小国文科讲读作文均应以国语文为主;中等各校讲读应以文言文为主,作文仍应以国语文为主”[⑤],可见黎氏认为小学阶段语体文阅读的训练已能达到教育的目标,进入中学后阅读应以文言为主。而胡适则认为,中学阶段讲读和作文均应仍以语体文为主,认为即使接受了小学国语教育,初中阶段仍应注重使“国语文益通畅”,而“古文钟点课可稍加多,但不得过全数三分之二”[⑥]。

自新文化运动以来,文言在语文教材中所占比例不断减少。进入 21 世纪后,文白之争又起硝烟。2001 年,北京印刷学院的摩罗发表《请文言文退出基础教育》[⑦]一文,开篇即提出文言文退出基础教育的主张:

> 中国古文在中学语文教材中,所占篇幅为三分之一,在实施教学过程中,所占用的时间为二分之一。也就是说,中学生在学习语文时,要用

① 蔡元培:《国文之将来》,1935,载郑振铎编选《中国新文学大系·文学论争集》,上海文艺出版社 2003 年版,第 97-99 页。

② 吴晓峰:“国语文教科书中的文言白话之争”,载《学术论坛》2005 年第 10 期。

③ 校订者相当于主编,决定教材的编写思路。

④⑤ 转引自吴晓峰:“国语文教科书中的文言白话之争”,载《学术论坛》2005 年第 10 期。

⑥ 胡适:《再论中学的国文教学》,1922,载《胡适学术文集·语言文字研究》,中华书局 1993 年版,第 57-65 页。

⑦ 摩罗:“请文言文退出基础教育”,载《粤海风》2001 年第 5 期。

一半时间学习一种业已死亡的语言。这种语言既不是我们放在嘴上说的语言，也不是我们用来写作、用来表达自己的感情、用来交流思想传播信息的语言。它仅仅像古代思想家躺在坟墓里一样，安详地躺在发黄发黑的古老印刷品中。尽管它直接养育了我们今天通用的现代汉语，尽管它的许多因素依然活在现代汉语之中，但作为一种完整的表达交流工具的古代汉语的确仅仅只是属于“古代”的事物。

摩罗为其主张列举了两条理由：(1)古代汉语已经失去了工具效用；(2)中国古文的道理不适用于现代社会。对于继承古代文化资源的问题，摩罗认为：

我主张从中国基础教育中剔除古文和古代汉语，并不是像“五四”那一代学者那样提倡全面切断古代文化的资源。古代文化资源和文学资源必须认真了解、研究、阐释、借鉴。有的还必须十分忠实地继承。

他将继承古代文化资源的人分为两类：对专门从事相关研究（古代文学、古代哲学、历史、中医、气功、风水等）的人来说，“这些了解和研究应该放到大学阶段”；而对普通人来说，并不需要研究原典，可以“通过专家的翻译、介绍和阐释”实现对中国古代文化的了解。全文最后，摩罗预测古代汉语的命运：

总有一天，中国古代汉语会像梵文和巴利文一样，整个地球上只有三五个专家能够勉强读通。

摩罗一文一发，立刻引来了反对的声音。深圳大学的王晓华发表《勿做汉语的不肖传人》①，指出“如果古代汉语真的死去了，那么只有一种可能性：我们是汉语的不肖传人”，驳斥摩罗文中的“语言工具论”和“线性现代化观”（包括线性的语言进化观）：

语言工具说已经受到了普遍的质疑和批判，包括海德格尔在内的许多伟大思想家都认为语言从根本上说不是工具，而是人的生存方式和存在的家……他对于古代汉语文化的批判奠基于已经被广泛质疑和抛弃的线性现代化观，对线性现代化观的迷信使他对全球范围内的反现代化思潮视而不见，更认识不到前现代文化和后现代文化的契合之处，因而他对古代汉语文化的拒斥与世界文化的主流指向正相反对。

该文以鲁迅、胡适、熊十力、金岳霖、李泽厚为例，指出“在白话文诞生以后，具有原创性的汉语人文知识分子都有一个共同的特点：精通古代汉语和中国古代文化”：

白话文诞生以来的中国文化在原创性上不如人意，其重要原因就是此间的中国知识分子作为整体没有处理好古代汉语与现代汉语的关系：精通古代汉语者日益稀落，且多半或陶醉于用文言文写作，或满足于让古汉语与白话文杂然共存，而未将注意力聚焦于用古代汉语的深层语义

① 王晓华：“勿做汉语的不肖传人——与摩罗先生商榷”，载《粤海风》2001年第6期。

> 充实现代汉语上；大多数文化人则全然不把对古代汉语的无知与隔膜当做欠缺，反倒以为此乃进步之标志，因而他们在用被西方语法改造过的汉语写作与言说时，必然缺乏深厚的文化底蕴。

而中国社科院的蒋寅[①]观点更为激进，指出“现代汉语自幼所习，每天言谈、阅读都在操练，已有足够的学习时间，上课的时间应该让给需要‘学习’的东西”，进而提出“现代汉语文章才应该退出中学语文教学”。

语文教育界对于新时代的文白之争也投入了极大的热情。2004年4月22日《中国教育报》在《我们该给“文言”什么待遇》的总题目下，发表了北京市语文特级教师、“新语文教育”代表人韩军的《没有文言，我们找不到回“家”的路》[②]和浙江师范大学教授王尚文《“文白并重”是开历史倒车》[③]两篇文章。韩文认为20世纪下半叶中国文坛黯然失色，失去了20世纪上半叶“群星璀璨”、名家辈出的盛景，主要是因为20世纪三四十年代之后文言教育的缺失，进而主张在基础教育阶段增加文言的比重：

> 我绝对不是主张在中小学阶段全面恢复文言教育，全面实行“通过文言”来学习“运用白话”，我主张白话、文言，各占半壁江山，适度加大中小学阶段文言的课文比例，而且是小学、初中、高中循序渐进地增加，至高中阶段在课文篇目数量上应当略高于50%；我们中小学语文教育的目标，也绝不是放在培养“白话大师”上，我们着眼于奠定一代几代“现代人”的“白话运用”的根底，提高“现代语文教育”“学习运用白话”的效率。

而有近30年中学语文教学经验的王尚文教授，则认为与文言相比，“现代语文更代表了一种先进的、现代的文化”，“现代语文理所应当作为语文教育的主体”。该文批评了“学一点文言，有助于学生学好白话”的观点：

> 还有一种观点认为，学一点文言有助于学生学好白话。这也是一个善意的误会。文言中确实存在仍然具有活力的成分，但是这个具有活力的部分已经在现代汉语中得到继承。也就是说，文言的这个部分我们通过现代汉语本身就可以掌握，而不必舍近求远从它的源头学起。而文言中已经失去活力、已经死去的部分，中小学生更不必费心费力去学习、掌握。同时，中小学生对远离他们生活的文言文极难有正确而深刻的理解。正如朱光潜所说，“读文言文……总不免像看演旧戏，须把自己在想象中搬到另一种世界里去，与现实世界隔着一层”。吕叔湘先生也曾经指出，“说不学文言就学不好白话文”，“这是一种似是而非的理论”，经不起事实的检验。事实上，文言和白话分属两个不同的语言系统。现代汉语由于吸收了西方现代语言的词汇、语法，已经成为和文言完全不同的

① 蒋寅：“应该退出的是现代汉语文章”，载《粤海风》2001年第6期。

② 韩军：“没有文言，我们找不到回‘家’的路”，载《中国教育报》2004年4月22日。

③ 王尚文：“‘文白并重’是开历史倒车”，载《中国教育报》2004年4月22日。

言语系统，通过文言来提高学生现代汉语的能力，不仅是舍近求远，某种程度上可能还是南辕北辙的。

而对于继承优秀的传统文化，王尚文认为中小学应该学一点文言文，但“它并不是中小学阶段所要或所能完成的任务”。

近些年来，是否要“淡化文言教学”，一直是语文教学界和研究界争论的热点，支持和反对的声音此起彼伏。支持者认为中小学文言文教学应该“减少篇目、减小难度”①，避免中小学生浪费大量的时间和精力。而反对者认为文言是母语“皇冠上的明珠”，中国人理应学习文言、传承优秀的中华文化；目前文言教学效果不好，不应归咎于文言本身，而应反思教育制度和教学的方法。文言要不要教、教多少、从什么时候开始教，仍然是争论的焦点。

近些年来，随着我国文化自信的提升，全民对中华优秀传统文化也越来越重视。2017 年 9 月，全国中小学语文课统一采用全新的“部编本”教材，文言文比例出现大幅提升。较之以前的教材，小学阶段的古诗文篇目占全部课文的 30%，初中阶段古诗文篇目占全部课文的 51.7%②，高中阶段古诗文篇目占全部课文的 49.3%③。这是自白话文运动后的百余年来，语文教材中文言文占比最高的一次。

单元测验 11

一、判断题

1. 中国传统的语文教育，缺乏适合汉语特点的有效方法。
2. 现代语文教育要求学习整齐的韵语和对偶。
3. 张志公先生著书反思现代语文教育割裂传统带来的问题。
4. 历史学家唐德刚赞同其老师胡适的现代语文教育观。
5. 新文化运动终结了文白之争。

二、单选题

1.《新学制课程标准纲要》改变了以往以________学习为主的语文教育模式。

A. 文言　　　　B. 白话

2.《新学制课程标准纲要》公布后，人们对初级小学应采用________教学达成了共识。

A. 文体文　　　　B. 语体文

3.“三百千”能使儿童认识大约________个汉字。

---

① 顾银桥：“文言文教学应该‘双减’”，载《中国教育报》2004 年 6 月 3 日。

② 《新教材来了！中小学教材古诗文比例飙升》，引自人民网 2017 年 9 月 6 日报道，http://cpc.people.com.cn/n1/2017/0906/c64387-29519782-2.html，登录日期 2020 年 8 月 1 日。

③ 《教育部：6 省市率先使用统编高中新教材，语文教材古诗文占比近半》，引自界面新闻 2019 年 8 月 27 日报道，https://baijiahao.baidu.com/s? id=1642990913599742224&wfr=spider&for=pc，登录日期 2020 年 8 月 1 日。

A. 1 000　　B. 1 500　　C. 2 000　　D. 2 500

4. 传统学习文言很突出的一个特点是大量________。

A. 阅读　　B. 写作　　C. 识字　　D. 背诵

5. ________年，全国教育会联合会刊布《新学制课程标准纲要》，规定了小学、初中和高中阶段设置的课程。

A. 1920　　B. 1921　　C. 1922　　D. 1923

6. 传统语文教育的初级阶段，注重________。

A. 背诵经典　　B. 理解经典　　C. 阅读理解　　D. 积累词汇

7. 胡适校订的《新学制国语教科书》，________。

A. 只收入文言篇目

B. 只收入白话篇目

C. 收入文言和白话篇目

8. 胡适认为，学生进入中学阶段，讲读和作文均应以________为主。

A. 语体文　　B. 文言文　　C. 方言　　D. 普通话

9. 胡适和黎锦熙在校订各自的教材时，对中学语文教学文白比例的认识是________。

A. 一致的　　B. 不同的　　C. 不一定

10. 和《初级古文读本》配套的《初级国语读本》，由国语运动领袖________担任校订。

A. 胡适　　B. 黎锦熙　　C. 林语堂　　D. 林纾

三、多选题

1. 古代中国私塾的启蒙教材主要是________。

A.《三字经》　　B.《百家姓》　　C.《千字文》　　D.《论语》

2. “三百千”编写的特点是________。

A. 用字量大　　B. 采用韵语　　C. 句式短小　　D. 用字尽量不重复

3. 古代语文的教学方法主要是________。

A. 集中识字　　B. 使用韵语　　C. 强化记诵　　D. 深入理解

4. 20 世纪初开始的语文教育变革主要体现在________上。

A. 教学对象　　B. 教学内容　　C. 教学方法　　D. 教学设施

5. 现代语文教育的教学方法改为________。

A. 集中识字　　B. 随文识字　　C. 识写分开　　D. 识写同步

四、填空题

1. ________年 1 月，有关政策规定所有国民学校改用国语。

2. 胡适主张接受了中等教育的人，国文的理想标准是“人人能看懂平易的________书籍”，如《二十四史》和《资治通鉴》。

3. 黎锦熙认为，学生进入中学后，语文教育应以________为主。

4. 新文化运动后的近100年间，总的说来，文言在语文教材中所占比例不断________。

5. 21世纪初，是否要“淡化________教学”，是语文教学界和研究界争论的热点。

6. 张志公先生著书《________》反思现代语文教育割裂传统带来的问题。

7. 摩罗认为基础教育阶段，语文教学不应纳入文言，是因为古代汉语已经失去了________效用。

8. 现代语文教育放弃了大量背诵经典著作的传统方法，是因为人们认为儒家经典内容高深，不符合儿童的________特点。

9.《三字经》和《千字文》不仅朗朗上口，还将中国的历史、名物、掌故编进去，使儿童在识字的同时能够掌握文言的基本________和名物掌故。

10. 2017年9月投入大规模使用的新版“部编本”语文教材，文言文比例出现大幅________。

五、思考题

1. 阅读并评论以下材料①。

近年来关于高中语文课本中的古文比重问题有过争论。有人主张一篇古文也不收入，理由是古文没用，纯属浪费时间。那么我倒要问一问，日本人学“汉文”又有何用？日本人傻吗？肯定不傻，他们知道日本文化源于中国文化即中国古籍（“汉文”），他们不愿意丢掉自己文化的根，以期保住文化底蕴，保住国民情怀和思想的纵深度。而对于国人，除了这种文化传承上的宏大功用，还有日常性实际功用。那就是对提高中文表达能力有用，对理解和翻译外国文学有用，这也正是我招日本文学研究生而要大致测试古汉语水准的用意所在。

吾国古代，诗与歌一体，文与歌一家。古人为文，除却立意之美，即求韵律之美。平仄藏闪，抑扬转合，倾珠泻玉，铿锵悦耳。读之如风行水面，坂上走丸，给人一种妙不可言的快感。闲来翻阅古文，过目默诵之间，偶得灵丹一粒，即可点铁成金，而令谈吐焕彩，文章生辉。所谓无用之说，不知由何得来。

2. 阅读并评论以下材料。

据当年在景山学校参加这项教改实验的教师回忆，实验了几年，效果是好的，一是学生学习文言文的兴趣很浓，阅读文言文的能力提高很快，例如几个普通初中班集中学习了两年文言文之后，80%以上的学生能够借助工具书独立阅读《资治通鉴》中的一些篇章。二是文言水平的提高，加深了对白话文的理解，也促进了学生作文能力的发展。在进行文言教学实验的班级里，涌现出

① 林少华：《岳飞的尴尬：“耳”＝耳朵？》，引自网易博客“林少华的日志”，2007年，http://lshblog.blog.163.com/blog/static/1201738502007399580268/，登录日期2013年1月8日。

一大批作文高手，他们的文章思路开阔，内容丰富，章法谨严，文笔简练，表现出前所未有的良好文风。三是文言文学习的突飞猛进，扩大了学生的知识眼界，也活跃了学生的思想，他们在口语和笔谈中，经常抚今追昔，谈古论今，旁征博引，浮想联翩，头脑似乎变得“复杂”了一些。另外，他们通过学习文言，对祖国语言文字的优美，对民族文化宝库的璀璨，有了进一步的亲身感受，一种深沉的爱国主义情感也就油然而生。景山学校自 1960 年至 1966 年的文言教改实验初步证明：从小学到中学，只需花费约 400 课时，就能初步学好文言文；实验得到的基本经验是：学比不学好，早点学比晚点学好，集中学比分散学好，文白分开比混合学好，以诵读为主比以讲知识为主好。

可惜我们的文言文教学，全然背离了传统的经验与做法，小学基本上不学文言文，延误了学习文言的最佳年龄段，致使学生视文言为畏途，初中依旧没有把文言当成教学的重点，却在高中提出培养学生阅读“浅易”文言文能力的要求。殊不知高中学科门数多，语文课时少，学习压力大，尤其要命的是——此时学生已经丧失了语文学习的最佳季节，记忆力和专注力远不如儿童、少年时期，教师企图靠大讲古代汉语知识，凭借文言“规律”让学生举一反三、一以当十、一通百通，事倍而功无，何足怪哉！①

我们的古典传统悠久而丰富，我们的教育一定要教这些东西，不能让它们缺席。如果教科书里把文言拿掉了，就无异于剥夺了我们下一代的文化继承权，他们应该有权利继承那么悠久丰富的中华文化。②

① 钱吕明，“文言经典与语文教育”，载《文学教育》2011 年第 1 期。

② 余光中，“共同故乡是中华文化——解放日报第 27 届文化讲坛”，载《解放日报》2009 年 9 月 27 日。

第十二章 汉语并不难学

1. 本章提要

“汉语难学”是广泛存在的刻板印象，在使用拼音文字的民众中，这一印象尤为强烈。那么，汉语是否真的难学呢？

语言学习者的母语和目标语之间的差异，影响学习者对目标语难易程度的主观判断。比如，西方汉语学习者认为声调和汉字是两大难点，是因为他们的母语是非声调语，也不使用表意文字。两类语言和文字之间巨大的差异，使他们将汉语学习视为畏途。同样，中国人学习欧洲语言，会觉得这些语言复杂的变形变位难以掌握。这是因为汉语不是形态语，没有复杂的形态变化。

事实上，如果我们将一个刚出生的婴儿，放到任何一种语言环境中，他/她都会在差不多两岁的时候开口说话，到三岁时基本掌握这门语言。从这个角度看，说一门语言比另一门语言难学，本身就很难称得上是个科学的结论。在这一章中，我们以英语和汉语的词汇为例，比较学习英汉词汇的难易程度。语言学习当然不止需要掌握词汇，每个语言系统的子系统，也存在复杂程度的差异。比如英语语法简单，而词汇相对更难掌握。故此，本章的结论称不上严谨科学，只是为了纠正“汉语难学”的刻板印象。

英语词汇的核心和基础是单纯词，比重特别高，需要逐个记忆，占用语言学习者大量的认知资源。汉语词汇的基础是独体字，大概只有几百个，大多是象形字和指事字，字形和意义之间的联系比较明确，理据性强，便于掌握。英语大学毕业生约需掌握 20 000 个词族；汉语大学毕业生约需掌握 3 500 个汉字。英语中大量的高频词、常用词，即使意义上联系紧密，形式上也毫不相干，需要学习者逐个记忆；汉语中意义相互关联的词由为数不多的核心字组成，体现了相当大的系统性，容易掌握规律，便于记忆。

语言有自身的调节机制。比如，汉语词汇的双音化过程，是以表达上的繁复，换取语言社团记忆负担的降低。英语新词中复合词比重的提升，也是为了方便记忆。每种语言都在人类认知限度内，实现动态的最佳平衡。英语“大词库、小语法”的特征鲜明，词汇庞大，但是语法简单。而汉语句法和词法简单，常用字（高频核心词汇）数量不大，识字也不难，但写字却要占用大量认知资源。因此，语言系统内部各个子系统之间存在一种动态的平衡，这个地方认知资源用得多一些，另外的地方就必然要少用一点。

2. 汉语难学吗？

2.1 “汉语难学”的刻板印象

“汉语难学”这一说法流传很广。伍铁平[①]提到，法语有句成语 C'est du Chinois，字面意思是“这是汉语”，表示“这简直不可理解”；德语、荷兰语、波兰语也有同样的说法：Das ist chinesisch fur mich/Dat is chinees Voor me/To dla mnie chinszczyzna，字面意义均为“这对我来说是汉语”，意思都是“这对我来说是不可理解的”；俄语有个固定词组 Китайская граммота，字面意义是“中国的语文知识”，表示“很难懂的、莫名其妙的东西”；匈牙利语对应的说法是 Ez nekem kinaiul Van，本意为“这对我来说是汉语”；葡萄牙语对应的说法是 chine-sice，本意是“中国风”；日语的“陳紛漢”或“珍紛漢”（ちんふんかん）也指“不可理解（的东西）”。由此可见，“汉语难学”已经成为一种世界印象，或者公认的结论了。[②]

美国从事汉语教育的顾百里（Cornelius U.Kubler）教授认为，美国学生学习汉语普遍存在困难。顾百里教授于 1980 年至 1991 年在美国外交学院负责亚洲地区语言教学时，外交学院当时就已经根据之前五十多年的教学经验，将世界上的语言按照美国外交官要达到职业要求水平所需要的强化训练时间分成了四类。第一类包括法语、德语、西班牙语等，需要六个月的强化训练达到职业要求水平；第二类包括希腊语、印尼语、俄语等，需要十个月的强化训练达到第一类用六个月所达到的相同的水平；第三类包括印地语、土耳其语、越南语等，要 12 个月的强化训练；第四类包括汉语、阿拉伯语、日语、韩语等，要达到职业要求的同等水平则需要两年（即 24 个月）的时间。也就是说，学汉语要用四倍于学法语、德语、西班牙语的时间才能达到相同的水平。[③]

王晓钧[④]表明，按照美国 Foreign Service Institute 和 Defense Language Institute 的调查和分类，中文对以英语为母语的学生来说，属于最难学的语言之一。下表是根据美国国防语言学院的统计而做的各语种达到中等水平所需时间

① 伍铁平：“汉语并不难学”，载《世界汉语教学》1988 年第 4 期。

② 李泉：“关于‘汉语难学’问题的思考”，载《语言教学与研究》2010 年第 2 期。

③ 印京华：《近五年美国汉语教学状况与发展趋势》，载《国际汉语教学动态与研究 · 第一辑》，外语教学与研究出版社 2005 年版，第 26-41 页。

④ 王晓钧：“美国中文教学的理论与实践”，载《世界汉语教学》2004 年第 1 期。

的对比：

分类	代表(性)语种	所需的学习时间(小时)	所需在大学学习的学年(每年2学期,每学期14周,每周5节课)
I	西班牙文、法文、意大利文	875	6
II	德文	1 190	9
III	俄文、希腊文、希伯来文、波斯文、波兰文	1 644	12
IV	中文、日文、阿拉伯文、韩文	2 205	16

有的美国学生说："学汉语像在大海里游泳，游得越远，越看不到头。"

在华多年的美国汉学博士莫大伟(David Moser)，曾经发表过一篇论文 *Why Chinese Is So Damn Hard*[①]，发表于美国宾州大学东亚研究系刊物 *Sino-Platonic Papers* 的第27期《文字和语言论文集》上。莫大伟在文中以戏谑的口吻表示，中文不仅对说英语的美国人来说十分难学，甚至对中国人来说也非常难；汉字系统虽然美丽、复杂、神秘，但却近乎荒唐(ridiculous)；汉语不太具备语音性(not very phonetic)，汉语的声调则特别奇怪(weird)；现代汉语已经难得不可思议了(perversely hard)，更可怕的是文言，简直是成心不想让人学会(deliberately impossible)。

说到汉语难学的地方，声调和汉字也许是西方人最不容易掌握的。早期来华的传教士利玛窦(Matteo Ricci，1552—1610)就曾表示，汉语声调"非常难于掌握，区别小而不易领会"，"每个发音的字的确切意义是由它的声调质量决定的，这就当然增加了学习说这种语言以及听懂别人的困难"；而汉字"简直不可思议"，"写法更像画画"，"没有一种语言是像中国话那样难于被外国人所学到的"。[②] 金立鑫[③]也指出，汉字和声调是汉语教学和推广的两大难点。

2.2 "汉语不见得难学"

虽然"汉语难学"的论调得到了广泛认同，但也有人认为汉语不见得难学。

明末西方汉学家安文思认为，"不管怎样我不得不断言，中国语言比希腊、拉丁或其他欧洲的语言都容易"；汉学家曾德昭则认为，"汉语没有复杂的语法，没有形态变化"，他将简单明了的中文语法和复杂多变的拉丁语法进行了比较，得出的

① 莫大伟："Why Chinese Is So Damn Hard"，载梅维恒主编 *Sino-Platonic Papers*。

② 张美兰：《传教士利玛窦的汉语学习与汉语研究》，载《21世纪的中国语言学》，商务印书馆2006年版，第515-535页。

③ 金立鑫："试论汉语国际推广的国家策略和学科策略"，载《华东师范大学学报(哲学社会科学版)》2006年第4期。

结论是“中文易懂易学”[①]。

语言学家赵元任[②]也不认为汉语特别难学。他指出，总体上说来“中国的语言在世界上，对于没有学过任何语言的小孩子，可以算是中等，不特别难，也不特别容易”；而在语法上，“中国语言在世界的语言当中，算是比较容易的”，并且特别强调这是绝对意义上的容易；对于非常难学的汉字，赵元任指出：

> 讲到文字的难易，你得分学跟认跟用，这个不完全一样。比方说笔划儿多的字，写起来是麻烦，可是认起来未必难认，有时候笔划儿多的字，因为富于个性，反而容易认。还有学的时候儿费事，学过了过后用起来是不是方便，这是两个问题。学中国字得学几千汉字，当然是很费功夫；可是已经学熟了过后，用汉字的人，感觉方便不方便呐，那我觉得我平常写东西啊，写中国字是很方便。

近年来，不少从事对外汉语教学的专家也指出，汉语并不难学。例如曾任世界汉语教学学会会长的吕必松教授指出，汉语并不比其他语言难学，所谓汉语难学，不是汉语本身的原因，而是教学不得法造成的。[③] 吕必松[④]认为，“在听、说、读、写全面要求的前提下，让学生用 500 个课时掌握 2 500 个汉字并非难事”；他创造的“组合汉语”教学法能让非汉字文化圈的外国学生通过一年(720 课时)的学习，基本达到听、说、读、写全面过关。张奇志[⑤]也认为，“其实中文和其他外语一样，只要教法得当，同样的时间可以达到和其他语言课同样的效果，甚至更好”；“我的多数美国学生表示中文比西班牙语和日语容易学，写汉字有意思”。

2.3 对“汉语难学论”的初步讨论

关于汉语是否难学的问题，可谓众说纷纭。事实上，对于母语学习来说，各种语言间并不存在难易的问题。世界各国操不同语言的幼儿，基本上都在三岁时掌握了母语(口语)能力。伍铁平[⑥]指出：

> 对从小就在某种语言环境中成长的儿童来说，不论是哪种语言，也不论是哪个民族的儿童，除非天生有某种生理缺陷，都是在大致相同的年龄就基本上掌握了那种语言(指口语)，语言本身根本无所谓难易。七岁以下儿童不论更换一个什么语言环境，都能很快学会一种新的语言便可以说明这一点。

---

① 高永安：“明末西方人学习中文的理念和方法探析”，载《语言教学与研究》2008 年第 2 期。

② 赵元任：《语言问题》，商务印书馆 1980 年版，第 221-222 页。

③ 翟帆：“汉语学习难！专家指出——只因教学路子不对头”，载《汉字文化》2002 年第 4 期。

④ 吕必松：《汉语教学为什么要从汉字入手》，载潘文国主编《英汉语比较与翻译 8》，上海外语教育出版社 2010 年版，第 31-41 页。

⑤ 张奇志：《在美国推广中文教学的尝试和建议》，载《对美汉语教学论集》，外语教学与研究出版社 2007 年版，第 11-14 页。

⑥ 伍铁平：“汉语并不难学”，载《世界汉语教学》1988 年第 4 期。

如果人类的语言习得机制和语言能力在不同种族和文化间没有大的差异，那么人类语言从总体上说来，难易程度也应该是相近的。

讨论汉语是否难学，主要是就外国人学习汉语而言。而外语学习涉及的因素非常复杂，例如学习者的动机和态度会直接影响学习的效果；同时，外语学习是至少涉及母语和外语两种语言的双语（甚至多语）过程，母语和所学外语间的差距，对外语学习的影响也绝不容忽视。大多数欧美的汉语学习者认为汉字非常难学，主要是因为汉字和其母语使用的拼音文字系统差异极大；汉字文化圈的外国人（如日本人）学习汉字就容易得多。西方汉语学习者认为声调难学，也主要是他们的母语并非声调语言的缘故。

承认每种语言的绝对难度大致相当，并不意味着所有语言的子系统也都具有相似的难易程度。一种语言的各个子系统构成一个相互制衡、和谐统一的整体。例如英语和德语、法语、俄语等其他印欧语相比，语法已经大大简化，但却发展了庞大的词汇系统，成为世界上词汇最为丰富的语言之一，形成了典型的"大词库，小语法"特征。汉语虽然有"像画画"一般复杂的书写系统，但是语法和印欧语相比较，没有繁复的语法规则，名词无须变格，动词不必变位，句子成分自然地组织在一起，被普遍认为是好学的语法。不同语言局部的难易程度是可以比较的。本章将主要以我们比较熟悉的英汉语词汇系统为例，比较两者的难易程度，看看是英语的词汇更难学，还是汉语的词汇更难学。

3. 词汇和词库

一种语言可以分为许多个子系统，如语音系统、词汇系统、语法系统。词是组织语言的"材料"，顾名思义，词汇就是"词的总汇"，是语言重要的组成部分。同一种语言中的词的性质并不单一，例如英语中的词主要有以下三类：

单纯词	派生词	复合词
garage	goodness	banknote
small	predict	rainforest
calendar	Monday	blackboard
picture	unhappy	overcome
stop	enlarge	fairplay

第一类词不能进一步分析为更小的有意义的单位，是单纯词。第二类和第三类都能继续分析为更小的有意义的单位，如 goodness 可以分析为 good-和-ness，banknote 可以继续分析为 bank-和-note。这样可以进一步分析的词叫作合成词。goodness 和 banknote 是两类不同的合成词。banknote 这类词，进一步分析得到

的都是英语中现成的词，叫作复合词。而 goodness、predict 这样的词，分析后可能出现英语现成的词，如 good-，但一定含有词根或词缀，如表示名词的-ness、表示“先于，在……之前”的 pre-和表示“说”的-dict，叫作派生词。

学习英语的经验告诉我们，上面三类词的学习难度并不一样。单纯词需要一个一个记忆，派生词和复合词则可以从各个部分推知整个词的含义。由于词存在这样的差异，语言学家便引入了“词库”的概念：

> 词库(laxicon)是一个语言中具有特异性(idiosyncrasy)的词汇单位的总体，存储在语言使用者的头脑中，所以又称心理词库。词库中的项目都是语言中意义不可预测(unpredictable)的成分，具有不规则性，表现出形式和意义之间的任意性的或非常规的联系，所以需要以清单方式一个一个地存储，需要时就可以直接从这个清单中提取。①

简而言之，词库就是需要一个一个单独记忆的词汇单位的总体，词库中的项目称为“词项”。语言学家对词项和词库的描写不尽一致，但可以肯定的是，单纯词需要语言使用者逐个进行记忆加工，是典型的词项。相比而言，派生词和复合词对记忆加工的要求小了不少，学习的难度没有单纯词大，作为词项就没有单纯词那么典型。

汉语词汇主要由字和词②组成，其中字又可以分为独体字和合体字，形成了独体字—合体字—词这样的词汇结构。汉语词汇中不可分析的是独体字，合体字可以进一步分析为独体字，词可以分析为字。由此可见，汉语单纯词是独体字，而合成词是合体字和词。汉语不是形态语言，没有西方式的派生构词法。汉语构成合成词的主要方式是复合。

4. 对比英语和汉语的词汇结构

讨论一种语言的词汇是否难学，掌握必要词汇所需的记忆加工是一个重要的指标，英语和汉语在识字量方面的差异是比较明显的，具体见下表③：

项目	英语	汉语
词汇总量	100 万～200 万	数十万词汇 汉字 8 万～9 万字(含简化字)
高频词覆盖率	14 600 个高频英语单词覆盖率 95%④	1 500 个常用汉字覆盖率 95.95% 2 500 个常用汉字覆盖率 99.13%

① 董秀芳：《汉语的词库与词法》，北京大学出版社 2004 年版，第 10 页。
② 此处的“词”不包括单音词，仅指两个音节以上的汉语词汇，以双音词为主体。
③ 吕必松、赵淑华、林英贝：《组合汉语知识纲要》，北京语言大学出版社 2007 年版，第 81 页。
④ 郎建国、李晋：“英语常用词与四部英语学习词典的词频标注”，载《外语教学与研究》2009 年第 1 期。

（续表）

项目	英语	汉语
语言社团词汇量	大学毕业生 20 000 个词族	大学毕业生识字量 3 500 字
		编辑等文字工作者识字量 4 500 字
		城市居民扫盲识字量标准 1 500 字

英语词汇学习主要是对“词”的记忆，而汉语词汇学习主要是掌握“字”，一般汉语学习者掌握了一定数量的字，对大多数词就能“望文生义”，比较容易理解和掌握。从上表可以看到，英语受过高等教育的本族语者要掌握大约 20 000 个词族，而汉语大学毕业生的识字量有大约 3 500 个就足够了，仅从语言社团所需掌握的词汇量上看，英语和汉语之间的差异是巨大的。

要掌握足够日常使用的英语词汇，不仅需要学习掌握的词数量巨大，而且需要逐个记忆的单纯词占英语词汇总量的比重也特别大。蔡基刚①指出，英语需要逐个记忆的单纯词占词汇总量的 45%左右，王艾录和司富珍②更是认为英语中 60%以上是单纯词。英语单纯词多为使用频率极高的核心词汇，词频越高的部分，单纯词的比例越高，更增加了学习的难度。英语派生词的生成虽然有一定规律，比单纯词更具有系统性，约占词汇总量的 24%③，但是大多数词根和词缀来源于拉丁语、希腊语等语言，具有一定的异质性，不是日常使用的简单词，对语言社团的普通成员来说，需要专门的学习才能掌握构词的规律。而理解及记忆最为容易的复合词，在英语词汇中占的比重很低。如 2000 年版的 *Longman Dictionary of Contemporary English* 中共收录了 5 000 多个复合词，仅占该词典总条目的 7%。

英语的词汇结构造成了英语词汇学习的一大困难，即大量的高频词、常用词虽然意义上联系紧密，但形式上关联不大，需要学习者逐个记忆。例如：

汉语	**英语**	**汉语**	**英语**
一月	January	小汽车	car
二月	February	火车	train
三月	March	公交车	bus
四月	April	吉普车	jeep
五月	May	出租车	taxi

① 蔡基刚：《英汉词汇对比研究》，复旦大学出版社 2008 年版，第 339 页。

② 王艾录、司富珍：《语言理据研究》，中国社会科学出版社 2002 年版，第 166 页。

③ 这一数据来自蔡基刚(2008:339)。

六月	June	卡车	truck
七月	July	面包车	van
八月	August	自行车	bike
九月	September	拖车	trailer
十月	October	房车	caravan
十一月	November	(豪华)轿车	sedan
十二月	December	马车	carriage

汉语	**英语**	**汉语**	**英语**	**汉语**	**英语**
公牛	bull	公鸡	cock	公羊	ram
母牛	cow	母鸡	hen	母羊	ewe
小牛	calf	小鸡	chick	小羊	lamb
牛肉	beef	鸡肉	chicken	羊肉	mutton

从上面的例子可以看到,汉语中意义相互关联的词由为数不多的核心字组成,体现了相当强的系统性,而对应的英语单词形式上则联系不大。

很多人认为汉字难学难认,其实汉字也有明显的系统性。例如:

汉语	肝	肺	胃	肾	脑	脸	脚
英语	liver	lung	stomach	kidney	brain	face	foot

这一系列汉字均以"月"为形旁,表示人体器官,而对应的英语词则形式上没有联系。成系统的字在汉语中有很多,比如表示树木的,都是"木"字旁;江河湖海则都是"水"字旁等。

一般我们都认为形声字的形旁表义,声旁表音,其实汉字的声旁也表义,可以通过声旁整理成系列,如:

戋	**小**	**農**	**浓厚**
线	丝缕之小者	襛	衣厚貌
笺	竹简之小者	醲	厚酒
贱	价值之小者	濃	露多
浅	水之小者	膿	肿血
践	轻踏为践	穠	草木茂盛
饯	小饮为饯	噥	味道浓厚

由此可见,占汉字绝大多数的合体字,虽然也需要逐个记忆,但是系统性比较强。如果能掌握造字的规律,语言社团就能大大减轻学习的负担。

汉语中真正相当于英语单纯词、需要个别记忆的是独体字,数量很少。清朝语言学家朱骏声统计了许慎《说文解字》中 9 353 个字的构成方式，按照六书分门别类做了统计。据统计，《说文解字》有象形字 364 个，指事字 125 个。[1] 正是这数百个独体字，组合生成了数以万计的合体字，然后又和合体字一起构成了庞大的汉语词汇家族。

汉语独体字最突出的特点是形象性，它们是汉族先民通过模拟现实产生的语言符号。如象形字“日”最初写成⊙，“月”写成☽，“水”写成巛，“牛”写成Ψ(牛头的图像)。“山”最初就是画一座有三个山峰的山，“木”就是一棵有树根和枝干的大树，“自”模拟人的鼻子，“而”模拟鱼鳍的形象。指事字是在象形这种具象的造字方法不便使用时，辅以抽象符号来表示概念的造字法。如数字“一”“二”“三”以笔画的数量代表数的抽象概念；“上”“下”两个字是用横线“一”为界，在横线上用一点或较短的短线指出上方的位置就是“上”，而在横线下面画符号则是“下”；“凶”字以“凵”代表深坑，以中间的“×”象征掉下坑的那种惊吓的感觉和危险的情形。还有一类指事字是在象形字的基础上增加提示语义的符号，如“木”字增加一个短横而成为“本”，表示树的根部；“刀”在一侧增加一点成为“刃”，表示刀刃；“口”中增加一点成为“甘”，表示口中含有甘美的食物。虽然汉字经历了数千年的发展，早已脱离了用具象表示意义的阶段，但是独体字的形象性在现代汉字系统中仍有不少保留。形象性能大大增加儿童学习汉字的兴趣，降低识别汉字的难度，这是现代认知研究已经证实的结论。直到今天，独体字的形象性仍然在儿童早期识字教育中发挥着重要的作用。

本节对英汉词汇的对比可以总结如下：

<table>
<tr><th colspan="2">对比项目</th><th>英语</th><th>汉语</th><th>识认难度</th></tr>
<tr><td colspan="2">为一般使用语言所需识认掌握的词汇量</td><td>20 000 个词族</td><td>2 500～3 500 个汉字</td><td>——</td></tr>
<tr><td rowspan="2">单纯词</td><td>描述</td><td>英语单纯词，约占词汇总量的 45%，在高频词中比重极高</td><td>独体字，约数百个，具有形象性</td><td rowspan="2">没有系统性，需逐个记忆</td></tr>
<tr><td>例子</td><td>sun、man
water、one
spring、picture</td><td>日、人、水
上、一、本</td></tr>
</table>

[1] 汪寿明、潘文国：《汉语音韵学引论》，华东师范大学出版社 1992 年版，第 249 页。

（续表）

对比项目			英语	汉语	识认难度
合成词	合成词 1	描述	派生词，约占词汇总量的 24%，历史上一直是英语最主要的构词法	合体字，包括会意字和形声字，占汉字总量的 90% 以上	有系统性，仍需逐个记忆，但记忆负担有所减轻
		例词	freedom、record、ugly	休、众、明 湖、钢、氧	
	合成词 2	描述	复合词，在英语词汇中比重不高	词，以双音词为主体，同时也是现代汉语词汇的主体	系统性很强，绝大多数能"顾名思义"，最容易掌握
		例词	blackboard hard-working	睡觉、房屋 打扰、雪白	

通过以上的对比我们可以看到，仅就词汇系统的识认来说，汉语为一般应用而需识认的词，无论在数量上还是记忆负担上，都比英语少一些。

5. 汉语双音化

汉语词汇系统简约高效，是语言自身调节机制的结果。汉语词汇在发展中经历的双音化过程，就是实现语言简约的有效手段。现代汉语词汇系统中双音词占优势地位，但是上古和中古时期字占压倒性优势，汉语词汇的主体是单音节的字。例如，《尚书》中的《商书》五篇共 1 851 个字，其中双音词除去重现的，只有 30 多个；《离骚》全文用字 2 470 个，只有双音词 40 多个。①

上古和中古时期，汉语增加词汇的方法主要是造字，曾经发展了高度发达的汉字系统，每个有细微差别的事物都有一个专名，用一个汉字表达。以基本颜色词为例，据张永言②考证，上古汉语中表示"黑"的字有 98 个，表示"白"的 85 个，表示"赤"的 65 个，表示"黄"的 29 个，表示"青"的 25 个，其中每一个字都指某一颜色的物件。再如"马"这一概念，仅因毛色的差异及所在位置的不同，在《尔雅》③中就有 35 个汉字作为专名加以区分，如：

① 潘允中：《汉语词汇史概要》，上海古籍出版社 1989 年版，第 16 页。

② 张永言：《语文学论集（增补本）》（原载《汉语论丛（四川大学学报丛刊）》第 22 辑），语文出版社 1999 年版，第 177-216 页。

③ 徐朝华：《尔雅今注》，南开大学出版社 1987 年版，第 345 页。

汉字	读音	字义
駵	liú	颈毛和尾毛黑色的红马
駥	róng	极强壮有力的马
骓	zhuī	苍白杂色毛
骊	lì	纯黑的马
駰	yīn	浅黑带白色的杂毛马
骢	cōng	指青色的马
駺	láng	尾毛白的马
騋	lái	高大的马(七尺以上)
騇	shè	母马

《说文解字》“马部”共列有 115 个马字旁的汉字,如:

汉字	字义
驹	两岁的马
駇	马缰
駜	马肌肉饱满
驚	马受惊吓
驻	马站住不走
骈	二马并肩驾一车
驷	四匹马拉的车
驸	车辕外的马,或架副车的马
驴	“似马长耳”

由此,汉语产生了一个以字为主体的词汇系统。汉字的总体数量是非常庞大的,清代“总汇汉字之大成”的《康熙字典》收有 47 035 个汉字,目前中国最全的汉字字库共收录有出处的汉字 91 251 个。[①] 这样高度发达的汉字系统,虽然具有表达简洁精确的优点,但是每一个字都需要语言社团单独记忆。即使汉字的构成有一定规律可循,数以万计差别微小的汉字也给语言社团带来了沉重的记忆负担,只有极少数专门从事语言文字研究的人才有可能完全掌握。

高度发达的庞大汉字体系使得语言社团不堪重负,到中古时期,汉语双音词开始急剧增加。近现代时期,汉语词汇出现了明显的双音化趋势,双音词取代了

① 汉字从《康熙字典》到目前数量激增的情况,在一定程度上和简化字推广过程中的“类推简化”原则有关,而非产生了很多完全意义上的新字。

字，成为汉语词汇的主体。根据北京语言学院语言教学研究所[①]对52万字的现代汉语语料进行的统计，双音词占词汇总量的73.6%，而单音字仅占16.7%。蔡基刚[②]认为汉语双音词在整个词汇中的比例约为80%。汉语词汇双音化的倾向出现以后，大量汉字退出了人们的日常语言生活，被双音节的表达替代，成为生僻字，如前面提到的《尔雅》和《说文解字》中马部的字就有不少已经退出了汉语社团日常的语言生活。人们仅需要使用少数汉字，通过它们的组合形成为数众多的双音词表达概念，大大方便了人们的使用。例如"石"字可以和其他常用字组合成一个庞大的词族：山石、巨石、顽石、陨石、化石、结石、卵石、砂石、石板、石匠、石刻、石蜡、石青、石林、石油、石料……汉语双音词大多具有"望文生义""顾名思义"的特点，即大多数词的整体意义能从各个部分的意义中推知。李晋霞、李宇明[③]认为，"只有少量词意义完全隐晦，其形式与意义间的关系是完全任意的，而大部分词，词义均不同程度地具有透明性，内部结构关系也不同程度地具有可分析性"。

汉语词汇双音化后，大大减轻了语言社团的记忆负担，人们仅需掌握数千个汉字就能自如阅读现代汉语的各种文献。据统计，国家语委和教委联合公布的《现代汉语常用字表》之一"常用字"部分的2 500个汉字，在现代汉语书面语的覆盖率达到了99.12%。1953年政务院颁布的扫盲标准规定的识字量是：干部和工人认识2 000个常用字，农民能识1 000个常用字，城市劳动人民能识1 500个常用字。《骆驼祥子》共用了2 413个汉字，《毛泽东选集》的用字量是2 975个，《红楼梦》的用字量是4 462个。目前汉语社团为日常使用而需要掌握的汉字量为3 000个左右，这一数字和甲骨文时代、先秦时代人们需要掌握的汉字数量基本持平。

事实上，不仅汉语有减轻语言社团记忆负担的机制，英语作为当今世界词汇最为庞大的主要语言，近年来也越来越多地使用容易记忆的方式产生新词。其突出的表现是，英语开始较少地使用历史上更为常用的借词和派生词方式生成新词，容易记忆的复合词在当前英语新词中的比重有了显著的提升，成为当代英语最重要的构词法。在1961年《韦氏国际词典第三版》出版后的十二年中，梅里安出版公司记录了6 000个新词，其中约30%是用复合法构成的。[④] 根据语法学家利奇(G. Leech)1980年提供的材料，第二次世界大战以后出现的新词中复合词占到了27%。[⑤] 张彦梅[⑥]认为，自第二次世界大战以来，英语由构词法生成的新词

① 北京语言学院语言教学研究所：《汉语词汇的统计与分析》，外语教学与研究出版社1985年版，第1046页。

② 蔡基刚：《英汉词汇对比研究》，复旦大学出版社2008年版，第340页。

③ 李晋霞、李宇明："论词义的透明度"，《语言研究》2008年第3期。

④ 伦道夫·夸克等：《英语语法大全》，1985，苏州大学《英语语法大全》翻译组译，华东师范大学出版社1998年版，第2115页。

⑤ 李平武：《英语词缀与英语派生词》，外语教学与研究出版社2003年版，第2页。

⑥ 张彦梅："英语复合词浅析"，载《同济大学学报(社会科学版)》2003年第4期。

中复合词的数量最多。王文斌①认为，“在现当代的英语新词里，新复合词占绝对的优势，可以毫不夸张地说，复合词已经到了比比皆是、层出不穷的地步，其构词能力之强，是我们难以想象的”。

单元测验 12

一、判断题

1. 母语与目标语之间的差距，会影响学习者对目标语难易程度的主观判断。
2. 单纯词、派生词和复合词都能继续分析为更小的有意义的单位。
3. 一个语言中具有特异性的词汇单位的总体，叫作词库，也叫作心理词库。
4. 英语中大量高频词、常用词意义上联系紧密，但形式上关联不大，需逐个记忆的词数量比汉语大。
5. 汉语中，由为数不多的核心字组成意义相互关联的词，构词有明显的系统性。

二、单选题

1. 汉字体系中绝大部分是________。
   A. 单纯词　B. 合成词　C. 派生词　D. 缩合词
2. 汉语书写系统复杂，其语法和印欧语相比较，________。
   A. 相对简单　B. 相对繁难　C. 没有差别　D. 无从比较
3. 汉语词汇中不可分析为更小单位的是________。
   A. 独体字　B. 合体字　C. 词　D. 成语
4. 一般说来，在一个词汇系统中，学习难度最大的是________。
   A. 复合词　B. 派生词　C. 单纯词　D. 拟声词
5. 先秦时期，汉语增加词汇的方法主要是________。
   A. 造字　B. 双音化　C. 外来词　D. 假借
6. 从________时期起，双音词取代了字，成为汉语词汇的主体。
   A. 上古　B. 中古　C. 近现代　D. 当代
7. 第二次世界大战以后，英语由构词法生成的新词中，________的数量最多。
   A. 派生词　B. 复合词　C. 外来词　D. 缩合词
8. 目前，汉语社团为日常使用而需要掌握的汉字量为________个左右。
   A. 4 500　B. 4 000　C. 3 500　D. 3 000
9. 英语高频词中，________的比重大，记忆负担重。
   A. 派生词　B. 复合词　C. 单纯词　D. 合成词
10. 现代汉语词汇系统中，________音词占优势地位。
   A. 单　B. 双　C. 多

① 王文斌：《英语词法概论》，上海外语教育出版社 2005 年版，第 281 页。

三、多选题

1. 汉语拼音化运动和白话文运动的成果是________。

   A. 普通话　　B. 古典白话　　C. 简化字　　D. 汉语拼音方案

2. 汉语独体字大多是________,字形和意义之间的联系比较明确,便于掌握。

   A. 象形字　　B. 指事字　　C. 会意字　　D. 形声字

3. 英语中的词可以分为________两大类。

   A. 合成词　　B. 派生词　　C. 复合词　　D. 单纯词

4. 汉语词汇主要由________组成。

   A. 独体字　　B. 合体字　　C. 词　　D. 小句

5. 西方人学习汉语的主要难点是________。

   A. 词汇　　B. 声调　　C. 汉字　　D. 句法

四、填空题

1. 任何一种语言的词汇系统,必须在词化程度(词义的精确性)和语言社团的________负担之间获得平衡。
2. 汉字的识认和书写中,占用大量认知资源的是________。
3. 汉语独体字最突出的特点是________性,能大大增加儿童学习汉字的兴趣,降低识别难度。
4. 汉语词汇________化,使得大量高度词化的汉字退出人们的日常语言生活。
5. 不少专家指出汉语难学并非汉语本身的原因,而是________不得法造成的。
6. 英语和德语、法语、俄语等其他印欧语相比,有"大词库,________"的典型特征。
7. 上古和中古时期的汉语词汇系统中,占压倒性优势的是________音节的字。
8. 近年来,在英语新词中容易记忆的________词的比重显著提升。
9. 汉语中,和英语单纯词地位对等的是________字。
10. 词库中的项目称为________。

五、思考题

1. 阅读并评论以下材料[①]。

   我们在观察留学生学习汉字的过程中,常常可以发现他们对于学过的汉字,容易忘记的是字形和字音,不容易忘记的是字义。这一点与中国人学英语恰恰相反,我们阅读英文时,常感到有些单词"似曾相识",却记不起它的意思了。有时,给留学生一段文字让他念,他念不出来,当然更不会写,但是你让他说这段话的大意,他往往能正确地"猜"出来或用自己的母语翻译出来。由此我们可以看出汉字强大的表义功能。

---

① 周健:"'汉字难学'的分析与对策",载《汉字文化》1998 年第 2 期。

2. 阅读并评论以下材料。

2012年初，教育部公布了《小学语文新课程标准（最新修订版）》，对小学阶段的识字与写字教学要求做出了明确的规定，并降低了原课标对于汉字书写的要求：

第一学段（1～2年级）

1. 喜欢学习汉字，有主动识字的愿望。

2. 认识常用汉字1 600（—1 800）个左右，其中800（—1 000）个左右会写。

第二学段（3～4年级）

1. 对学习汉字有浓厚的兴趣，养成主动识字的习惯。

2. 累计认识常用汉字2 500个左右，其中1 800个（比原减少200个）左右会写。

第三学段（5～6年级）

1. 有较强的独立识字能力。累计认识常用汉字3 000个左右，其中2 500个左右会写。

对于教育部的这一减负举措，金陵中学实验小学校长、江苏省语文特级教师杨新富表示非常支持：

早在前几年我们苏教版教材就考虑到一年级的识字写字量比较大，主动减少了100多个字的识写量，所以南京的一二年级孩子识写要求在全国来讲都是比较低的。"杨新富是苏教版小学语文教材的编写者之一，他说，低年级的孩子手脚肌肉群都还没有长好，如果写字量大了，一方面长期处于坐直手腕用力的状态，姿势很容易扭曲，对于身体有害，另一方面容易让孩子产生心理抵触，厌烦这样一件重复的事情，丧失兴趣。"杨校长说，苏教版教材的用心其实和此次新课标的改革不谋而合，提倡多识少写，给孩子减轻负担。

然而，小学生的家长似乎并不领情：

教育部门近期不断有新举措为孩子减负，如禁止幼儿园提前教汉语拼音、教写字等小学化知识，如此次的降低小学生会写字标准。但记者在采访中发现，对于这些减负措施家长并不买账。家长张先生的孩子今年9月份上小学，现在已经报名上了幼小衔接班，一节课100元提前开始学汉语拼音和学写字。"课程标准是对大多数孩子的，如果你只达到课程标准，仅仅是普通孩子，我们提前学了就比别人先走了一步，对孩子树立信心也是有好处的。"市民刘女士在征询了很多有经验的朋友后还是决定提前让孩子学小学一年级知识。

第十三章
汉字教学

1. 本章提要

“汉语难学”的核心是“汉字难学”，对于汉字“繁难”的批评由来已久，“汉字难学”的论调，实质上是“汉字落后论”在当代的延续。汉语词汇系统简约高效，汉字是汉语词汇的基础和核心，系统性也非常强，但是为什么会出现中国人、外国人都说难的局面呢？

问题的症结在于教学汉字的方法出了问题。一方面，“汉字落后论”使汉字成为中国近世教育落后、文化落后的“罪魁祸首”，最终在语言教学实践上形成了排斥汉字教学的强烈倾向。另一方面，现代语文教育从理论到方法基本上全盘来自西方，而西方使用的是拼音文字，和汉字本质上差异极大，故此不论是中国孩子学习汉字，还是外国人学习汉字，都出现费时低效的现象。不能正确认识汉字的地位和特殊性，导致语言理论界的激烈争论，以及汉字教学体系和方法上的混乱。

现代语文教育制度确立后，人们放弃了传统语文教育“集中识字，识写分开”的汉字教学法，在探索汉字教学的道路上，做了种种新的尝试。首先是“随文识字、识写同步”的教学法，强调孩子在语言环境中识字，认识一个汉字的同时学会书写。用这种方法识字进展缓慢，造成阅读和写作能力培养的滞后，而且识字写字分散在课文中进行，缺乏系统性。第二种方法是“注音识字 · 提前读写”，利用汉语拼音先行启动学生的阅读和写作，随后再慢慢转入汉字的学习。这种方法在学习的初级阶段过度关注音义关系，而实质上汉字更为重要的是形义关系。形义关系在教学中的引进晚于音义关系，使得学生对汉字字形的认识始终处于模糊状态，别字率居高不下。类似的问题也出现在对外汉语教学中。外国学生先学习拼音，不接触汉字，学习的最初阶段产生进展很快的错觉，待到接触了汉字之后，便难免产生汉字果然难学的感叹。

当前，无论是语文教学还是对外汉语教学领域，都有一些教师和学者开始重视汉语和汉字的特殊关系，探索从汉字入手教学语文或汉语的途径，并且取得了不少成果，例如有的教师尝试探索适合现代语文教学的“集中识字、识写分开”的方法。希望汉字教学能尽快找到更加适合汉字特点的方法，使汉语的学习者受益。

2. 汉字母语教学

2.1 “汉语难学论”实为“汉字难学论”

通过对比汉语和英语的词汇，我们发现，至少就词汇的识认来说，汉语并不比英语难学，汉语词汇系统是相当经济简约的，应该容易学习才对。如果再论及语言的其他子系统，除了汉语声调之外，恐怕也难以找出汉语难学的证据。可是，为什么“汉语难学”的说法流传如此广泛，不仅很多西方人认为汉语难学，连中国人自己也坚称汉语难学呢？多年来，不少人探讨过这个问题，得出的结论是，汉语难学是由难学的汉字造成的。例如伍铁平[①]就曾指出，“如果没有汉字的阻碍，汉语并不比别的语言难学”。言下之意，汉字无疑是造成汉语难学的“罪魁祸首”。

认为“汉字是汉语难学的‘罪魁祸首’”的观点，实际上仍然是““汉字落后论””的延续。这一观点将汉字视作不能适应现代汉语发展趋势的文字，在各个方面拖了汉语的后腿，其中后果最为严重的，就是在语言教学上形成“汉语难学”的状况。此派观点在现代语言学中找到了强有力的理论支撑：文字不属于语言系统。由此可知，严格说来教语言不需要教文字，故而教汉语也就不需要教汉字。李泉[②]即表示：

> 而事实上，汉字因素在相当程度上是可以去掉的，严格意义上讲语言要素不包括文字，口语学习也可以不包括文字。因此，至少在一定意义、阶段和目的上，汉语教学可以暂时不考虑文字因素。

此派观点为汉语教学找到的出路也极为明晰简便，即废除汉字。如果能废除汉字，改用拼音文字的话，汉语难学的问题就可迎刃而解；即使不能废除汉字，汉语教学中不教汉字，也可以解决“汉语难学”的问题。19 世纪末 20 世纪初开始在中国盛行的“汉字落后论”，最终使语言教学实践上形成了排斥汉字教学的强烈倾向，不仅影响西方人对汉语汉字的学习，而且通过我们的基础教育影响了几代中国孩子。

2.2 低年级语文教学中的汉字教学问题

我们暂且撇开对外汉语教学中的汉字问题不谈，汉字在语文教学（特别是小学低年级阶段）中，也屡屡成为公认的“祸首”，招致批判。不少人常拿汉字和英语字母比较，认为英语只有 26 个字母，半天就学会了，而汉字有那么多，要好几年才

① 伍铁平：“汉语并不难学”，载《世界汉语教学》1988 年第 4 期。

② 李泉：“关于‘汉语难学’问题的思考”，载《语言教学与研究》2010 年第 2 期。

能学会。于是对语文教学的批评，不少将矛头指向汉字。2006 年初《楚天都市报》登载了一篇报道《小学生识字“提速”太快，学生喊难老师叫累》：在一次武汉、上海、杭州的 3 所小学联合举办的教学研讨会上，有老师指出小学低年段学生识字量过大，影响了教学计划的完成：

以人教版实验教材为例。一年级下学期“会认”和“会写”的字共 800 个，也就是说，学生平均每课要学 16 个生字(其中 6 个要会写)，这对学生来说，无疑压力太大。

“低年段学生识字负担重，不仅重在‘识’字，也重在‘写’上。”大兴路小学的黄琳老师认为，小学生手肌肉不够发达，写得慢，吃力。识字量过大，容易引起他们的厌学情绪。

不能正确认识汉字的地位和特殊性，除了导致语言理论界各种思想、观点的激烈争论和交锋外，同时也造成汉字教学实践在体系和方法上的混乱局面。汉字教学似乎成为小学教育的试验田，教学要求和教学方案一直处于变动之中。2000 年，上海市二期课改开展“小学低年级语文读写教改实验”，提出上海市低年级小学生识字教学“提速”的要求，将原先需要 5 个学年完成的 2 500 个识字量，缩短到 2 个学年完成，并提出了具体的方案：

目前上海绝大多数小学使用的上海 S 版和上海 H 版语文教材 1 至 4 册的识字量分别为 1 080 个和 1 145 个，而此项教改实验所用的实验教材则要求一、二年级学生通过 2 个学年学习认识 2 500 个左右的常用汉字。其中在一年级第一学期采用看图识字、看拼音识字、读句子识字和读短文识字等多种方法集中识 1 000 个字，不作写字要求，而到一年级第二学期再开始学写字，通过识写分流、识多写少、先识后写、大量诵读优化写字，淡化传统的拼音教学。

而到了 2007 年 8 月，上海市教委又提出了小学生减负的新举措，将小学低年级学生2 000字识字量的学习时间从两年调整为三年，每学年识字量减少 400 字，写字量减少 100 字。这一减负举措一经推出，就出现了要求继续减负的声音。当年 9 月，《新民晚报》就有记者发表文章，表示“仍听到有教师和家长提出，这个识字量仍旧有些偏高，或许仍会成为‘减负’乃至影响到青少年对语文学习兴趣可持续发展的瓶颈”，该文分析如下：

据统计，老舍的小说《骆驼祥子》共 107 360 字，只选用了 2 413 个不同的汉字。《毛泽东选集》5 卷合计约一二百万字，只选用了2 000多个汉字写成；《邓小平文选》常用字量也不过 2 500 字。《三字经》共 1 145 个字，《百家姓》共 568 个字，《千字文》共 1 000 个字，三者加起来共有汉字 2 713 个，其中不重复使用的字仅有约 2 200 个。因此，要求小学生在三年级前认识2 000个汉字，要求似乎偏高。

汉字教学中的“朝令夕改”不仅体现在对识字写字的要求上，还体现在对字形、字音的不断调整和变动中。例如20世纪80年代初的小学课本中，“像……一样”一律都写成“象……一样”，“肖像”“画像”要写成“肖象”“画象”。1986年重新制定《简化汉字总表》的时候，把“像”从简化字表中删去了，恢复了“像”字，所有出版物上的“象”也必须随之更改。一位小学校长表示，直到现在，“像不像”与“想象”中的“像”和“象”小学生还经常会搞错。尤其是“想象”的“象”，前几年是“象”，后来不知什么原因又变成了“像”，现在又变成了“象”。仅以目前上海地区小学一年级语文教材为例，有不少字的用法就和二三十年前的语文教材不同，例如：

现行教材的写法	过去的写法
鱼网	渔网
绿阴	绿荫
希罕	稀罕
希世之宝	稀世之宝
菜子	菜籽

且不说这样的修改在学理上是否有充足的依据，单从语言文字使用上的延续性和传承性说来，就足以造成用字的混乱。又如汉语ABB形式的词，除了个别的如“金灿灿”等，现在的语文教学均要求将BB读成第一声，如“白茫茫”读成bái māng māng，“软绵绵”读成ruǎn miān miān。这种音变现象是否应该作为语文规范在学术界仍有争议，却已悄然在教学实践中推行，不少学生家长甚至语文教师也大呼“搞不懂”。

教学实践上的诸多问题造成了严重的后果，即语文教学费时费力但效率低下。早在1978年，著名语言学家吕叔湘①就指出，我国中小学的语文教学费时多而收益少，是一个不容忽视的严重问题：

> 新近公布的《全日制十年制中小学教学计划试行草案》规定，十年上课总时数是9 160课时，语文是2 749课时，恰好是30%；十年的时间，2 700多课时用来学本国语文，却是大多数不过关，岂非咄咄怪事！语文是工具，语文水平低，影响别的学科的学习，有的数学老师、物理老师诉苦，说是得兼做语文老师。少数语文水平较好的学生，你要问他的经验，异口同声说是得益于课外看书。

教育界又转而将语文教学低效的原因归结为“汉语难学”“汉字难学”：

> 造成小学语文教学质量和教学效率低下的重要原因是小语教学中存在着“学汉语”与“识汉字”的矛盾，这一矛盾长期以来没有得到妥善的解决。

 ① 吕叔湘：“当前语文教学中两个迫切问题”，载《人民日报》1978年3月16日。

这一论断说到底还是认为汉字不能适应汉语的发展，也不能适应现代汉语教学的需要，造成我国小学语文教育长期以来低效落后的局面，拖了语文教学的后腿。

2.3 汉字成为对外汉语教学的瓶颈

长期以来，我国对外汉语教学大体上遵循着“拼音教学—听说教学—读写教学”的顺序进行，在学习的初始阶段，只教汉语，不教汉字。对于短期学习汉语的学生，具备基本的汉语听说能力就是学习的目标，这一教学思路避开了西方人视为畏途的汉字，固然可以起到耗时短、见效快的效果。但是，对于有更高学习目标的教学对象来说，在适应了通过拼音学习汉语听说技能，特别是听说技能达到一定水平之后，再开始学习汉字，便会更觉汉字繁难，产生畏难和厌学的心理，更不利于后续的读写学习。这样的对外汉语教学方法培养了一大批只学拼音、不学汉字的“文盲学生”。

西方的拼音文字只是一个书写系统，具有工具性和透明性，但汉字在汉语系统中的功能，绝不仅是书写系统那么简单。对外汉语教学排斥汉字的结果，是将汉语的“词”当作西方语言“词”的对等物进行教学。对外汉语教学界有个很有名的笑话。来自西方的学生在课堂上学过“鸡蛋”，在市场买菜时对小贩说：“我要买鸡蛋的妈妈。”闹出这样的笑话，就是因为上课时，老师教“鸡蛋”时把它当作一个和 egg 一样的“词”，只教整体的意义，而不教构成词的“字”。故此，学生只会说“鸡蛋”却不知“鸡”为何物。法国著名汉学家、曾任法国国民教育部汉语总督学的白乐桑(Joël Bellassen)教授①表示，法国教授汉语的老师和学习汉语的学生认为，中国教材中“字”没有受到应有的重视，“对外汉语教学面临着危机”，进而指出：

> 确切地说，无论在语言学和教学理论方面，在教材的编写原则方面甚至在课程设置方面，不承认中国文字的特殊性以及不正确地处理中国文字和语言所具有的特殊关系，正是汉语教学危机的根源。

当然，也有不少教材在编排上采用了汉语汉字同步教学的思路，但是这也可能导致另一个对外汉语教学上的严重问题。假设有个西方学生来学汉语，第一次上汉语课学了“您好”“我是……”“谢谢”等日常用语，老师的要求是不仅会说，还要会写。可以想见，要让第一次接触汉语的西方人，将“您”“我”“谢”这样笔画繁多的汉字正确地写在方方正正的小格子里，简直是一项不可能完成的任务。也许他学了一节汉语课之后，“汉语难学，果然名不虚传”的感想就会油然而生了。这种现象的出现，实际是采取了西方语言教学中听说和读写同步开展的方法。西方文字是拼音文字，开展听说教学同时兼教读写不成问题；而汉字性质不同于西方文字，同样的教学方法不仅难以取得理想的效果，还大大强化了“汉语难学”的印

---

① 白乐桑：《汉语教材中的文、语领土之争：是合并，还是自主，抑或分离?》，载《第五届国际汉语教学讨论会论文选》，北京大学出版社 1997 年版，第 564-567 页。

象，使学生产生畏惧心理，结果适得其反。

3. 随文识字，读写同步

掌握汉字是汉语读写的前提，历来备受重视。现代语文教育制度确立以后，人们针对汉字的教学做出了种种尝试，也产生了各种各样的教学方法，其中影响较大的主要有以下两个：(1)随文识字，读写同步；(2)注音识字，提前读写。

随文识字的方法主要来自西方语言教学的实践。西方文字是易学的拼音文字，识认和书写都非常容易掌握，故而不需拿出相当的精力专门对付文字。“随文识字”在西方语言教学中，“识字”不是学习字母的识认和书写，而是学习词汇——碰到不认识的词，就学习它的意义，记住它的拼写。通过这种“随文识字”的方法能在阅读中有效提高词汇量，发展读写能力。西方的“随文识字”虽然和汉字教学不完全是一回事儿，但是在传统蒙学备受责难、国人迫切学习西方先进文化的浪潮中，作为汉字教学的革新方法引入汉语教学。随文识字不需要编写独立的识字教材①，是教师最易采用和最乐于采用的识字方法，一下子就受到欢迎，百年来一直在小学识字教学法中占据主导地位，直到现在仍是如此。

随文识字以“字不离词、词不离句、句不离文”为基本特征，强调在语言环境中识字，将识字和阅读紧密结合起来；一般也要求学习者在识认汉字的同时学会书写，做到汉字识写同步，便于阅读和写作教学同步开展。但是，随文识字的进度往往比较缓慢，小学低年级阶段每课的生字往往只有数个，识字量不足。受识字量的限制，低年级段的课文一般都很短小，内容也较为浅显，与小学生日益丰富的生活和情感世界不相适应，影响学生在阅读与写作训练方面的进程。如果将识认2 000个汉字作为汉语儿童充分开展自主阅读的前提条件，我国目前的小学语文教学大纲要求达到这一识字量的年龄是8～9周岁(二至三年级)。而同一年龄段的美国儿童，早已具备了阅读分章故事(chapter book)的能力，并且已经积累了相当大的阅读量。

此外，由于识字写字是分散在课文中进行的，生字的学习就带有很大的偶然性。汉字体系是一个规律性非常强的系统，如果能充分利用汉字构成的系统性，对字的习得可说事半功倍。然而随文识字对字的理解、认知和记忆往往缺乏系统性，不能很好地突出构字的规律，这也是随文识字效率不高的重要原因之一。

① 试对比中国传统蒙学识字课本《千字文》，以一千个不重复的汉字编成韵律优美的四字对句，同时包括了学习经典文献之前所需掌握的各种基本名物掌故，历时数百年才最终形成，便可知“不需专门教材”这一条在旧体系已被打倒、新体系尚未建立的20世纪上半叶，是“随文识字”教学法多么巨大的一个优点。

4.“注音识字·提前读写”

随文识字教学进度较为缓慢，造成了儿童读写能力的发展跟不上语言能力和认知情感的发展。目前我国儿童的入学年龄普遍在6～7周岁之间，这个年龄的儿童已经发展了较强的口语表达能力，理解力不断提高，情感世界日趋丰富。而汉字学习的滞后，使得孩子们只能阅读难度有限的文字材料，而写作能力的发展更受到局限。为了弥补随文识字的缺陷，1982年，黑龙江省三所小学的六个班级首先开始进行小学语文“注音识字·提前读写”教学改革实验(简称“注·提”实验)。1987年末，国家教委下发了《关于推广小学语文“注音识字·提前读写”教学改革实验的通知》，要求全国各地把实验向农村、比较边远的地区和少数民族地区扩大。1992年，国家教委、国家语委在哈尔滨召开小学语文“注音识字·提前读写”教改经验推广工作座谈会，国家教委又下发了《关于推广小学语文“注音识字·提前读写”教改经验的若干意见》的文件，要求“注音识字·提前读写”实验要由点到面，逐步进行区域性推广。

“注音识字·提前读写”的主要方法是在儿童入学后暂时绕开汉字，采取迂回的办法解决儿童识字难的问题，具体教学的顺序是：(1)将汉语拼音作为识字、阅读、作文的工具，儿童入学用7～8周的时间学习汉语拼音，重点培养直呼音节和书写音节的能力，使汉语拼音成为提前读写的工具。在此环节根据所学音节，学习大约20个左右简单的汉字。(2)大量阅读，在阅读中识字。先阅读纯拼音课文，再阅读汉字注音课文，进而阅读难字注音课文，最后阅读汉字课文。(3)提前作文，遇到不会写的字可用拼音代替汉字，同时练习写字和用字，促进识字效果的巩固。到小学五年级结束，儿童累计识字2 500个以上。

“注·提”教学使得儿童完成拼音的学习之后，就可同时开展说话、写字、阅读、作文等教学内容。从教学实验开展的对比测查中，“注·提”班学生在拼音、组词、造句、阅读、说话、写话等项目的成绩都高于普通班，特别是直呼音节、说话和写话成绩，远超普通班水平。“注·提”法受到大力支持还有另一个原因，即“汉字落后”的观念当时仍然是语言文字学界和语文教育界的主流观点，不少权威学者坚持汉语拼音化的道路，许多西方语言学家也支持拼音化。而“注·提”实验的出现，无疑有助于推动汉语拼音化，故而受到语言学界和国家教育机构的重视和扶持。

随着实验的深入和推广，“注·提”法的一些弊端也渐渐显露出来。其中最突出的，就是“注·提”班学生的别字率(无法区别同音字)和作文中用拼音代替汉字的比例居高不下，对汉字字形的认知始终处于模糊状态。“注·提”班升入三、四年级后，接班的老师常感慨，“注·提”班的学生各方面能力都较好，就是错别字较多，用拼音代替汉字的现象较严重；学生在写作中如遇到不会写的字，不是去查字典，而是用拼音或同音字来代替。“注·提”法虽然前期效果显著，但最终反而制约了学生书面语能力的进一步提高。

产生这一问题的原因，无疑是因为通过“注·提”法识字偏离了汉字自身的规律。汉字是表意文字，与表音文字不同，汉字的形与音没有直接联系。汉语中的一个音节，往往有几个甚至上百个字与之对应。《新华字典》中没有同音字的只有“佛”“森”“僧”“日”“暖”等不到20个字，而音节“yi”下共收字127个，需要通过字形将一个音节承载的复杂语义区分开来，故而字形的习得十分重要。“注·提”法从字音入手，让学生利用汉语拼音这一工具进行读写训练，强化字音，忽视字形，学生对字形的敏感性较低。而学生一旦适应通过拼音读写汉语，就会对拼音产生依赖心理。不少西方人从拼音入手学汉语，对汉字产生一定的排斥心理，最终造成读写技能发展的障碍，和“注·提”实验产生的问题是十分相似的。

2005年年底，《中国教育报》整版报道了记者蒋建华与语文教育专家游铭钧教授和邵宗杰教授的对话，提出识字教学先教汉语拼音是个错误，引起很大的反响和争议。2017年9月投入使用的“部编本”语文教材，改变了小学生入学后先学拼音后学汉字的做法。

5. 集中识字，识写分开

现代语文教育建立近百年来，采取的理论和方法都来自西方。潘文国[①]提出“一百年来，我们用教外语的方式教母语”的观点，可谓一语中的。由于西方的语文教学不需花大力气处理文字问题，汉字教学更成为西化方法的重灾区。我们不禁发问，现代语文教育建立之前，中国人是如何学习汉字的呢？我国传统的汉字教学，可以总结为一句话，即“集中识字，识写分开”。

集中识字是我国传统语文教学在长期的实践中总结出来的一套行之有效的方法。清代文字学家王筠[②]认为“蒙养之时，识字为先，不必遽读书”。张志公[③]将我国传统语文教育分为3个阶段，第一阶段就是以识字为中心的启蒙阶段。这一阶段又分为两步：第一步是集中识字，用比较短的一段时间（1年左右）集中地教儿童认识一批字（2 000个左右）。集中识字的教材是《三字经》《百家姓》《千字文》等。第二步是进一步识字，学过“三百千”之后，以韵语知识读物巩固识字，同时展开初步的阅读。传统集中识字的优势是识字速度快，利于早读书，同时通过诵读“三百千”，对汉语的基本组织规律和韵律节奏有了直观的体验。张志公[④]特别指出：

> 在这个集中识字的阶段，以教会儿童认字为主，至于每个字怎样讲，

---

① 潘文国：“100年来，我们用教外语的方式教母语”，载《南方周末》2007年5月24日。

② 王筠：《教童子法》，载徐梓、王雪梅编《蒙学要义》，山西教育出版社1991年版，第178页。

③④ 张志公：《传统语文教育初探》，上海教育出版社1992年版，第37页。

要求很低，怎样用，可以说完全不要求。

实践证明，这样的教学要求，对于年龄比较小的儿童，是能够达到的。

传统汉字教学的另一个突出特点就是“识写分开，识快写慢，识难写易”，即“并不要求认什么字就写什么字”，认的字可以笔画繁多，但写字必须由易到难逐步开展。语言学家赵元任[①]敏锐地注意到了汉字识认和书写在难度上的差异：

> 讲到文字的难易，你得分学跟认跟用，这个不完全一样。比方说笔划儿多的字，写起来是麻烦，可是认起来未必难认，有时候笔划儿多的字，因为富于个性，反而容易认。

和写字相比，认字对儿童的认知要求低得多，特别是汉字具有的图画性和象形性，很容易识认。传统识字教学不区分字的难易，笔画多和笔画少的字一起学一起记。和一般人的感觉相反的是，笔画多的汉字幼儿往往记得更牢，笔画少的字反而更难记，年龄小的孩子容易搞错。如“日”和“目”，“主”“玉”和“王”，“人”和“入”等，低龄儿童在初学汉字时，常会发生混淆，很难正确认知。然而在写字方面，则遵循由易到难的规律，先写笔画、部首，再写笔画少的汉字，最后才学写笔画多的汉字。张志公[②]引用清初褚人获《坚瓠集》中总结的写字教学规律：

> 小儿习字，必令书“上大人，丘乙己，化三千，七十士，尔小生，八九子，佳作仁，可知礼”也。天下同然，不知何起。

并认为这种教学上的安排，符合汉语汉字的特点及儿童学习能力发展的规律，但这一宝贵的经验今天仍被大多数语文教育工作者和研究者忽视。

语文教育现代化之后，“三百千”自然不能再用作儿童启蒙的教材，集中识字、背诵韵文也有“机械记忆、违背教学规律”之嫌，但仍有教师尝试寻找适合现代语文教学的集中识字之路，探索这一方法在现代语文教学中的作用。辽宁省黑山北关实验学校的贾桂芝、李铎 1958 年开始进行集中识字实验。这种方法是在总结吸收传统教学经验的基础上发展起来的。从开始实验以来，集中识字经过几十年的实践和总结，理论不断完善，教学思想逐渐成熟，并且有配套的教材，形成了“集中识字—大量阅读—分步习作”的教学体系。它的主要特点是：先识字，后读书，集中教，分散练，学习一批字，读一些课文巩固识字；然后再学习一批字，再读一些课文。坚持形音义统一，字词句联系，认读写结合，识比说兼用；根据汉字的特点，以象形字、指事字、会意字、形声字等造字规律对汉字进行分门别类的研究学习，特别是充分利用形声字的构字规律，采取基本字加偏旁部首的办法，以突出汉字的字形规律，体现汉字的系统性，揭示汉字的特点和规律，能加快识字速度，增加低年级识字量。[③]

① 赵元任：《语言问题》，商务印书馆 1980 年版，第 222 页。

② 张志公：《传统语文教育初探》，上海教育出版社 1992 年版，第 37 页。

③ 徐文婷：““注音识字·提前读写”的利弊考察和研究”，东北师范大学硕士学位论文，2008 年。

6. 对外汉字教学

在对非汉字文化圈的对外汉语教学中，教学内容的安排普遍采取“拼音/听说—汉字/读写”的顺序，从西方人比较熟悉的汉语拼音入手学习汉语，而对汉字的特殊性没有给予足够的重视。汉字也一直是个棘手的问题，成为对外汉语教学的瓶颈。

最早尝试改变这一状况的是法国汉学家白乐桑教授。1989 年，白乐桑和北京语言学院教师张朋朋合作编写了全新的对外汉语教材《汉语语言文字启蒙》(*Méthode d'Initiation à la Langue et à l'Ecritute Chinoises*)，这是一部供法国人使用的初级汉语教材，开创了对外汉语教学“字本位”思想的先河。此教材的最大特点是在汉语教学中突出汉字的特点，改以往的“词本位”教学为“字本位”教学，充分利用汉语字与词的关系，采取由汉字入手学习汉语的方法，力图做到作者所主张的“遵循汉语之本来面目进行教学”。《汉语语言文字启蒙》第一册教材以使用率最高的 400 个汉字(使用率近 70%)为基础进行编排，第二册讲授 500 多个常用汉字，两册涵盖的汉字占一般书报刊物用字的 90%左右。这种以汉字教学带动汉语教学的方法，收到了较好的效果，《汉语语言文字启蒙》也由此成为法国最受欢迎的汉语教材，并被翻译成多种语言，产生了很大的影响。

北京语言大学吕必松教授，多年来致力于“组合汉语”教学法的研究和实践。吕必松等①指出，汉语教学之所以没有突破，是因为我们对汉语的认识不够；进而提出汉语是组合型语言，笔画和部件组合生成字，字组合生成词，词组合生成句。组合汉语的教学思路是：汉字教学从笔画教起，由汉字入手教汉语，字词句的教学相结合，口头与书面同步教学；直接用汉字教学发音和说话，不使用汉语拼音；用汉字教学带动书面汉语教学；用书面汉语教学带动口头汉语教学。这一教学法以“字”为基础，突出汉语字、词、句构成的系统性，在实践中取得了较好的效果：

> 根据已经进行过的教学试验推断，在听、说、读、写全面要求的前提下，让学生用 500 个课时掌握 2 500 个汉字并非难事。我国的对外汉语教学一学年的课堂教学时间不少于 720 个课时，组合汉语的教学目标就是用 720 个课时让学生基本达到听、说、读、写全面过关。教学试验证明，达到这一目标也不是难事。一旦达到了这一目标，“汉字难学论”“汉语难学论”都可以不攻自破。②

由此可见，找到适合汉语汉字特点的教学方法，是语文教学和对外汉语教学的关键。

---

① 吕必松等：《组合汉语知识纲要》，北京语言大学出版社 2007 年版。

② 吕必松：《汉语教学为什么要从汉字入手》，载《英汉语比较与翻译 8》，上海外语教育出版社 2010 年版，第 31-41 页。

单元测验 13

一、判断题

1. “汉字落后论”造成汉语教学实践上排斥汉字的倾向。
2. 2007 年,上海市教委推出减负措施,将小学低年级学生 2 000 字识字量的学习时间从两年调整为三年,是明智的举措。
3. 语文教学费时低效,中国低龄儿童阅读能力较低的原因是“汉字难学”“汉语难学”。
4. 对外汉语教学排斥汉字,将汉语的“词”同等于西方语言的“词”进行教学,会产生一些问题。
5. 如果不重视汉字的特殊性,教学方法不当,会大大强化“汉语难学”的印象。

二、单选题

1. 对于中国孩子,掌握汉语词汇占用较多认知资源的部分是________。
   A. 发音　B. 识字　C. 写字　D. 组词
2. 汉语难学的说法流传广泛,不少人认为这是汉语特殊的________造成的。
   A. 音系　B. 文字　C. 语法　D. 篇章组织
3. 早在 1978 年,我国语言学家________就指出我国中小学的语文教学费时多收益少,这个问题不容忽视。
   A. 吕叔湘　B. 李泉　C. 伍铁平　D. 白乐桑
4. 中国民间机构发布的调查报告表明,________的孩子能较早实现大量自主阅读。
   A. 美国　B. 中国
5. “随文识字”在西方语言的教学中,指的是学习________。
   A. 词汇的意义和拼写　B. 字母的识认和书写
6. 通过“随文识字”的方法,在阅读中提高词汇量,但往往导致________。
   A. 儿童情感发展滞后　B. 识字量提升缓慢
   C. 过早开展阅读教学　D. 儿童产生厌学情绪
7. 随文识字未能充分利用汉字非常强的________性,效率偏低。
   A. 表意　B. 形象　C. 表音　D. 系统
8. “注音识字・提前读写”对学生在直呼音节、说话和写话等方面效果明显,但对________的认知较弱。
   A. 字调　B. 字音　C. 字形　D. 字义
9. 在对非汉字文化圈的对外汉语教学中,普遍采取________的顺序安排教学内容。
   A. 汉字—拼音　B. 拼音—汉字　C. 读写—听说　D. 语法—词汇
10. 白乐桑和张朋朋合作的《汉语语言文字启蒙》是一套“________”的对外汉语

教材。

A. 字本位　　B. 词本位　　C. 句本位　　D. 篇本位

三、多选题

1. 不能正确认识汉字的地位和特殊性，对________带来负面影响。

A. 汉语理论研究　　B. 汉字教学实践

C. 文学创作　　D. 外译实践

2. 对汉字教学的要求不断调整和变动，体现在________方面。

A. 识字　　B. 写字　　C. 字形　　D. 字音

3. 西方的拼音文字只是书写系统，具有________。

A. 工具性　　B. 透明性　　C. 表意性　　D. 本体性

4. 白乐桑指出，汉语教学危机的根源是________。

A. 不承认中国文字的特殊性

B. 不正确处理中国文字和语言的特殊关系

C. 教材编写不重视“字”

D. 不能清晰界定汉语的“词”

5. “随文识字”的基本特征是“________”，强调在语言环境中识字，并学会书写。

A. 字不离词　　B. 词不离句　　C. 句不离文　　D. 文不离篇

四、填空题

1. “汉语难学论”的实质是“________”。
2. 汉字教学中的“朝令夕改”，影响了语言文字使用上的________和传承性。
3. “随文识字”的方法主要来自________语言教学的实践。
4. “随文识字”受到中国教师欢迎的一个重要原因是不需要编写独立的________教材。
5. “注音识字·提前读写”是先学习________，作为提前读写的工具。
6. 从长期来看，“注音识字·提前读写”会制约学生________能力的发展。
7. “注音识字·提前读写”使得儿童完成________的学习之后，可同时开展说话、写字、阅读、作文等教学内容。
8. 除集中识字外，传统汉字教学的另一突出特点是“________”。
9. 吕必松教授致力于“________”教学法的研究和实践，取得了较好的效果。
10. 贾桂芝、李铎探索适合现代语文教学的集中识字之路，形成“集中识字——________——分步习作”的教学体系。

五、思考题

1. 阅读并评论以下材料①。

潘文国：100 年来，我们用教外语的方式教母语

学母语跟学外语是两回事，一百年以来，我们一直把汉语当做外语来教，这是造成语文教育效果不佳的重要原因。

中国传统语文教育主要做两件事：识字、做文章。学习西方的语言学后，强调语言分析、语法分析，现在回头来看，这些对母语学习来讲基本没用。我们要反思中国 100 年的汉语观、汉语教育观和汉语教学方法，包括语言政策，可能是有问题的。

中国人学英语主要是学大量的语法，但英国人学英语很少学语法，他们上课主要是读文章。中国的中学生英语语法水平要高过英美大学生。中国人讲这是主语、这是谓语、这是补语，英国人、美国人反而搞不清楚，因为他学习时不讲语法。同样你跟中国人讲大量语法也是浪费时间，还不如把时间花在欣赏文字和语言本身的技巧上。

中国两千年的母语教育重视的是修辞教育，而不是语法教育，而我们一百年来误认为语法可以提高学生的语文水平，其实提高不了。

国内很多搞英语的人，把英语作为外语来教、来学，他们没去研究英国人怎么把英语当成母语来教、来学。我看过英国人编的高中语文教材，阅读量大得不得了，大量的文选、作品，包括诗歌、小说、散文，各种文体都有。我们中国人学汉语也应该这样，一定要强调大量阅读。

语法是教外国人的东西，外国人学你的语言，必须要搞语法，不然没法入门。西方第一部语法是希腊语语法，它是为罗马人写的，因为罗马人学希腊语要知道基本规则，知道形态怎么变化，一个词要变来变去，才能适应不同上下文的需要。中国古代为什么没有西方的语法？因为没有教外国人的问题。唐朝也有外国人到中国来学习，那时中国人是老大，你可以跟我们学，但用的是中国教材，从识字开始，也不讲语法。我们学习西方语言学没有研究它语言学的精神，而是模仿表面上的东西。有些人过于注重语法，反而变得不会说话写文章了。

还有一个误解，认为母语不学就会。它强调语言是口语，口语当然不学就会了，但汉语还包括汉字、汉语的书写、书面语……不学是不会的。

汉语和英语的传统不一样，英语是拼音文字，一开始就以口语为主，中国则强调书面语。我们不是讲修辞学吗？传统修辞学讲的是书面文字的修辞，而西方古代的修辞学主要是讲口语的修辞。一开始两种语言强调的初衷是不一样的。西方在整个语言学的研究跟教学是注重口语的，而中国的传统是重视书面语。

① 潘文国：《100 年来，我们用教外语的方式教母语》，载《南方周末》2007 年 5 月 24 日。

语文到底是什么东西？是语言文字、语言文学、语言文化？到底是什么东西？对这个理解不同，教材编法就不一样。认为是语言文字的，就会往语言学那头靠；认为是语言文学，就会往美学那头靠；认为是语言文化，就会希望你扩大知识面，了解中国文化传统，这都不一样。我们把语言理解为文化载体，我们的语言就可以是广义的，包括文字，你把语文理解成语言和文化可能更深刻一点。文学，现在没有多少人喜欢文学了，不像我们年轻的时候都是文学青年。

我建议那些真正关心怎么从英语教学里面吸取经验的人，要关注一下英国人自己是怎么学英语的，美国人自己是怎么学英语的，而不仅仅是中国人怎么学英语的，或者英国人、美国人是怎么教外国人学英语的。母语的教和学与外语的教和学是两件事，不区别开来对待要吃大亏。

2. 阅读并评论以下材料[①]。

要不要集中（识字）

汉字不是拼音文字。学习汉语汉文，不能象欧美的儿童那样，学会了二三十个字母以后，可以一边识字，一边很快就能成句地乃至成段地阅读。学汉字，必须一个一个地认，一个一个地记；在认识一定数量的汉字之前，是无法整句整段地阅读的。不阅读，不跟语言实际联系起来，识字的效果又会受到影响，难于致用，难于巩固。这是个矛盾。前人采取了集中识字的办法来解决这个矛盾。

另一方面，汉语语法，字的形态变化很少，名词也罢，动词也罢，形容词也罢，没有什么特殊的形态变化，字的安排可以不受语法的限制，完全依照识字的需要来办。这使集中识字具备了可能性。此外，汉字一小部分是单体字，绝大部分是合体字，而合体字之中，大部分是形声字。偏旁部首，造字的规律，相当明显，即使是七八岁的儿童，也很容易领会。运用比较类推的方法，完全可能成堆成批地认字。这又为集中识字提供了有利的条件。

这就表明，汉语汉字的特点，使集中识字有了必要性，也有了可能性。

如果不集中识字，过早地让儿童学习成句的话，成段成篇的文章，一方面，儿童认得的字太少，内容势必受到文字的限制，贫乏单调，落后于儿童的智力发展，不能满足儿童的学习欲望；另一方面，文字的出现又势必受到内容的限制，不能多顾到文字本身的规律性，这样就无从发挥比较类推的作用，儿童不容易领会到文字的规律，学的字就比较模糊，既不容易记住，又会产生错字别字的毛病。字既学得不牢固，不快，就会回过头去影响阅读能力的发展。换言之，不集中识字而过早地教儿童读书，其结果是识字教育和知识、思想教育两败俱伤。前人的作法恰是充分运用了集中识字的有利条件，排除了分散识字的缺点。

---

① 张志公：《传统语文教育初探》，上海教育出版社1962年版，第38页。

单元测验
参考答案

第一章 “汉字落后论”

一、判断题

1. 错	2. 对	3. 错	4. 错	5. 对

二、单选题

1. C	2. D	3. B	4. A	5. D
6. A	7. D	8. C	9. A	10. C

三、多选题

1. ABD	2. ABD	3. ABCD	4. ABCD	5. ABC

四、填空题

1. 仓颉造字	2. 敬惜字纸	3. 言文合一	4. 意音文字
5. 汉字	6. 古希腊	7. 落后论	8. 重口语
9. 汉字落后论		10.五四	

五、思考题

1. 略　　2. 略

第二章 1949 年以前的拼音化

一、判断题

1. 错	2. 对	3. 对	4. 错	5. 对

二、单选题

1. B	2. C	3. C	4. D	5. C
6. D	7. A	8. B	9. B	10. C

三、多选题

1. ABCD　2. ACD　3. ABCD　4. ABD　5. ABC

四、填空题

1. 利金方案　2. 国音字母　3. 华英字典　4. 青岛　5. 北京大学
6. 23　7. 同音字　8. 传教士　9. 反切　10. 拼音化

五、思考题

1. 略　2. 略

第三章　汉语拼音方案

一、判断题

1.对　2. 错　3. 对　4. 错　5. 对

二、单选题

1. A　2. B　3. D　4. C　5. B
6. A　7. B　8. B　9. C　10. A

三、多选题

1. ABC　2. ACD　3. ABC　4. ABCD　5. ABC

四、填空题

1. 拼音化　2. 语音　3. 字形　4. 拼音文字　5. 普通话
6. 字　7. 词　8. 1982　9. 国音　10. 词

第四章　语言文字工作的新阶段

一、判断题

1. 对　2. 错　3. 对　4. 错　5. 错

二、单选题

1. A　2. D　3. A　4. C　5. C
6. B　7. A　8. B　9. C　10. B

三、多选题

1. AC　2. ABC　3. BCD　4. AB　5. BC

四、填空题

1. 他源文字　2. 拉丁字母　3. 表音　4. 越南　5. 表音
6. 26　7. 汉字　8. 表意　9. 图画　10. 结绳

五、思考题

1. 略　2. 略

第五章　简化汉字的历程

一、判断题

1. 错　2. 错　3. 对　4. 对　5. 对

二、单选题

1. C　2. A　3. C　4. B　5. A
6. A　7. B　8. A　9. B　10. C

三、多选题

1. ABC　2. ACD　3. ABCD　4. BCD　5. ABCD

四、填空题

1. 1956　2. 钱玄同　3. 异体字　4. 普及教育　5. 生僻字
6. 1 600　7.《第一批简体字表》　8. 俗体字
9.《通用规范汉字表》　10. 简体字

五、思考题

1. 略　2. 略

第六章　简化汉字的原理

一、判断题

1. 错　2. 对　3. 对　4. 错　5. 错

二、单选题

1. D　2. C　3. B　4. D　5. A
6. B　7. A　8. B　9. A　10. C

三、多选题

1. ABCD　2. ABD　3. ABC　4. AC　5. BD

四、填空题

1. 平衡　2. 述而不作　3. 收集整理　4. 形声制
5. 词汇系统　6. 世界文字发展的三阶段论　7. 形声字;同音字
8. 述而不作　9. 构件　10. 假借

五、思考题

略

第七章　汉语方言

一、判断题

1. 错　2. 错　3. 对　4. 对　5. 错

二、单选题

1. A　2. D　3. C　4. B　5. A
6. C　7. D　8. B　9. B　10. A

三、多选题

1. ACD　2. ABC　3. BD　4. AB　5. AC

四、填空题

1. 河南　2. 文化　3. 词汇　4. 文化　5. 5%
6. 八　7. 一半　8. 农村　9. 普通话　10. 方言

五、思考题

1. 略　2. 略

第八章　推广普通话

一、判断题

1. 错　2. 对　3. 错　4. 对　5. 错

二、单选题

1. C　2. A　3. D　4. A　5. C
6. A　7. B　8. C　9. C　10. B

三、多选题

1. ABC　2. AB　3. ABC　4. BD　5. BC

四、填空题

1. 语音　2. 语言　3. 三　4. 普通话
5. 汉语拼音;普通话　6. 尔雅　7. 中国语言文字使用情况
8. 保存　9. 彭泽润　10. 认同

五、思考题

1. 略　2. 略

第九章　白话取代文言

一、判断题

1. 错　2. 对　3. 错　4. 对　5. 错

二、单选题

1. A　2. A　3. B　4. A　5. C
6. A　7. B　8. C　9. D　10. D

三、多选题

1. BD　2. ABC　3. ABCD　4. CD　5. ABCD

四、填空题

1. 标本　2. 时空　3. 学衡　4. 白话文　5. 学衡
6. 新文体　7. 新潮社　8. 先秦两汉　9. 林纾　10. 言文合一

五、思考题

1. 略　2. 略

第十章　创制白话

一、判断题

1. 错　2. 对　3. 对　4. 对　5. 错

二、单选题

1. A　2. C　3. A　4. B　5. C
6. B　7. C　8. B　9. D　10. A

三、多选题

1. AB　2. ABC　3. AC　4. AC　5. BC

四、填空题

1. 说话　2. 欧化　3. 信　4. 明清白话小说
5. 余光中　6. 当代文学　7. 新闻/广告　8. 翻译
9. 直译　10. 翻译腔

五、思考题

1. 略　2. 略

第十一章　现代语文教育

一、判断题

1. 错　2. 错　3. 对　4. 错　5. 错

二、单选题

1. A　2. B　3. C　4. D　5. D
6. A　7. C　8. A　9. B　10. B

三、多选题

1. ABC　2. BCD　3. ABC　4. BC　5. BD

四、填空题

1. 1920　2. 古文　3. 文言　4. 减少
5. 文言　6. 传统语文教育初探　7. 工具
8. 心理　9. 词汇　10. 提升

五、思考题

1. 略　2. 略

第十二章　汉语并不难学

一、判断题

1. 对　2. 错　3. 对　4. 对　5. 对

二、单选题

1. B　2. A　3. A　4. C　5. A
6. C　7. B　8. D　9. C　10. B

三、多选题

1. ACD　2. AB　3. AD　4. ABC　5. BC

四、填空题

1. 记忆/认知　2. 书写　3. 形象　4. 双音　5. 教学
6. 小语法　7. 单　8. 复合　9. 独体　10. 词项

五、思考题

1. 略　2. 略

第十三章　汉字教学

一、判断题

1. 对　2. 错　3. 错　4. 对　5. 对

二、单选题

1. B　2. C　3. A　4. A　5. A
6. B　7. D　8. C　9. B　10. A

三、多选题

1. AB　2. ABCD　3. AB　4. AB　5. ABC

四、填空题

1. 汉字落后论　2. 延续性　3. 西方　4. 识字
5. 汉语拼音　6. 书面语　7. 拼音　8. 识写分开
9. 组合汉语　10. 大量阅读

五、思考题

1. 略　2. 略